新たな時代における
自立活動の創成と展開

個別の指導計画システムの構築を通して

安藤隆男 著

まえがき

　1999（平成 11）年 3 月，盲学校，聾学校及び養護学校小学部・中学部学習指導要領が告示され，新たに「自立活動」の領域が成立した。子どもの主体的な学習であることをより明確にするために，「養護・訓練」を改めたものである。一人一人の子どもの主体的な学習を創造するために，自立活動の指導に当たっては，個別の指導計画が必須であるとして作成を義務づけた。養護・訓練の誕生以降に解消しえなかった課題については，新たな世紀に先送りしないとの覚悟を関係者間で共有して改訂の議論に臨んだ。余韻冷めやらぬ 2001（平成 13）年 6 月に，微力ながら関連の学術研究の成果の一部をまとめ，『自立活動における個別の指導計画の理念と実践：あすの授業を創造する試み』（川島書店）を上梓した。

　爾来，四半世紀が経過しようとしている。この間，2007（平成 19）年の特別支援教育制度への転換を皮切りに，インクルーシブ教育システムの構築，そして SDGs の動向とその取り組みなど，国内外の情勢は大きく変動している。特別支援教育を担う関係者は，前例にとらわれず自立活動をどのように創成し，展開するのか，つねに問われることになろう。とりわけ個別の指導計画の作成を通じて自立活動の指導を具現する教師にとっては，ときにきびしい状況に向き合うことも想定される。しかし，『教室』という授業フィールドを有すこその強みを自覚する教師は，自らの成長（professional development）を確証する好機となるといえる。引き続き，関係者との協働に基づき，『教室』における自立活動の指導の深化と成果の発信を期待するものである。

　本書は，『教室』を場に自立活動の指導に取り組む教師をはじめ，関係者に対して，改めて自立活動の理解の深化と，その指導を通じた科学性の探求（theory through practice）を期して刊行した。内容の構成に当たっては，次の三つの軸に基づいた。

　第一は，自立活動の過去，現在，未来の時間軸である。第一部から第三部までの構成とした。第一部では，自立活動の成立までとその後の改訂について，第二部では，個別の指導計画に着目して，作成の現状とその背景，システム構

築の理論的枠組み・方法について，第三部では，新たな時代における自立活動の指導の展開についてそれぞれ概説した。

　第二は，自立活動における授業の過程を構成する概念軸である。自立活動の領域特性を踏まえ，取り上げる内容は授業のデザイン，実施，評価・改善の過程から構成した。第二部では，自立活動の授業のデザイン機能を担う個別の指導計画を取り上げ，作成の目的と現状（6章），作成現場の課題（7章），個別の指導計画システムの理論的枠組みの提起（8章），作成の方法論と展開（9章）から詳述した。第三部では，前部を受け，授業の実施，評価・改善を取り上げ，学ぶこととは何か，子どもの主体的な学びを促す授業とは何かを再定義し，授業研究の理論とその展開を概説した。

　第三は，自立活動の実践の場の軸である。自立活動の指導の場として『教室』に着目した。教室は，自立活動の指導に関与する教師，あるいは関係者（例えば，保護者，外部専門家）が協働して，子どもの主体的な学びを実現する場であり，また教師にとっての成長する場でもある。すべての教師は，教室においては自立活動の指導の当事者であることを自覚し，関係者と協働して培った成果は，『地域』へと発信することが求められたのである。地域における特別支援教育のセンター的機能の付与である。さらに，日本型教育実践（Japanese Education Model）としての自立活動の指導の成果は，その先の『世界』への発信可能性を構想した。『教室』から『地域』へ，そしてその先へと実践の場の拡大を射程し，その成果の同心円的波及と教室への還元を仮定するものである。

　以上のように，三つの軸の交錯上に内容を起こしたところ，本書では三部，12章から構成することとなった。結果として，自立活動に係る歴史・制度，教育課程，教師教育，学校経営・学校組織，教育社会学，教育方法学及び社会心理学など，多岐にわたる分野の概念を取り上げることとなった。本来であれば，概念を再整理して論究を深めるべきところであったが，残念ながら物理的な制約等によりウィングを広げるにとどまった。各論，各課題に対する批評と議論の深化は，今後，関係者の学術研究及び教育実践に委ねるものであり，本書がその嚆矢となれば望外の喜びである。

目　次

まえがき

Ⅰ部　自立活動の成立と関係規定の整備

1章　自立活動の前史－養護・訓練の誕生までの歴史・制度－ ——————— 　2

1節　戦後の特殊教育制度の成立と整備 ……………………………………… 　2

　1．特殊教育の制度化と整備　　2

　2．盲学校，聾学校教育の義務制　　4

2節　養護学校の設置促進と義務制の実施 ………………………………… 　6

　1．養護学校教育の義務制の実施　　6

　2．養護学校教育の義務制までの系譜　　6

3節　特殊教育諸学校の整備に伴う就学猶予・免除者の推移 ………… 　9

　1．特殊教育諸学校在籍者数の増加と就学猶予・免除者　　9

　2．特殊教育諸学校在籍児童生徒の障害の重度化，重複化　　12

4節　学習指導要領の制定 …………………………………………………… 　12

　1．盲学校小学部・中学部学習指導要領一般編およびろう学校小学部・
　中学部学習指導要領一般編の制定（昭和32年4月実施）　　12

　2．養護学校学習指導要領の制定と盲学校および聾学校学習指導要領の
　改訂　　13

2章　養護・訓練の誕生とその後の改訂 ————————————— 　17

1節　養護・訓練の誕生の背景 ……………………………………………… 　17

　1．在籍児童生徒の障害の重度化，重複化の顕在化　　17

　2．特殊教育諸学校学習指導要領における特別の訓練等の指導の位置付
　けと課題　　18

　3．教育課程審議会の答申と特殊教育諸学校学習指導要領の改訂　　19

2節　養護・訓練の理念と名称 ··· *24*

1．養護・訓練の理念　*24*

2．養護・訓練が抱えた課題　*27*

3節　養護・訓練の改訂 ··· *30*

1．昭和54（1979）年の学習指導要領の改訂　*30*

2．平成元（1989）年の学習指導要領の改訂　*31*

3章　自立活動の成立とその理念 ──────────── *34*

1節　自立活動の成立の背景 ··· *34*

1．教育課程審議会の答申における教育課程の基準の改善のねらい　*34*

2．答申における盲学校，聾学校及び養護学校の教育課程の編成等について　*35*

2節　自立活動の成立と個別の指導計画作成の義務づけ ················· *36*

1．自立活動の名称と定義　*36*

2．自立活動の目標，内容の改訂　*37*

3．総則の一般方針の規定等の整備　*39*

3節　個別の指導計画作成の義務化とその背景 ························· *41*

1．個別の指導計画作成の義務化　*41*

2．個別の指導計画作成の義務づけの背景と関係規定の整備　*42*

4章　インクルーシブ教育システム下における自立活動の意義と展開 ──── *47*

1節　特別支援教育の制度化と自立活動の規定の整備 ················· *47*

1．特別支援教育とは　*47*

2．特別支援教育の制度化と整備　*47*

3．学習指導要領の改訂と自立活動の規定の整備　*49*

2節　インクルーシブ教育システムと自立活動の規定の整備 ············ *51*

1．インクルーシブ教育システムとは　*52*

2．制度転換後における小・中学校の特別支援教育の動向　*53*

3．学習指導要領等の改訂における自立活動の規定の整備　*55*

Ⅱ部　個別の指導計画システムの構築と授業への接続 ―理論的枠組みと方法論―

5章　自立活動の領域特性と課題 ────────────── *62*

　1節　自立活動の領域特性 ······························· *62*

　　1．子どもの「主体的な学習活動」の探求　*62*

　　2．授業の過程におけるデザイン機能の重視　*64*

　2節　領域特性としての課題 ···························· *65*

　　1．ボトムアップ型思考の限界　*65*

　　2．学習指導要領の形式における課題　*67*

　3節　ボトムアップ型思考の課題にどう対応するか ········· *69*

　　1．教育課程の編成におけるスタンダードと自立活動　*70*

　　2．「逆向き設計」の考え方と個別の指導計画　*70*

6章　個別の指導計画作成の目的と現状 ─────────── *74*

　1節　個別の指導計画とは ······························· *74*

　　1．個別の指導計画の定義　*74*

　　2．個別の指導計画作成の目的論　*78*

　　3．構成要素と作成手順　*80*

　2節　個別の指導計画作成の現状 ······················· *82*

　　1．養護・訓練の指導計画の作成　*82*

　　2．自立活動の指導における個別の指導計画作成　*84*

7章　個別の指導計画の作成現場における課題 ─────── *91*

　1節　個別の指導計画の作成現場における課題の分析 ······· *91*

　　1．「つながらない」「確信がない」とは　*91*

　　2．「つながらない」「確信がない」の背景要因　*92*

　2節　複数の教師が関与する個別の指導計画の作成 ········· *94*

　　1．複数者が関与した解の導出は唯一絶対解につながるか？　*95*

　　2．複数者による解の導出事態は成員にどのような影響を及ぼすか？　*95*

3節　教師の職務多忙化と職務としての個別の指導計画の作成 ………………… *97*

8章　個別の指導計画システムの理論的枠組み ─────────── *100*
　1節　不確実性の高い状況下で説明可能な個別の指導計画システムをどのよ
　　　うな概念をもって構築するか ……………………………………………… *100*
　　1．手続的正義 procedural justice の概念の導入　*100*
　　2．個別の指導計画の再定義と授業システムとの接続　*101*
　2節　個別の指導計画の構成要素である実態の把握，課題の抽出，指導目標
　　　及び指導内容の設定をどのような概念で解釈するか ……………………… *104*
　　1．意思決定 decision making 概念の導入　*104*
　　2．個別の指導計画作成における集団的意思決定の前提要件　*105*
　　3．実態把握段階における前提要件の整理　*106*
　　4．課題の抽出段階の前提要件の整理　*109*

9章　個別の指導計画作成の方法論と展開 ─────────────── *112*
　1節　個別の指導計画作成の方法論 …………………………………………… *112*
　　1．個別の指導計画作成のモデル学級　*112*
　　2．作成の概要と流れ　*113*
　　3．形成的評価に基づくフィードバック機能　*119*
　　4．授業システムへの接続　*120*
　2節　特別支援学校における個別の指導計画の作成例 ……………………… *121*
　　1．特別支援学校モデル学級での取り組み：事例 A　*121*
　　2．特別支援学校における全校研究としての取り組み：事例 B　*123*
　　3．特別支援学校における取り組みの成果と課題　*125*

Ⅲ部　新たな時代における自立活動の授業の成果と発信
─教室から地域へ，そして世界へ─

10 章　自立活動の指導における協働による新たな専門性の構築 ────── *130*
　1節　教職の専門性を巡る議論の動向 ………………………………………… *130*
　　1．特性論からプロセス論へ　*130*

　2．専門職化に対する議論の方向性　*131*

2節　特別支援教育における新たな専門性モデル ──────── *132*

　1．学校教育における専門性を取り巻く現状と課題　*132*

　2．特別支援教育における同僚性とその現状　*133*

3節　自立活動の指導における新たな専門性としての協働モデル ──── *136*

　1．自立活動の指導における協働の意義　*136*

　2．協働の同僚性の現状と課題　*138*

11章　自立活動の指導における授業観の転回と専門性 ───────── *140*

1節　授業観の転回と教師の成長 ──────────────── *140*

　1．学習者と教授者における授業観　*140*

　2．授業に関する教授知識　*143*

2節　意思決定論的アプローチによる自立活動の授業研究 ───── *144*

　1．わが国における授業研究の動向　*144*

　2．障害児教育分野における意思決定研究の着想と展開　*146*

12章　新たな時代に期待される自立活動の指導 ──────────── *154*

1節　特別支援学校の「教室」から「地域」への成果の発信 ─────── *154*

　1．特別支援教育の質の保証　*154*

　2．「教室」を基盤にした自立活動の指導の充実と関係教師との協働　*156*

　3．小学校等における個別の指導計画作成の協働モデルの構想　*157*

2節　「教室」から「世界」へ成果の発信 ──────────── *161*

　1．新たな時代における自立活動を展望する　*161*

　2．ベトナム社会主義共和国における障害児教育とインクルーシブ教育の葛藤　*163*

資 料 編 ───────────────────────────── *171*

【資料1】　関係法令（抜粋） ───────────────── *171*

　1－1　日本国憲法　*171*

　1－2　教育基本法　*171*

　1－3　学校教育法　*171*

　1－4　学校教育法施行令　*172*

　1－5　学校教育法施行規則　*172*

　　1－6　障害者基本法　*174*

【資料2】　学習指導要領（抜粋）　……………………………………………………………… *174*
　　2－1－①　盲学校小学部・中学部学習指導要領（昭和 46 年 3 月告示）　*174*
　　2－1－②　聾学校小学部・中学部学習指導要領（昭和 46 年 3 月告示）　*177*
　　2－1－③　養護学校（肢体不自由教育）小学部・中学部学習指導要領
　　　　　　　（昭和 46 年 3 月告示）　*178*
　　2－1－④　養護学校（病弱教育）小学部・中学部学習指導要領
　　　　　　　（昭和 46 年 3 月告示）　*178*
　　　（②から④については，①との共通部を除いた独自の規定（第 5 章養護・訓練，第 3 指導計画の
　　　作成と内容の取り扱い 2）のみを掲載）
　　2－2　養護学校（精神薄弱教育）小学部・中学部学習指導要領
　　　　　　　（昭和 46 年 3 月告示）　*179*
　　2－3　盲学校，聾学校及び養護学校小学部・中学部学習指導要領
　　　　　　　（昭和 54 年 7 月告示）　*180*
　　2－4　盲学校，聾学校及び養護学校小学部・中学部学習指導要領
　　　　　　　（平成元年 10 月告示）　*181*
　　2－5　盲学校，聾学校及び養護学校小学部・中学部学習指導要領
　　　　　　　（平成 11 年 3 月告示）　*183*
　　2－6　特別支援学校小学部・中学部学習指導要領（平成 21 年 3 月告示）　*185*
　　2－7　特別支援学校小学部・中学部学習指導要領（平成 29 年 4 月告示）　*187*
　　2－8　小学校学習指導要領（平成 29 年 3 月告示）　*189*

【資料3】　障害者の権利に関する条約（抜粋）
(Convention on the Rights of Persons with Disabilities)　…………………………… *190*

【資料4】　我々の世界を変革する：持続可能な開発のための 2030 アジェンダ（抜粋）
(Transforming our world: the 2030 Agenda for Sustainable Development)　……………… *191*

索　　引　*194*
あとがきに代えて　*201*

自立活動の成立と関係規定の整備

　Ⅰ部は，戦後の自立活動の成立に至る歴史と制度を概説するとともに，21世紀以降の特別支援教育への制度転換及びインクルーシブ教育システム下にあって，自立活動の意義と理念を明らかにした。

　次の4章から構成した。

1章：自立活動の前史―養護・訓練の誕生までの歴史・制度―

　戦後の混乱の中で特殊教育制度はどのように整備されたのであろうか。盲学校，聾学校に加え養護学校の設置と義務化が大きな課題であった。公立養護学校整備特別措置法の公布は，急速に養護学校の設置を促進させ，その結果，それまで就学猶予あるいは免除されていた者が養護学校へ就学することとなった。児童生徒の障害の重度化，重複化の顕在化である。

2章：養護・訓練の誕生とその後の改訂

　1971（昭和46）年3月の特殊教育諸学校学習指導要領の制定により，養護・訓練が誕生した。児童生徒の障害の重度化，重複化の課題は，養護・訓練の誕生の大きな誘因となった。養護・訓練の名称・理念等を概説し，養護学校教育義務制を経て，自立活動が成立するまでの間，養護・訓練の改訂の系譜を整理した。

3章：自立活動の成立とその理念

　自立活動はなぜ成立したのか。その背景を探り，自立活動の理念に迫った。自立活動は，それまでの養護・訓練の改訂の中では解消できなかった課題を，新たな世紀に繰り越さないとの自覚の下で成立した。自立活動の理念の確立である。その理念を明らかにするとともに，自立活動の指導に当たって個別の指導計画作成を義務づけたことの意義を解説した。

4章：インクルーシブ教育システム下における自立活動の意義と展開

　21世紀初頭，特殊教育は特別支援教育へと制度転換し，あわせてインクルーシブ教育システムの構築を図った。新たな時代における自立活動の位置付けと関係規定の整備について概説した。

1章

自立活動の前史
－養護・訓練の誕生までの歴史・制度－

[　1節　戦後の特殊教育制度の成立と整備　]

1．特殊教育の制度化と整備

（1）学校教育における特殊教育の位置付け

　1945（昭和20）年8月，太平洋戦争に敗れたわが国は，連合国軍総司令部（GHQ；General Headquarters，以下，総司令部とする）の管理下に置かれることとなった。戦後の民主教育の理念と制度は，総司令部の占領政策のもとでその基礎が築かれた。特殊教育制度もその例外ではなかった。

　1946（昭和21）年3月，総司令部の要請により，米国教育使節団が来日した。日本側の教育関係者との面談や各種学校の視察などをもとに，戦後の教育改革に関する勧告案を作成し，同年3月末に「米国教育使節団報告書 Report of the United States Education Mission to Japan submitted to the Supreme Commander for the Allied Power」がまとめられ，総司令部に提出された。報告書は，戦後のわが国の教育制度の路線を積極的，包括的に方向づけ，戦後の特殊教育制度の重要な足掛かりとなったものである（文部省，1978）。この報告書においては，当時の東京聾唖学校長であった川本宇之介の要請により，障害児の教育に関する内容が盛り込まれた（例えば，平原，1970）。

　このことがわが国の学校体系を根本的に改めた学校教育法（1947（昭和22）年3月31日（法律第26号））の「就学義務，盲学校，聾学校，養護学校，特殊学級に関する諸規定を定めるに当たっての重要な根拠となっている」（文部省，

1978）といわれる。

　日本国憲法における教育を受ける権利や教育の機会均等の明示によって，障害のある子どもの義務教育の機会の保障が原則的に確立されたことを受け，学校教育法は，新教育制度の骨組みとなり教育改革を具体化することとなった。学校教育法は，6・3制義務教育制度を根幹としつつ，幼稚園から大学に至るまでの学校体系を単一化した学校教育に関わる総合法の性格をもつものであり，特殊教育が学校教育の一環をなすものとされたことはきわめて意義深いといえる。

（2）学校教育法における特殊教育の規定

　第1条では，盲学校，聾学校，養護学校を，小学校等と並んでわが国の学校として位置付ける[1]とともに，第6章は「特殊教育」として必要な事項を定めた。第71条の盲学校，聾学校及び養護学校の目的は，「盲学校，聾学校又は養護学校は，夫々盲者，聾者又は精神薄弱，身体不自由[2]その他心身に故障のある者に対して，幼稚園，小学校，中学校又は高等学校に準ずる教育を施し，併せてその欠陥を補うために，必要な知識技能を授ける」と定められた。養護学校の存在実体がない中で，盲学校及び聾唖学校令の規定を準用したものと考えられる。特に後段はそれまでの盲学校及び聾学校における職業的自立に資する知識，技能の習得を想定した規定であることを看取できる[3]。なお，盲者，聾者以外の障害のある子どもを対象とする学校を，「養護学校」の名称に総称された。国民学校令施行規則（昭和16年3月14日文部省令第4号）第53条では，「身體虚弱，精神薄弱其ノ他心身ニ異常アル児童ニシテ特別養護ノ必要アリト認ムルモノノ為ニ特ニ学級又ハ学校ヲ編制スルコトヲ得」とされた。この学級又は学校は，文部省令第55号「国民学校令施行規則第53条ノ規定ニ依ル学級又ハ学校ノ編制ニ関スル規程」（昭和16年5月8日（文部省令第55号））により，「養護学級」又は「養護学校」と称されたことで，「養護学校」の名称が引き継がれたとされる（天城，1954；平原，1979）。

　第72条では各学校に小学部及び中学部の設置を，第73条では各学校各部の教科書及び教科用図書は各部に相当する小学校，中学校，高等学校又は幼稚園に準ずることを，第74条では都道府県に盲学校，聾学校又は養護学校の設置義務を，第75条では，小学校，中学校，高等学校に特殊学級を設置できることを，それぞれ規定した。

　都道府県に設置義務を課した盲学校，聾学校及び養護学校と，小学校，中学校及び高等学校に設置する特殊学級を特殊教育の形態として構想したのである。しかし，学校教育法附則第93条では，盲学校，聾学校及び養護学校における就学義務並びにこれら学校の設置義務に関する部分の施行期日は，勅令で定めるとされた。

2．盲学校，聾学校教育の義務制

（1）盲学校，聾学校教育の義務制の実施

　盲学校，聾学校及び養護学校への就学義務は，学校教育法第22条第1項及び第39条第1項に，設置義務は第74条に規定された。しかし，同法附則第93条において施行期日を別に定めるとされ，特殊教育諸学校の義務制は，実質上は棚上げにされた状態であった。

　1923（大正12）年の盲学校及聾啞学校令により，道府県は設置義務が課せられたことから，1947（昭和22）年現在において，盲学校，聾学校は，盲啞学校を含めてほぼすべての都道府県には設置されていた[4]。義務制の実施を憂慮した全国の盲学校及び聾学校の校長会等の関係者は，文部省などに対して盲学校，聾学校の義務制の早期実施を強く要望した。文部省は，省内に「盲・聾学校義務制実施準備委員会」を設け，実施案の検討を行った。そして，1948（昭和23）年4月に，学校教育法第93条附則ただし書きの規定に基づく施行期日を定める「中学校の就学義務並びに盲学校及び聾学校の就学義務及び設置義務に関する政令」（昭和23年4月7日政令第79号）が公布され，第2条において「学校教育法第22条第1項に規定する盲学校及び聾学校における就学義務並びに第74条に規定するこれらの学校の設置義務に関する部分は，昭和23年4月1日から，これを施行する。」とされたのである。こうして，盲学校及び聾学校に関しては，1948（昭和23）年度から小学部第1学年に入学する児童について，保護者に就学義務を課すこととなった。以降，毎年度，学年進行で義務制の拡大がなされ，1956（昭和31）年度をもって盲学校及び聾学校の義務制が完成することとなったのである。

（2）義務制実施に伴う関連施策

　盲学校，聾学校の義務教育の実施に伴って，国は緊急的な施策の具体化が求

められることとなった。

　第一は，盲学校，聾学校の整備である。既設の盲学校，聾学校の施設，設備
の整備に加え，新たな学校の開設を行うことへの対応である。義務制移行の学
校数の推移は，図1－1のとおりである。1948（昭和23）年度の義務制実施
時は，盲学校74校（分校4を含む），聾学校64校（分校1を含む）であったが，
小学部での義務教育化が完了する1953（昭和28）年度では，盲学校78（3）校，
聾学校92（8）校となった。中学部までの9年の義務教育化が完成する1956（昭
和31）年度では，盲学校77（3）校，聾学校99（9）校となり，その後，ほと
んどその数は大きく変化することはなかった。ちなみに，盲学校，聾学校の在
籍者数は，いずれも1959（昭和34）年度にピークを迎え，それぞれ10,264人，
20,744人であった。

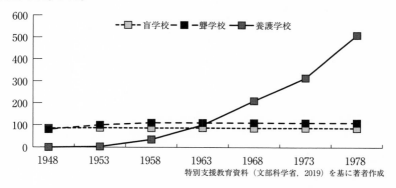

特別支援教育資料（文部科学省，2019）を基に著者作成

図1－1　義務制実施過程における特殊教育諸学校の設置数の推移

　第二は，盲学校，聾学校への就学奨励の拡充である。上述のように，盲学校，
聾学校の整備は進む一方で，都道府県単位では1校，2校を設置するにとどま
る状況であった。このことは，児童生徒の就学に伴う諸経費（寄宿舎への入舎
や通学など）が多額に上ることから，盲学校，聾学校への就学奨励費の拡充が
必要となった（文部省，1992）。

　第三は，盲学校，聾学校の教員需要への対応である。盲学校，聾学校の増加
による当該学校教師の需要は一気に高まることとなった。しかし，盲学校，聾
学校教員の養成制度は，確立されていなかった。そのため，文部省は，1948（昭
和23）年度及び1949（昭和24）年度に，盲学校及び聾学校小学部の教員臨時

養成所をいくつかの学校に設置し，半年又は一年の課程での養成を行った[5]。なお，盲学校，聾学校の教員養成機関は，1950（昭和25）年度から広島大学教育学部（盲学校，聾学校），東北大学教育学部，大阪学芸大学，福岡学芸大学（以上，聾学校）に設置され，その後整備が進められた。

［　2節　養護学校の設置促進と義務制の実施　］

1．養護学校教育の義務制の実施

　1973（昭和48）年11月，「学校教育法中養護学校における就学義務及び養護学校の設置義務に関する部分の施行期日を定める政令」（政令第339号）が公布され，1979（昭和54）年4月1日をもって，養護学校における就学義務及び養護学校の設置義務を実施することとされた。義務制は，養護学校が学校教育法の一条校として位置付けられてから，実に32年の歳月を要したことになるのである。

2．養護学校教育の義務制までの系譜

　養護学校教育の義務制実施までについては，公立養護学校整備特別措置法が施行された1957（昭和32）年4月を区切りに，それ以前の養護学校の設置・整備の検討段階と，それ以降の整備過程の段階に分けて概観する。
　（1）養護学校の設置・整備の検討
　養護学校は，それまで設置されたことのない学校でありながら，学校教育法第1条に盲学校，聾学校とともに明示された。しかし，同法附則において，就学義務及び養護学校設置義務に関する部分の施行期日を勅令（政令）で定めるとして，実質的には義務制は棚上げされた状況にあった。
　このような中で，養護学校の義務制に至る初期の段階，とりわけ養護学校の設置・整備はどのような経緯をもって検討されたのであろうか。ここではいくつかの視点から整理，概観する。

　第一に注目できるのは，施策立案，実施等の部署の設置である。

　1952（昭和27）年8月，文部省組織令が制定された。特殊教育に関する事務を専門に所掌する独立の部署として初等中等教育局に特殊教育室が設置された。これ以降，盲学校，聾学校以外の特殊教育の振興も推進することとなった。

　第二は，対象となる児童生徒の把握である。

　1953（昭和28）年6月，文部省は，異常児鑑別基準作成委員会が作成した判別基準案を，「教育上特別な取扱を要する児童生徒の判別基準について」（以下，判別基準とする。）として事務次官名で通達した。「小学校・中学校の学齢児童，生徒で，病弱・発育不完全その他心身の故障のため，教育上特別な取扱を要するもの，すなわち，就学が困難で，就学義務の免除または猶予を必要とするもの，盲学校・ろう学校または養護学校に就学させるべきもの，特殊学級に入れて指導することの望ましいもの，普通学級で特に指導に留意すべきものなどが正しく判別され，その結果に基づいて，各人の能力に応じた教育が受け入れられるように，それぞれの段階・措置等を示すこと」を目的としたものである。判別基準は，主に障害の程度に重きを置くものであった。文部省は，判別基準に基づき次年度以降順次障害種別に実態調査を行った結果，特殊教育の対象とすべき学齢児童生徒人口のうち，精神薄弱の割合は4.25％，肢体不自由は0.34％，病弱（身体虚弱を含む）は1.35％，盲，聾はあわせて0.2％であった（文部省, 1978）。これらの障害がある児童生徒の潜在数は，相当な数になることが想定された。

　第三に，養護学校設置の提言と公立養護学校整備特別措置法の制定である。

　昭和29（1954）年12月，中央教育審議会は，「特殊教育およびへき地教育振興に関する答申」を提出した。特殊教育に関しては，「盲学校・ろう学校および養護学校への就学奨励に関する法律（昭和29年6月1日法律第144号）の施行により，盲学校・ろう学校における就学奨励が積極的に講じられつつあるが，その就学率は依然低調であり，さらに，盲者・ろう者以外の特殊教育の対象はその数がきわめて多いにも関わらず，これらの者に対する教育については，国としてほとんど具体的な施策が講じられていない状態である。以上のような実情に鑑み，すみやかに次のような方途を講ずる必要がある」として，盲者・ろう者以外の教育について，「ア　養護学校を義務制とする前提として，その設置をすすめ，これを設置しようとする地方公共団体に対して，国は財政補助を

講ずること」,「イ　特殊学級は,終戦前すでに,1,800ほど存在したのが,今日は約900に減じていて,この面では後退こそあれまったく進展をみせていない。したがって特殊学級の設置のための年次計画をたて,これが促進のために必要な教員および設備につき財政上の措置を講ずること」の二つを提言した。

　以上の動向に加え,当時の精神薄弱,肢体不自由及び病弱の関係団体の陳情もあり,1956(昭和31)年6月,公立養護学校整備特別措置法が公布され,翌1957(昭和32)年4月から施行された。この法律は,「養護学校における義務教育のすみやかな実施を目標として公立の養護学校の設置を促進し,かつ,当該学校における教育の充実を図るため,当該学校の建物の建築,教職員の給料その他の給与等に要する経費についての国及び都道府県の費用負担その他必要な事項に関し特別の措置を定めること」(第1条)を目的とするもので,都道府県に養護学校の設置を促す財政的な裏付けとなるものである。

(2) 養護学校の整備過程

　文部科学省(2020)の特別支援教育資料によれば,養護学校の設置数は,公立養護学校整備特別措置法が施行される前年である1956(昭和31)年度において10校(精神薄弱2校,肢体不自由4校,病弱4校)であった。同法が施行された1957(昭和32)年度には,19校(精神薄弱8校,肢体不自由5校,病弱6校)となった。以降,毎年設置数を増やしていることが図1−1から看取できる。同法は,都道府県に養護学校の設置を促す端緒となったことを示唆するものである。

　1959(昭和34)年12月の中央教育審議会の「特殊教育の充実振興について」答申は,養護学校の設置数をさらに加速度的に増やすことになった。ちなみに,1963(昭和38)年度には107校(精神薄弱36校,肢体不自由43校,病弱28校)に達し,盲学校,聾学校の数を超えたのである(図1−1)。

　加えて,昭和40年代になり,国会において養護学校教育の義務制実施を促す決議が可決されたことなどから,文部省は,養護学校対象のすべての学齢児童生徒を就学させるに必要な養護学校243校を新たに設置するために,1972(昭和47)年度を初年度とする養護学校整備7年計画を立案した。そして,1973(昭和48)年11月,「学校教育法中養護学校における就学義務及び養護学校の設置義務に関する部分の施行期日を定める政令」(政令第339号)により,1979(昭和54)年4月1日をもって,養護学校における就学義務及び養護学校の設置義務を実施することとなったのである。義務制が実施された1979(昭和54)

年度における養護学校の設置数は, 654 校（精神薄弱 400 校, 肢体不自由 158 校, 病弱 96 校）を数えるまでに至った。

［　3節　特殊教育諸学校の整備に伴う就学猶予・免除者の推移　］

1. 特殊教育諸学校在籍者数の増加と就学猶予・免除者

　養護学校小・中学部（学齢段階）に在籍する児童生徒の数も, 養護学校の整備に伴って増加の一途を辿ることとなった。学校基本調査によれば, 1953（昭和 28）年度における特殊教育諸学校全体の在籍者数は 19,223 人であった。各校の内訳は, 盲学校 4,793 人, 聾学校 14,195 人, 養護学校 235 人であった。養護学校教育の義務制が実施された 1979（昭和 54）年度では, 66,671 人で, 各校の内訳は, 盲学校 3,366 人, 聾学校 6,509 人, 養護学校 56,796 人であった。盲学校, 聾学校は, いずれも在籍者が顕著に減少する一方, 養護学校はいずれも飛躍的な増加を遂げており, 結果として特殊教育諸学校全体の在籍者数を押し上げた。

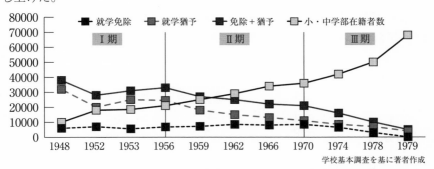

学校基本調査を基に著者作成

図1−2　特殊教育諸学校在籍者数と就学猶予・免除者数の経年変化

　図1−2は, 盲学校, 聾学校が小学部1年生から学年進行で義務化された 1948（昭和 23）年度から, 養護学校教育の義務制が実施された 1979（昭和 54）年度までの特殊教育諸学校小・中学部在籍者数と就学猶予・免除者[6]の

数の経年変化を表している。

　便宜上，1948（昭和23）年度から1956（昭和31）年度までをⅠ期，1957（昭和32）年度から1970（昭和45）年度までをⅡ期，1971（昭和46）年度から1979（昭和49）年度までをⅢ期とした。Ⅰ期は，盲学校，聾学校の義務制実施期間であり，1953年度には「判別基準」が通達された時期である。Ⅱ期は，1956（昭和31）年の公立養護学校整備特別措置法の公布，1957（昭和32）年の施行，そして1959（昭和34）年の中央教育審議会の「特殊教育の充実振興について」の答申などにより，養護学校の設置数が加速度的に増えた時期である。Ⅲ期は，養護学校教育の義務制実施に向けて1972（昭和47）年度を初年度とする養護学校整備7年計画により養護学校が飛躍的に整備された時期である。各時期に注目しつつ，図1－2から読み取れる特徴をあげると，次のようである。

　第一は，すべての時期をとおして，特殊教育諸学校小・中学部の在籍者総数は，増加していることである。Ⅰ期は盲学校，聾学校の義務教育化の過程が，Ⅱ期は公立養護学校整備特別措置法の制定と中央教育審議会の答申に基づく養護学校の設置促進が，Ⅲ期は養護学校整備7年計画がそれぞれ大きく寄与していることが推察できる。

　第二は，就学猶予・免除者を合わせた数は，Ⅱ期以降に減少していることである。就学猶予，就学免除に分けて，詳細に分析すると，数の多い猶予者数の全体への影響を指摘できる。就学免除者数に焦点を当てると，減少に転じるのはⅢ期以降であり，それまではむしろゆるやかに増加していた。

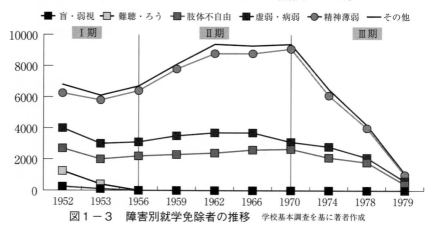

図1－3　障害別就学免除者の推移　学校基本調査を基に著者作成

　そこで，障害種別に着目して，就学免除者の推移を示したのが図1－3である。
まず盲，聾は，就学義務がⅠ期に完了したことで該当者はゼロとなった。小学
部の義務制が完了した1953（昭和28）年には6－11歳（学齢児童）の免除者が，
1956（昭和31）年には12－14歳（学齢生徒）の免除者がそれぞれゼロとなっ
た（学校基本調査）。1953（昭和28）年の「教育上特別の取扱を要する児童生徒
の判別基準について」における盲，聾の基準に対応した教育的措置では，就学
免除の規定はなく，「治療可能な疾患で治療の完了が長期を要し，この間に視
力，聴力の相当の回復が望まれるものにおいて，就学猶予を考慮する」とある
ことからも，義務制実施後の就学免除は想定されていない。これに対して，肢
体不自由及び病弱は，判別基準に示された障害等の程度の重度なものに対して
は，就学免除と明記されており，Ⅱ期まで漸増し，Ⅲ期になり減少した。精神
薄弱は，基本的に肢体不自由及び病弱と同じパターンではあるものの，Ⅱ期で
の急増とⅢ期での急減が看取できる。

　図1－4は，養護学校小学部における年齢別在籍者数を示したものである。
1970年以降，12歳以上の在籍者は漸増し，義務制実施の1979（昭和54）年に
約14,000人に急増した。義務制後の10年を追うと，12歳以上の在籍者は急激
に減少していることが分かる。1979（昭和54）年度からの養護学校教育の義
務制にむけた養護学校の整備は，就学年齢段階の児童生徒のみならず，それま
での就学猶予・免除者の受け皿となったといえる。

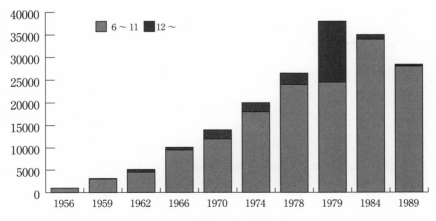

図1－4　養護学校小学部における年齢別在籍者数の推移　学校基本調査を基に著者作成

2．特殊教育諸学校在籍児童生徒の障害の重度化，重複化

　以上のように，盲，聾及び義務学校の設置，整備が進むことで，それまで就学猶予・免除となっていた者に就学の機会を提供することとなった。

　このことは，特殊教育諸学校在籍者の障害の重度化，重複化を招来することとなったといえよう。表１－１は，特殊教育諸学校小学部・中学部における重複障害学級の設置について，学校基本調査に基づいてまとめたものである[7]。1969（昭和44）年度における重複障害学級の全学級に占める割合は，約5％前後であったものが，養護学校教育の義務制が実施された1979（昭和54）年には，養護学校で30％を超え，盲学校で20％台後半，聾学校で10％台半ばにまで増大した。1980年以降も増加の一途を辿り，養護学校では半数近くまで占めるに至った。

表１－１　特殊教育諸学校小・中学部における学級数及び重複障害学級の設置数

	盲学校		聾学校		養護学校	
	小	中	小	中	小	中
1969 （昭和44）	518　(36) 6.9%	367　(37) 10.1%	1,055　(44) 4.2%	618　(39) 6.3%	1,541　(89) 5.8%	1,038　(46) 4.4%
1974 （昭和49）	556　(87) 15.6%	355　(65) 18.3%	1,037　(123) 11.9%	564　(72) 12.8%	3,210　(652) 20.3%	1,827　(278) 15.2%
1979 （昭和54）	559　(152) 27.2%	322　(94) 29.2%	889　(127) 14.3%	548　(96) 17.5%	7,658　(2,648) 34.6%	3,776　(1,090) 28.9%
1984 （昭和59）	493　(125) 25.4%	257　(105) 40.9%	808　(131) 16.2%	435　(89) 20.5%	7,942　(3,570) 45.0%	5,216　(2,355) 45.1%
1989 （平成元）	414　(108) 26.1%	272　(89) 32.7%	715　(121) 16.9%	409　(86) 21.0%	7,369　(3,493) 47.4%	5,413　(2,467) 45.6%

学校基本調査を基に著者作成　　　　　　　　　　　　　　　　　　（　）内は重複障害学級数

［　4節　学習指導要領の制定　］

1．盲学校小学部・中学部学習指導要領一般編およびろう学校小学部・中学部学習指導要領一般編の制定（昭和32年4月実施）

　1948（昭和23）年度から年次進行にて盲学校，聾学校の義務教育化がすす

められている中，文部省に設置された教材等調査研究会の盲学校小委員会およ
び聾学校小委員会，並びに教育課程審議会の審議を経て，1957（昭和32）年3
月に「盲学校小学部・中学部学習指導要領一般編」，及び「ろう学校小学部・
中学部学習指導要領一般編」が文部事務次官通達により示された。特殊教育関
連の初めての学習指導要領である。

　これら学習指導要領のまえがきには，作成にあたり，特に次のことに意を用
いたことが記されている。

①教育の目標は小学校・中学校における教育の目標に準ずるが，それは盲・ろ
　う児童生徒の視力障害・聴覚障害との関連において理解され，その目標の達
　成にあたっては，盲・ろう児童生徒の特性と発達に応じた必要な方法をとる
　べきとしたこと

②盲・ろう児童生徒には，それぞれ視力障害及び聴力障害の程度，失明及び失
　聴の時期，入学年齢，教育歴などを異にしているものが多いので，教育課程
　の基準に弾力性をもたせ，各学校の必要に応じうること

③各教科については，目標と留意事項をあげるにとどめ，教科の内容等につい
　ては，当分の間，小学校及び中学校学習指導要領各教科編の基準に準ずるこ
　と

　1960（昭和35）年2月，盲学校高等部学習指導要領一般編および聾学校高
等部学習指導要領一般編が文部事務次官通達により示され，同年4月から実施
された。

2．養護学校学習指導要領の制定と盲学校および聾学校学習指導要領の改訂

　小学校，中学校及び高等学校学習指導要領が改訂され，1962（昭和37）年
から順次実施された。これを受けて，養護学校学習指導要領の制定，盲学およ
び聾学校学習指導要領の改訂が行われた。養護学校にあっては，整備に着手さ
れる過程における教育課程の基準としての学習指導要領制定の要望に，盲学校
及び聾学校にあっては，義務制実施後の教育課程の基準としての制定と改訂の
要請にそれぞれ応えるものである。

（1）養護学校学習指導要領の制定

　1963（昭和38）年2月に「養護学校小学部学習指導要領肢体不自由教育編」

及び「養護学校小学部学習指導要領病弱教育編」が，同年3月に「養護学校小学部・中学部学習指導要領精神薄弱教育編」が，1964（昭和39）年2月に「養護学校中学部学習指導要領肢体不自由教育編」及び「養護学校中学部学習指導要領病弱教育編」が文部事務次官通達により示され，それぞれ同年4月から実施された。

（2）盲学校および聾学校学習指導要領の改訂

1964（昭和39）年3月に「盲学校学習指導要領小学部編」及び「聾学校学習指導要領小学部編」が，1965（昭和40）年2月に「盲学校学習指導要領中学部編」及び「聾学校学習指導要領中学部編」が，続いて1966（昭和41）年3月に「盲学校学習指導要領高等部編」及び「聾学校学習指導要領高等部編」が告示され，それぞれ同年4月から実施された。

（3）特殊教育諸学校学習指導要領の特色

特殊教育諸学校学習指導要領の特徴は，次のとおりである。

①今日に至る学習指導要領の形式（目次）を採用したこと

②盲学校，聾学校学習指導要領は，文部省告示とされたこと

③教科，その他の領域の種類，時間数（高等部は単位数）については，小学校，中学校又は高等学校にほぼ準ずることとしたこと

④教育の目標，各教科の目標，各学年別の目標・内容等についてそれぞれの障害学校独自の立場で規定したこと

<注>

1）「養護学校」は学校教育法の一条校として位置付けられたが，学校教育法が施行された1947（昭和22）年時点では存在していない。例えば，日本で初めての肢体不自由児のための学校として1932（昭和7）年に開校した東京市立光明学校は，小学校令第17条の規定に基づく，「小学校ニ類スル各種学校」として認可されたもので，養護学校の名称を冠したのは1957（昭和32）年からであった。同校は，2017（平成29）年度から肢体不自由部門に加え，病弱部門を置く東京都立光明学園と改組された。また，1950（昭和25）年4月に，門司市立白野江養護学校は，それまでの市立白野江小学校附属養護学校を独立させて設置された。しかし，3年後の1953（昭和28）年4月には市立光陽小学校と校名を変更した。再び養護学校となるのは，1957（昭和32）年4月のことであり，市立光陽養護学校と校名変更された。同校は，2016（平成28）年4月からこれまでの病弱教育部門に加えて，知的障害教育部門を置く北九州市立門司総合特別支援学校となった。

2）1920年代後半（昭和初期）に，高木憲次により「肢体不自由」の用語が案出されていた。学校教育法において「肢体不自由」は使用されておらず，これに相当する用語として，第71条では「身体不自由」を，第75条では「その他の不具者」とされた。教育においてはじめて「肢体不自由」が定義されたのは，1953（昭和28）年6月の文部事務次官通達「教育上特別な取扱を要する児童生徒の判別基準について」である。なお，基本的に現在のような用語使用は，1961（昭和36）年10月の学校教育法一部改正によるものである。

3）盲学校及聾唖学校令第1条は，「盲学校ハ盲人ニ，聾唖学校ハ聾唖者ニ普通教育ヲ施シ其ノ生活ニ須要ナル特殊ノ知識技能ヲ授クルヲ以テ目的トシ特ニ国民道徳ノ涵養ニ力ムヘキモノトス」と規定している。第71条の前段は，新制度への転換の中でこの規定が継承されたものと考えられる。また，同条の後段について有倉・天城（1958）は，「その欠陥を補うために，必要な知識技能の例としては，盲学校における職業教育として理療科，音楽科および邦楽科が設けられている。（中略）また，聾学校における職業教育として行われているものには，裁縫，木材工芸，理容，農業，園芸，図案，油絵，竹工，藤工等がある。」ことと解説した。当時は，養護学校の実体がない中，それまでの盲・聾児の職業教育に着目していたことが看取できる。

4）例えば，佐賀県では昭和9年4月に私立佐賀盲唖学校が県立に移管され，佐賀県立盲唖学校に改称された。その後，学制改革により昭和22年4月から佐賀県立盲学校，佐賀県立ろう学校とに分離された（佐賀県立ろう学校ホームページ http://cms.saga-ed.jp/hp/rougakkou/home/template/html/htmlView.do?MENU_ID=13311）（2019年1月19日閲覧，山梨県では，大正11年に私立山梨盲唖学校が開校し，昭和24年に現在の山梨県立ろう学校に移管された http://www.rogako.kai.ed.jp/policy.html）。

5）1949（昭和24）年5月，教育職員免許法が制定された。戦前の師範学校における養成ではなく，いわゆる開放制の原則に基づき，すべての大学において養成を可能とする道を開いたのである。特殊教育に関する教員免許状は，一級又は二級の普通免許状として，盲学校，聾学校及び養護学校の各教諭免許状が定められるとともに，各学校の仮免許状と臨時免許状がそれぞれ定められた。また，盲学校，聾学校及び養護学校の教師は，各部に相当する学校の教員免許状（いわゆる基礎免許状）を有するものでなければならないとされた。しかし，1954（昭和29）年の教育職員免許法の一部を改正する法律の附則第24条により，当分の間，基礎免許状があれば特殊教育諸学校の教員となることができるとされ，今日に至った。

6）わが国においては，すべての国民は日本国憲法第26条，教育基本法第5条により，その保護する子女に普通教育を受けさせる義務を負っており，学校教育法第16条において9年の普通教育を受けさせる義務について，学校教育法第17条において就学義務について規定している。日本国民に対して，この就学義務が猶予又は免除される場合とは，学

校教育法第18条により，病弱，発育不完全その他やむを得ない事由のため就学困難と認められる場合とされている

7）学校基本調査における「重複障害学級」に関する統計は，1969（昭和44）年度から示された。なお，1969年度に限り「特別学級」とされた。

（文献）

天城勲（1954）『学校教育法逐条解説』　学陽書房

有倉遼吉・天城勲（1958）『教育関係法〔Ⅰ〕』　236頁　日本評論新社

平原春好（1970）「日本における教育改革の構造と特質」　教育学研究，37（3），230-238.

平原春好（1979）「わが国の教育制度史上における「特殊学校」の位置」　教育学研究，46（2），80-92.

文部省（1953）『特殊児童判別基準とその解説』

文部省（1978）『特殊教育百年史』　東洋館出版社

文部省（1992）『学制百二十年史』　ぎょうせい

文部科学省（2020）「特別支援教育資料（令和元年度）」

2 章 養護・訓練の誕生とその後の改訂

[1節　養護・訓練の誕生の背景]

1. 在籍児童生徒の障害の重度化，重複化の顕在化

　盲学校，聾学校教育の義務制が完成し，養護学校の整備に着手され始めた昭和30年代は，盲学校，聾学校，肢体不自由養護学校及び病弱養護学校に就学する子どもの多くは，当該学校に就学する障害はあるものの，精神薄弱等を併せ有しない者であったといえる。そのため特殊教育諸学校の学習指導要領は，基本的に小学校等に準ずる教育を行うことを前提としていた。

　昭和40年代に入ると，特殊教育諸学校，とりわけ養護学校の設置が進むに従い，それまで就学猶予となっていた子どもが養護学校に就学するようになった。さらに，養護学校教育義務制に向けた1972（昭和47）年度からの養護学校整備7年計画に基づく養護学校の設置は，就学猶予者に加え就学免除者を急激に減少させる一要因となったと考えられる（図1－2）。昭和40年代半ば以降，特殊教育諸学校における重複障害学級に在籍する児童生徒の割合は，急激に増加することとなった（表1－1）。

　このように，盲学校及び聾学校教育の義務制実施，並びに養護学校教育の義務制に向けた養護学校の整備は，在籍児童生徒の障害の重度化，重複化を顕在化させることとなった[1]。さらに養護学校教育の義務制は，在籍者の障害の重度化，重複化を一層加速させることになる。

２．特殊教育諸学校学習指導要領における特別の訓練等の指導の位置付けと課題

　特殊教育諸学校在籍者の障害の重度化，重複化の顕在化は，それまでの準ずる教育を前提とした特殊教育の在り方に一石を投ずることとなった。わが国における重複障害教育の黎明であり，準ずる教育のみならず多様な障害の状態にある児童生徒の教育課程の基準はいかにあるべきかを問うものといえる。改めて学校教育法第71条の後段部である，「あわせてその欠陥を補うために，必要な知識技能を授けること」に注目が集まることとなったのである。

　このような中で1971（昭和46）年４月施行の特殊教育諸学校学習指導要領において養護・訓練は誕生した。ここでは，新しい名称の決定や目標，内容等を規定する上で着目された特別の訓練等の指導について，昭和37年度，38年度特殊教育諸学校学習指導要領における位置付けと課題を整理する。

（１）特殊教育諸学校における障害の特性等に応じた特別の訓練等の指導の位置付け

　先述したように，特殊教育諸学校は準ずる教育を実施することの前提から，小学校等の学習指導要領の形式と揃えざるを得なかった[2]。そのような背景から，各学校における障害の特性等に応じた特別の訓練等の指導は，表２−１のように教科等に位置付けられることとなった。

（２）特別の訓練等の指導が抱えた課題

　ここでは，盲教育と肢体不自由教育を例に，準ずる教育を施すとされた中で，特別の訓練等の指導が教科に含まれる，あるいは教科の一部として位置付けられることの課題を取り上げる。

１）盲教育における当該課題に対する問題提起

　大川原（1990）は，明治11（1878）年に開校した京都盲唖院での古川太四郎による盲児の触覚，聴覚及び運動感覚等の発達を促す指導方法を，養護・訓練の源流として位置付けている。当時は，近代学校の成立発展の基礎となった学制（1872年）が発布された後であり，近代学校制度としてはまだ未整備なときであった。それゆえに，同時代における盲聾唖教育の独自性が発揮できたと理解できる。1923（大正12）年８月の盲学校及び聾唖学校令の公布により，盲学校や聾唖学校は公教育機関として明確化され，教科の編成等も尋常小学校や

中等学校等に準じて充実されるようになった。1941（昭和16）年3月の国民学校令の公布により，同月末には「公立私立盲学校及聾唖学校規程」が一部改正され，「盲学校初等部及聾唖学校初等部ノ教科及科目ニ付テハ国民学校初等科ノ教科及科目ニ関スル規定ヲ準用ス」（5条）とされ，それまで独自に位置付けられ，指導されてきた特別の訓練等の指導の成果が教科指導の中に組み込まれることとなった（大川原，1991）。盲教育における特別の訓練等の指導は，各教科の枠組みの制約下でかつての独自性を発揮できない状況にあるとの認識を有していたと考えられる。

2）肢体不自由教育における当該課題に対する問題提起

　肢体不自由教育では，特別の訓練等の指導としての機能訓練を小学部にあっては体育と，中学部にあっては保健体育と抱き合わせて，「体育・機能訓練」，「保健体育・機能訓練」に位置付けた。養護学校小学部学習指導要領肢体不自由教育編総則では，「養護学校においては，児童の機能障害の状況を正しくはあくし，その障害を改善するために適切な訓練を行なわなければならない」[3]としつつも，「機能訓練の時間においては，特別な技能を有する教職員が，学校医の処方に基づき，（中略），個々の児童の障害の改善を図るように指導するものとする」と規定した。医学的リハビリテーションに準ずる取扱いとしたことから，一般の教師にとっては関与できないものとして理解されることとなった（文部省，1987）。

　加えて，体育・機能訓練は，授業時数を週5時間とされたことから，教育現場からは体育，機能訓練にそれぞれ何時間配当するのかの課題が指摘されていた（文部省，1987）。

　養護学校は，学校教育法が規定する準ずる教育を前提として設置が進められ，学習指導要領の制定が行われた。このことから，養護学校は盲学校等とは異なり，設置当初から教科の枠組みにおいて機能訓練を位置付けざるを得なかったことの課題が噴出したものといえる。

3．教育課程審議会の答申と特殊教育諸学校学習指導要領の改訂

（1）特殊教育諸学校在籍者の障害の重度化，重複化に対する文部省の認識

　特殊教育諸学校在籍者の障害の重度化，重複化が顕在化する中で，1969（昭

表2－1　昭和37年度、38年度特殊教育諸学校学習指導要領における特別の訓練等の指導（小学部）

学校	教科等名	訓練等の特別の指導	学習指導要領における関連の規定（抜粋）
盲学校	国語	点字指導	【国語】第2　各学年の目標および内容　第1学年の目標 【国語】(10) 点字や記号をていねいに書くことができるようにする。 第4学年　3　指導上の留意事項 (2) 点字の読み書きをする能力は、その学年一応の完成を図るようにすること。
盲学校	理科	感覚訓練	【理科】第3　指導計画作成および学習指導の方針 6　全感覚を活用して、できるだけくふうして広く観察・実験を行うことが必要であって、観察・実験を行なわないで単に知識にのみ偏することのないようにじゅうぶん留意することが必要である。
盲学校	体育	歩行訓練	【体育】第3　指導計画作成および学習指導の方針　4 (3) 歩行に関する指導は、基本的事項を体育で行なうほか、他の教科や道徳、特別教育活動および学校行事等の指導とも関連をもって、各児童が自信をもち歩くことができるよう能力が養われるよう配慮する。なお、歩行に関する指導計画を立てる際は、各児童の視力および残存のその他の諸機能の障害の状態や個人差をもとに即応し、次の事項等に留意する。
聾学校	国語	聴能訓練	【国語】第3　指導計画作成および学習指導の方針 5　聴能訓練は、律唱科との関連を図るとともに、特に、読むこと、話すこと、書くことの各活動の中で効果的に指導することが必要である。
聾学校	律唱	聴能訓練	【律唱】第3　指導計画作成および学習指導の方針　2　各領域について (4) 聴能訓練について イ　聴能訓練については、児童の聴力の状態と学習の実情に応じて、諸感覚を活用する場合と一体的な指導とを保ち、およそ次の事項に留意し、おさえて行なえるようにする。
聾学校	国語	言語指導	【国語】第2　各学年の目標および内容　〔第1学年〕 3　指導上の留意事項 (1) 発音の指導では、第1学年から第3学年のすべての発音の基礎的指導を行なうにする。まやや困難な音、やさしい音、児童の実情に応じて、学習の場合にはくり返し数多くすることが効果的であり、時間は短く、毎日継続的、計画的に適正、適宜、個々の音をとりあげて指導し、発音のめりはりを図るようにする。発音指導は語句や文の形で指導することを原則とする。
肢体不自由養護学校	体育・機能訓練	機能訓練	第9節　体育・機能訓練　1　機能訓練　2　機能訓練 (1) 目標　ア　機能の障害を改善するために必要な訓練を行ない、日常の起居動作の不自由を克服して生活能力の向上を図る。 (2) 内容　ア　機能の訓練　イ　職能の訓練　ウ　言語の訓練
病弱養護学校	養護・体育	養護	第2章　各教科　9　養護　ア　目標　(7) 各児童に適した指導ならびに生活規制を行なわせて健康回復を図る。 (1) 養護　ア　目標　(7) 各児童の目標・体育の目標、内容ならびに指導上の留意事項について イ　内容　(7) 主として安静に関する内容　病弱の状態に応じた絶対安静、安静、休養、午睡などを中心とする生活活動。

和44）年12月11日，文部大臣は教育課程審議会に対して，「盲学校・聾学校・養護学校の教育課程の改善について」諮問を行った。

　坂田文部大臣の諮問理由の説明としては，「特殊教育諸学校に在学する児童生徒の実態は，これまでとかなり異なった様相を示すに至っており，その障害の種類や程度等において，ますます複雑多様化する傾向」にあること，さらに，「重度の障害をもつ児童生徒または二つ以上の障害をあわせもつ児童生徒に対する効果的な教育内容，方法を解明して，これら児童生徒に対する教育の機会を拡大することは，きわめて重要である」ことを挙げた。加えて，初等中等教育局長による諮問理由の補足的な説明では，最近の特殊教育諸学校の在籍者の状況を踏まえ，「現行学習指導要領を制定した当時とはかなり異なった様相を示している」との認識の下，次の4つを取り上げた（文部省，1985）。

①特殊教育のねらいをどのようなところに置くべきかということ

②対象となる児童生徒の障害の状況の多様化に伴い検討を要する問題点について

③対象児童生徒の心身の発達上の遅滞や欠陥を補うために必要な特別の指導分野についての教育課程上の取扱いについて

④小学部，中学部及び高等部における教育課程の一貫性について

　文部省としては，まさに特殊教育諸学校における在籍者の障害の重度化，重複化，多様化の現状を受け，早急な対応をすべきとの認識を有していることを読み取ることができる（文部省，1985）。

（2）教育課程審議会「盲学校・聾学校および養護学校の教育課程の改善について」答申

　諮問を受けて，教育課程審議会では，総会1回，分科会3回，小委員会8回の開催，審議を経て，1970（昭和45）年10月23日，「盲学校・聾学校および養護学校の教育課程の改善について」を答申した（文部省，1970）。

　この答申では，養護・訓練の誕生について次のように提言している。

「心身に障害を有する児童生徒の教育において，その障害からくる種々の困難を克服して，児童生徒の可能性を最大限に伸ばし，社会によりよく適応していくための資質を養うためには，特別の訓練等の指導がきわめて重要である。これらの訓練等の指導は，ひとりひとりの児童生徒の障害の種類・程度や発達の状態等に応じて，学校の教育活動全体を通して配慮する必要があるが，さらに

　なお，それぞれに必要とする内容を，個別的，計画的かつ継続的に指導すべき
ものであるから，各教科，道徳および特別活動とは別に，これを『養護・訓練』
とし，時間を特設して指導する必要がある。」とされた。
　本答申に基づいて，1971（昭和46）年3月，特殊教育諸学校小学部・中学
部の学習指導要領が告示され，小学部は同年4月から，中学部は1972（昭和
47）年4月からそれぞれ施行された。特殊教育諸学校の教育課程の編成領域と
して，各教科，道徳及び特別活動に付加して，新たに養護・訓練を設けること
とされたのである。なお，特殊教育諸学校高等部学習指導要領は，1972（昭和
47）年10月に告示され，翌年4月から施行された。

（3）特殊教育諸学校学習指導要領の改訂

　1971（昭和46）年，1972（昭和47）年に告示された特殊教育諸学校学習指
導要領は，養護・訓練の新設のほかに，現行の学習指導要領の原型となる次の
改訂が行われた。

1）教育目標の明示

　特殊教育諸学校学習指導要領総則の冒頭に，教育目標が明示された。養護学
校（肢体不自由教育）小学部・中学部学習指導要領を例にあげると，次のとお
りである。

　小学部および中学部における教育については，学校教育法第71条に定める目
的を実現するために，児童および生徒の心身の障害の状態および能力・適性等
をじゅうぶん考慮して，次に掲げる目標の達成に努めなければならない。
1　小学部においては，学校教育法第18条各号に掲げる教育目標。
2　中学部においては，学校教育法第36条各号に掲げる教育目標。
3　小学部および中学部を通じ，肢体不自由に基づく種々の困難を克服するた
　めに必要な知識，技能，態度および習慣を養うこと。

　小学部にあっては小学校の教育目標を，中学部にあっては中学校の教育目標
を準用するとともに，3として「障害」に基づく種々の困難を克服するために
必要な知識，技能，態度及び習慣を養うこととした。学校種別に学習指導要領
を告示していることから，3の「肢体不自由」は当該学校の障害，すなわち，
視覚障害，聴覚障害，病弱・身体虚弱となる。学校教育法第71条の特殊教育

諸学校の目的の規定との関連から，1，2は同条前段部分の準ずる教育を施すことと，3は同条後段部分の内容とそれぞれ整合させていることが分かる。
　一方，養護学校（精神薄弱教育）小学部・中学部学習指導要領では，これらとは別に次のような規定となっている。

　小学部および中学部における教育については，学校教育法第71条に定める目的を実現するために，児童および生徒の精神発育の遅滞や社会適応の困難性をもつことなどを考慮して，次に掲げる目標の達成に努めなければならない。この場合において，それぞれの教育目標をじゅうぶん達成するための基盤となる基本的能力の伸長を図らなければならない。
1　小学部においては，次に掲げる教育目標
(1)　健康で明るい生活をするために必要な心身諸機能の調和的発達を図ること。
(2)　日常生活に必要な基礎的な生活習慣を身につけ，進んで仕事をしようとする態度を養うこと。
(3)　家庭生活や，学級，学校，地域社会における集団生活に参加する能力や態度を養うこと。
(4)　身近な社会や自然についての関心や初歩的な知識をもたせ，社会生活に必要な技能を養うこと。
(5)　日常生活に必要な国語や数量についての基礎的な知識をもたせ，それらを使用したり，処理したりする能力を養うこと。
2　中学部においては，次に掲げる教育目標
(1)　小学部における教育目標をなおじゅうぶんに達成すること。
(2)　日常の経済生活についての関心を深め，将来の職業生活や家庭生活に必要な基礎的な知識と技能を身につけるとともに勤労を重んずる態度を養うこと。

　精神薄弱養護学校では，他の特殊教育諸学校とは異なって，学校教育法第71条の特殊教育諸学校の目的規定との整合が図られていない。学校教育法第71条の目的を実現するとしつつも，準ずる教育を施すことを前提とする他の特殊教育諸学校とは一線を画す記述となっている。このことは，養護・訓練に係る規定においても看取できる。

2）重複障害者に係る教育課程

　特殊教育諸学校に在籍する児童生徒の障害が重度化，重複化する中で，今日

の特別支援学校学習指導要領等総則に規定する重複障害者等に関する教育課程
の取扱いに通ずる規定が次のように整備された。

①各教科の目標及び内容に関する事項の一部を，併せ有する障害の種類に対応
　する学習指導要領に示す各教科の目標及び内容に関する事項の一部によって
　替えることができる。

②重複障害者のうち，学習が著しく困難な児童又は生徒については，各教科，
　道徳及び特別活動の目標及び内容に関する事項の一部を欠き，養護・訓練を
　主として指導を行うことができる。

　また，重複障害者ではない者のうち，学校において特に必要がある場合には，
　次によるとされた。

③心身の障害の状態により学習が困難な児童又は生徒について，小学部または
　中学部の各教科の各学年の目標及び内容に関する事項の一部を欠き，または
　その全部もしくは一部を各教科（中学部にあっては，中学部の各教科に相当
　する小学部の各教科を含む。）の当該学年の前各学年の目標及び内容に関す
　る事項の全部もしくは一部によって替えることができる。

[　2節　養護・訓練の理念と名称　]

1. 養護・訓練の理念

　新設された養護・訓練とはどのような領域なのであろうか。これを理解する
上で重要な事項をあげると次のとおりである。

（1）特殊教育の目的，目標と養護・訓練の目標との関連
　特殊教育諸学校学習指導要領は，障害種別の学校ごとに制定され，教育目標
等については，それぞれの障害の特性等に応じて規定の整備が行われた。
　ここで注目するのは，養護・訓練の目標である。特殊教育諸学校小学部・中
学部学習指導要領における養護・訓練の目標は，「児童または生徒の心身の障
害の状態を改善し，または克服するために必要な知識，技能，態度および習
慣を養い，もって心身の調和的発達の基盤をつちかう。」とされたことである。

この目標は，学校教育法第71条の後段部である，「併せてその欠陥を補うために，必要な知識技能を授けること」，改訂後の特殊教育諸学校学習指導要領総則に示された教育目標の3「肢体不自由（学校種により異なる）に基づく種々の困難を克服するために必要な知識，技能，態度および習慣を養うこと」と内容的な整合性が図られている。すなわち，養護・訓練は，特殊教育分野における新たな領域として成立したわけであるが，単に教育課程の編成上の一領域の位置付けに止まらず，児童生徒の障害の重度・重複化などが新たな課題となりつつあった特殊教育の現状やその将来を担うべく誕生したといえよう。

　学校教育法制定当時の第71条後段規定が，盲教育，聾教育の職業教育を想定していたものを，養護・訓練の領域としての成立に当たり，その理念の整備を図ったものといえる。

（2）養護・訓練の目標において注目すべき用語

　養護・訓練の理念を理解する上で，注目しなければならない用語として，「障害の状態」と「心身の調和的発達の基盤」を取り上げる。

1）「障害の状態」を改善，克服するとは

　養護・訓練の目標では，「児童または生徒の心身の障害の状態を改善し，または克服する」とされた。「障害の状態」を改善，克服するとは何を意味するのであろうか。「障害」を改善，克服するということと何が異なるのであろうか。

　養護・訓練の目標は，「障害の状態」，すなわち「障害に基づく種々の困難」の改善を目指すもので，「障害」の改善を意図するものではない。ともすると，障害は，治療の対象とみなされがちであったものを，これを教育の対象として積極的に意味づけるものといえる。

　このことをより明確にしたのは，後に1980（昭和55）年に世界保健機関WHO；World Health Organizationが採択した国際障害分類ICIDH；International Classification of Impairments, Disabilities and Handicaps によるところが大きい。図2-1にICIDHモデルを示した。疾病により impairment（機能障害）が引き起こされ，impairment は学習や生活に disability（能力障害）をもたらし，これらが handicap（社会的不利）へとつながる構造である。「障害」を改善するとは impairment を，養護・訓練の目標で用いられた「障害の状態」を改善するとは disability をさすものとされた。「インペアメントなどに基づいてもたらされた日常生活や学習上の種々の困難さであって，教育によっ

て改善・克服が期待されるもの」（文部省，1994）である。例えば，肢体不自由教育における養護・訓練の誕生は，それまでの医学的リハビリテーションモデルとしてみなされがちであった特別の訓練等の指導を，教育モデルへの転換を強く意識したものと理解できる。

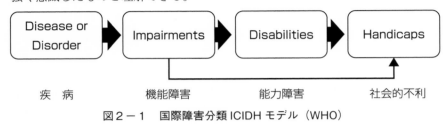

図２－１　国際障害分類 ICIDH モデル（WHO）

２）「心身の調和的な発達の基盤をつちかう」とは

　心身の調和的な発達の基盤を培うとは，児童生徒の主障害に注目するのではなく，広く人間としての全発達の基礎作りを重視することを明確にしたものである。養護・訓練は，特定の障害に対応することに主眼を置くものではなく，障害があることによる種々の困難さを改善・克服し，人としての調和的な発達の基盤を培うという教育的機能を強く意識するものである。

（３）養護・訓練の内容

　養護・訓練の内容は，①心身の適応，②感覚機能の向上，③運動機能の向上，④意思の伝達の４つに分類され，それぞれ３つの事項から構成された。これらはどのような手続きにより導かれたのであろうか。

　村田（1992）によれば，養護・訓練の内容は次のような作業により確定された。すなわち，「従来，学校種別ごとに行われてきた指導の個々の事情を考慮して，学校別に示そうという意見もあった。しかし，特殊教育諸学校に就学する児童生徒の障害が重複障害になりつつある傾向を考慮すれば，内容を幅広くとらえて，特殊教育諸学校共通に定めることが望ましいということになった。そこで，現に各学校で行われている特別の訓練等の指導について，その具体的な内容となる事項を細かく取り上げて，それらを大きく括り直すという作業を何回か繰り返した。この作業を通じて，この種の指導の具体的な内容が，ほとんど指導の方法と密接している場合が多いことが明らかにされた。したがって，その方法にまで言及する必要のないような内容表現という観点から整理していけば，

おのずとより抽象的な表現にならざるを得なかったのである」。また、「これらの議論を通じて、それまで特別の訓練等の指導に相当する内容がなかった精神薄弱養護学校からは、特に目立った意見は出されなかった」と振り返り、新たな領域となる養護・訓練の誕生に知的障害関係者の関心の程がうかがえる。

このように養護・訓練の内容は、それまで特殊教育諸学校において特別の訓練等の指導として取り上げられてきた内容を細かく取り上げ、それらを大きく括り直す作業をとおして整備されたものである。

（4）総則における養護・訓練の規定

総則養護・訓練として、「心身の障害に基づく種々の困難を克服させ、社会によりよく適応していく資質を養うため、養護・訓練に関する指導は、養護・訓練の時間はもちろん、学校の教育活動全体を通じて適切に行なうものとする。

特に、養護・訓練の時間における指導は、各教科、道徳および特別活動と密接な関連を保ち、個々の児童または生徒の心身の障害の状態や発達段階に即して行なうよう配慮しなければならない」の規定が盛り込まれた。

２. 養護・訓練が抱えた課題

（1）名称の由来—なぜ、養護・訓練となったのか？—

新しい領域は、特殊教育諸学校、とりわけ養護学校の量的な整備の過程で顕在した新たな課題である、在籍児童生徒の障害の重度・重複化、多様化に向き合うべくして誕生した。養護・訓練は、戦後特殊教育の整備過程における転換点にあって、特殊教育の将来を見据えた、まさに未来志向の領域といえる。

領域の名称については、「特別指導、特別訓練、リハビリテーション等々、様々な意見があった。なかでも「特別指導」が有力であった。しかし、「特別活動」との混乱を生ずるという批判、そもそも特殊教育そのものが特別指導ではないかという反問等によって、これも不採択となった」（村田、1992）ことから、あらためて検討が行われた。この際に、「従来、この種の指導がどのような名称で呼ばれてきたか」に着目した。これまで特別の訓練等の指導としては、次のように取り扱われていた。盲教育では「歩行訓練」等を、聾教育では「聴能訓練」等を、肢体不自由教育では「機能訓練」を、そして病弱教育では「養護」をそれぞれあげることができる。図２－２で示すように、用語として共通する「訓

練」と，異なる「養護」を組み合せて，「養護・訓練」となった（村田，1992）。
ただし，「養護訓練」とすると，「避難訓練」などと同じイメージを持たれると
いうことで，最終的に「養護」と「訓練」の間に「・」を入れ，「養護・訓練」
となったとされる（松原，1991）。

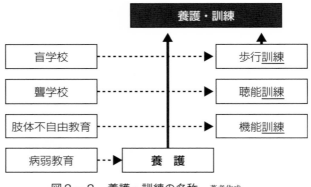

図２－２　養護・訓練の名称　著者作成

（２）養護・訓練が抱えた課題とは

　新たな時代の転換点の中で難産の末，養護・訓練は誕生した。しかし，養護・
訓練は，当初から今日のような理念が確立されたわけではない。様々な課題を
抱えての船出となり，その後の自立活動への改訂につながるのである。

１）領域の「理念」と「名称」との乖離

　養護・訓練は特殊教育諸学校に在籍する児童生徒の障害の重度化，重複化が
進行する中で，新たな課題に向き合う，いわば未来志向の領域として誕生した
ことは上述のとおりである。しかし，その領域の名称は，過去を振り返ってつ
けられることとなった。養護・訓練は，誕生当初から期待された領域としての
理念と名称に乖離が生じることとなったのである。

２）理念としての脆弱さ

　自立活動の成立した1999（平成11）年の盲学校，聾学校及び養護学校学習
指導要領の改訂では，自立活動の内容は「区分」と称され，「人間としての基
本的な行動を遂行するために必要な要素と障害に基づく種々の困難を改善する
ために必要な諸要素」と定義された。これは，各教科と異なって自立活動では
予め指導内容を示せないことから，「内容」の用語を使いつつも指導内容とは

差別化する必要があったからである。養護・訓練誕生時の内容は，それまで特殊教育諸学校で取り扱われた内容を細分化して再整理したもので，それ故指導内容の域を出るものではないことが分かる。

　特殊教育諸学校学習指導要領における養護・訓練の目標，内容は障害種を問わず共通に示されたにも関わらず，指導計画の作成と内容の取扱いでは，各学校種において改訂前の特別の訓練等の指導と同一の内容を取り上げていることからも理解できよう。

3）養護・訓練の理解，取り組みに対する学校種間の隔たり

　養護・訓練の誕生に際し，精神薄弱教育の関係者は他の障害領域と異なる立場をとった。そもそも精神薄弱という特性から，準ずるという立場から教育を推し進めるという考え方はとりにくい。精神薄弱教育は，戦後の経験主義の考え方に影響を受けて，子どもの生活や経験に根ざした教育の在り方を模索してきたといえる。そのため，昭和37（1962）年度版の学習指導要領では，教科の名称は小学校等に準ずるものの，内容の構成は独自に示すほかに，教科や領域を合わせた指導に重点を置く考え方を示した。養護・訓練が誕生した昭和46（1971）年度版の学習指導要領では，この考え方をさらに明確にするために，生活科の新設に注力することとなった。それまで特別の訓練等の指導がなかったことから，養護・訓練については，他の障害領域とは大きな温度差があったのである。

　養護・訓練に関わる精神薄弱教育と他の障害領域との際立った違いは，学習指導要領の随所に見ることができる。

①総則における授業時数の取扱い

　精神薄弱教育を除く各障害領域では，「小学部または中学部の各学年の養護・訓練に充てる授業時数は，年間105を標準とするが，児童または生徒の心身の障害の状態に応じて適切に定めること。」とされている。これに対して，精神薄弱教育の学習指導要領では，標準とする具体的な時数を示していない。

②指導計画と内容の取扱いにおける内容の例示

　特殊教育諸学校学習指導要領における養護・訓練の目標，内容については，基本的に障害領域共通に示されたものの，指導計画作成と内容の取扱いでは，精神薄弱教育のみ異なる示し方がなされた。すなわち，盲，聾，肢体不自由，病弱教育では，内容をどのように取り扱うかを例示したのに対して，精神薄弱

教育ではこれがなく一般に留意すべき事項をあげるにとどめられた。

　このように精神薄弱教育における養護・訓練に関わる関係の規定は，各障害領域とは明らかに異なり，この後の養護・訓練に対する取り組みに大きな差異を生ずることとなるのである[4]。

［　3節　養護・訓練の改訂　］

1．昭和54（1979）年の学習指導要領の改訂

　戦後の特殊教育における懸案であった養護学校教育義務制の実施にあわせた改訂である。

　この改訂で指摘できるポイントは，従前の学習指導要領が障害種別であったものを，盲学校，聾学校及び養護学校小学部・中学部・高等部学習指導要領として一本化し，小学部から高等部まで同時に改訂したことである。学校の種別ごとに掲げていた教育目標を各学校共通の目標に改めた。

　養護・訓練に係る改訂は，次のとおりである。

　（1）**養護・訓練の目標，内容など**

　養護・訓練の目標，内容は，従前の学習指導要領をそのまま引き継ぎ，4つの「内容」に12の「事項」から構成された。

　指導計画の作成と内容の取扱いは，従前では内容の取扱いについての障害種別に例示していたものをとりやめ，共通の示し方となった。障害の特性を踏まえた具体的な指導については，学校種別に作成された学習指導要領解説に示された。

　（2）**総則における養護・訓練の規定**

　同規定は，「養護・訓練に関する指導は，心身の障害に基づく種々の困難を克服させ，社会によりよく適応していく資質を養うため，学校の教育活動全体を通して適切に行うものとする。特に，養護・訓練の時間における指導は，各教科，道徳及び特別活動と密接な関連を保ち，個々の児童又は生徒の心身の障害の状態や発達段階に即して行うよう配慮しなければならない」とされた。学

校の教育活動全体を通して行う養護・訓練に関する指導（以下，関する指導とする）では，従前では「養護・訓練の時間はもちろん」として時間の指導を明確に位置付けていたものを，改訂により削除された。

　授業時数については，これまでどおり盲学校，聾学校，肢体不自由養護学校及び病弱養護学校小学部・中学部の各学年の養護・訓練に充てる授業時数を年間 105 単位時間とした一方で，精神薄弱養護学校では授業時数は従前どおり示されなかった。

２．平成元（1989）年の学習指導要領の改訂

　平成元年には，小・中学部及び高等部の学習指導要領を改訂するとともに，新たに幼稚部教育要領を制定した。養護・訓練に係る改訂は，次のとおりである。
（１）養護・訓練の目標，内容など
　養護・訓練の目標は，従前と同じである。「内容」は，心身の適応，感覚機能の向上，運動機能の向上，意思の伝達の 4 つに，それぞれ 3 つの「事項」から構成されていたものを次のように改訂した。

　心身の適応は，「心と身体の適応という相互に密接な関連がありながらも，実際の指導に当たっては，かなり異質な二つの要素が混在しているので，これを「身体の健康」と「心理的適応」の二つに分けた。感覚機能の向上及び運動機能の向上は，生理的なニュアンスの濃い機能面の向上が中心となっているようにとらえられやすいので，それを活用した認知や作業についての指導内容が含まれる点を明確にする必要があるため，それぞれ「環境の認知」及び「運動・動作」に改めた」（村田，1990）とされる。内容の各項目は，具体的な指導事項を選定する際の観点が明確となるように示し方が工夫された。この結果，5 つの「内容」，18 の「項目」となった。

　指導計画の作成と内容の取扱いでは，「指導計画の作成に当たっては，個々の児童又は生徒の心身の障害の状態，発達段階，経験の程度等に応じた指導の目標を明確にし，第 2 に示す内容の中からそれぞれに必要とする項目を選定し，それらを相互に関連づけて具体的な指導事項を設定するものとする」が規定された。従前の規定では，「それぞれに必要とする第 2 の内容を相互に関連づけて具体的な事項を選定し，個別にその指導の方法を適切に定めるものとする。」

とされており，指導の方法との関連を削除した。児童生徒の障害の状態に応じた指導の一層の充実を図ることを意図したものと理解できる。

（2）総則における養護・訓練の規定

総則養護・訓練の規定は，従前を踏襲した。

授業時数に係る規定は，従前どおりであった。

＜注＞

1）肢体不自由養護学校では，それまで在籍者の起因疾患として，脳性まひ，ポリオ，先天性股関節脱臼，結核性骨関節炎の4つによってほとんどを占めていた。昭和30年代半ばのポリオワクチンの開発・投与，公衆予防，健康診断の普及などにより，脳性まひを除く疾患が急激に減少し，昭和40年代になると脳性まひの割合が60％を占めるにまで至った。当時の肢体不自由教育は，「脳性まひ児の教育」とまで言われたときである。脳性まひは，脳レベルの疾患であり，病変の部位や広がりによって，様々な随伴障害を有すため，肢体不自由教育では他の学校種に先んじて，重複障害教育に直面することとなった。

2）戦後，精神薄弱特殊学級では，学業の遅進などの多様な児童生徒が対象となっていたことから，学年を下げて各教科等の内容を学習する，「水増し教育」が行われた。しかし，その対象は精神薄弱児童生徒に限定されるようになり，その児童生徒の特殊性に着目し，精神薄弱教育独自の教育課程や指導法を求めるようになった。このような中で，米国の経験主義教育思想に強く影響を受け，1955（昭和30）年以降に，生活，情操，健康，生産，言語，数量の領域からなる「六領域案」が提起された。1960（昭和35）年，養護学校学習指導要領を作成するための委員会の設置により，六領域案を含めた検討が行われ，1963（昭和38）年3月には，養護学校小学部・中学部学習指導要領精神薄弱教育編（事務次官通達）として制定された。議論の過程で，精神薄弱教育の教育課程の本質に関わる次の二つの条件が確認された。一つは，各教科等による分類形式を採用しても，既存の各教科の概念にとらわれずに，精神薄弱教育にふさわしい教育内容を盛り込むことであり，もう一つは，各教科等で教育内容を分類しても授業は教科別に進める必要はなく，各教科等の内容を合わせて行うことができること，である（文部省，1978）。

3）1963（昭和38）年度から肢体不自由養護学校小学部に設けられた体育・機能訓練は，肢体不自由に関連する訓練等を初めて教育課程に位置付けたものである。村田（1992）は違和感が指摘される中で機能訓練をなぜ教科と合わせたのかの背景について，次のように述べている。「機能訓練は，もともと教科になじまないものであり，むしろ道徳と同じように領域に位置付けることが相応しいと考えられたが，行政的には小学校等と異なる領域を創設することに強い難色があったため，止むを得ず体育と同様に身体運動に属す

るという見地から体育と抱き合わされた」としている。

4）松崎（1996）は，養護・訓練の誕生から1990年代初頭までに実施された精神薄弱養護
学校の養護・訓練の関する全国的な実態調査を比較分析し，精神薄弱養護学校における
養護・訓練の現状と課題を整理した。自立活動の成立以前の精神薄弱養護学校の養護・
訓練の取り組みの一端を理解できる。ここでは文献の紹介にとどめる。

（文献）

文部省大臣官房企画室（1970）「昭和45年度文部省第98年報―1970―」

文部省（1978）『特殊教育百年史』　東洋館出版

文部省初等中等教育局小学校課（1985）「教育課程審議会答申一覧」

文部省（1987）『肢体不自由教育における養護・訓練の手引き』　日本肢体不自由児協会

文部省（1994）『肢体不自由児の養護・訓練の指導』　日本肢体不自由児協会

村田茂（1990）「養護・訓練の改訂の要点」　肢体不自由教育　94号，26-32.

村田茂（1992）『証言で綴る戦後肢体不自由教育の発展』　肢体不自由教育史資料研究会

松崎博文（1996）「精神遅滞養護学校における養護・訓練の現状と課題―全国的な実態調査
研究の整理・分析を通して―」　福島大学教育実践研究紀要，30号，17-28.

松原隆三（1991）「養護・訓練こぼれ話　なぜ「・」なのか」　発達の遅れと教育，407，11.

大川原潔（1990）『特殊教育の発展とその経過―行政とのかかわりを背景に―』　第一法規

大川原潔（1991）「「養護・訓練」設定の経緯―その源流から発展の意義―」　特殊教育，67，
8-10.

第3章 自立活動の成立とその理念

[1節 自立活動の成立の背景]

1．教育課程審議会の答申における教育課程の基準の改善のねらい

　1998（平成10）年7月，教育課程審議会は，「幼稚園，小学校，中学校，高等学校，盲学校，聾学校及び養護学校の教育課程の基準の改善について」を答申した。1996（平成8）年8月に，文部大臣の諮問を受けて，幼児児童生徒の人間として調和のとれた成長を目指し，国家及び社会の形成者として心身ともに健全で，21世紀を主体的に生きることができる国民の育成を期するという観点から審議を重ねて取りまとめたものである

　本答申における教育課程の改善の基本的視点は，完全学校週5日制の下で，各学校がゆとりのある教育活動を展開し，子どもたちに「生きる力」をはぐくむとされ，教育課程の基準の改善のねらいとして，次の4つを掲げた。

　第一は，「豊かな人間性や社会性，国際社会に生きる日本人としての自覚を育成すること」である。国際化の進展等を踏まえ，これからの時代を担う子どもを育成する学校教育は，時代を超えて変わらない調和のとれた人間形成が特に重要であるとの認識に立脚するものである。

　第二は，「自ら学び，自ら考える力を育成すること」である。これまで教育においては，多くの知識を習得させることに主眼が置かれがちであった。効率よく就労に結び付ける考え方に依拠するものと理解できる。しかし，これからの社会の激しい変化の時代にあって，学校で学んだ知識等は卒業時にはすでに

先進性を失っている可能性がある¹⁾。このような学校教育の基調を，主体的に学ぶ力を育成する教育へと転換することが重要であるとの考え方によるものである。

　第三は，「ゆとりのある教育活動を展開する中で，基礎・基本の確実な定着を図り，個性を生かす教育を充実すること」である。義務教育で共通に教育すべき内容は，社会生活を営む上で必要な内容に厳選するとともに，個性を生かす教育の一層の充実を図り，子どもの興味・関心等を生かし，主体的な学習や個に応じた指導の一層の工夫改善を図ることを目指すものである。

　第四は，「各学校が創意工夫を生かし特色ある教育，特色ある学校づくりを進めること」である。各学校において，地域や学校，子どもの実態等に応じて，創意工夫を生かした特色ある教育を展開し，特色ある学校づくりを進めることができるよう，教育課程の基準の大綱化，弾力化を図り，時間割や教育課程について各学校が一層創意工夫を生かして編成できるようにする。また，選択学習の幅を拡大するとともに，「総合的な学習の時間」を創設し，各学校の創意工夫を生かした教育活動が一層活発に展開できるようにする。

２．答申における盲学校，聾学校及び養護学校の教育課程の編成等について

　社会の変化や幼児児童生徒の障害の重度・重複化，多様化の実態等に対応し，個性を最大限に伸長し，自立し，社会参加するための基盤となる［生きる力］を培うことをねらいとして，幼稚園，小学校，中学校及び高等学校の教育課程の基準の改善に準じた改善を行うとともに，次のような改善を図るとした。
①社会の変化に対応するとともに，卒業後の社会生活への円滑な適応を図る等の観点から，知的障害者を教育する養護学校に選択教科として，中学部に「外国語」を，高等部に「外国語」及び「情報」を設ける。また，知的障害者を教育する養護学校の高等部に流通業やサービス産業に関する教科「流通・サービス」を新設するとともに，新たな学科として「商業科」や「産業科」を設ける。
②養護・訓練の授業時数は，児童生徒の実態等に応じた指導が一層適切に行われるようにするため各学校が適切に定める。なお，名称を「自立活動」に改める。

③養護・訓練の指導や重複障害者等に対する指導に当たっては，一人一人の実態に応じた個別の指導計画を作成して指導する必要がある。

④高等部における訪問教育，小学校・中学校における特殊学級及び通級による指導について学習指導要領に明記する。

⑤障害のある幼児児童生徒と障害のない幼児児童生徒や地域の人々との交流教育の一層の充実を図るため，幼稚園，小学校，中学校及び高等学校の学習指導要領等に明記する。

［　2節　自立活動の成立と個別の指導計画作成の義務づけ　］

教育課程審議会の答申を受けて，1999（平成 11）年 3 月，盲学校，聾学校及び養護学校学習指導要領は改訂された。ここでは，小学部・中学部学習指導要領を取り上げ，自立活動の成立に係る規定の整備がどのように行われたのかを述べる。

1．自立活動の名称と定義

養護・訓練は，誕生の際にその理念と名称に齟齬が生じた。本来，子どもの主体的な学習活動である領域であったにも関わらず，その名称から教師は訓練をする人，子どもは訓練を受ける人という誤った構図の理解へとミスリードしやすい。21 世紀に実施される学習指導要領の改訂に当たり，養護・訓練の領域は，改めて子どもの主体的な学習活動であることをより明確にするために全面的に改訂された。20 世紀中の課題は，世紀内で解消し 21 世紀に持ち越さないとの強い意志に基づくものである。

『自立』とは，「幼児児童生徒がそれぞれの障害の状態や発達段階等に応じて，主体的に自己の力を可能な限り発揮し，よりよく生きていこうとすること」（文部省，2000）と定義された。

この定義では，次の二つに注目した。

まず，自立活動は，実に多様な実態にある子どもを対象としている領域であ

ることから，自立を幅広く捉えていることである。これは，障害のある子どものすべてが，主体的に自己の力を可能な限り発揮し，よりよく生きていこうとする存在であるとの前提に立つものである。障害の軽重や種別を超えた自立の定義といえる。

　次に，自立活動の指導において主体となる教師の存在を想定していることである。例えば，重度・重複障害のある子どものように，自らの自立を一切語ろうとしない子どもの「主体的に自己の力を可能な限り発揮する」とは，誰が，どのように理解するのかという課題である。このことは，自立活動の指導を担当する教師が関係教師との連携の下，子どもの実態を把握する中で明確にすることである。『活動』とは，子どもの主体的な学習「活動」であり，また教師の指導「活動」を含意するものと理解できる。

　このような背景から，名称を自立活動としたのである。

2．自立活動の目標，内容の改訂

　学習指導要領に規定される自立活動の目標，内容についても，自立活動が子どもの主体的な学習活動であることをより明確にするために改訂された。

（1）　自立活動の目標
　自立活動の目標と改訂前の養護・訓練の目標を以下に示した。

自立活動の目標

> 個々の児童又は生徒が自立を目指し，障害に基づく種々の困難を主体的に改善・克服するために必要な知識，技能，態度，習慣を養い，もって心身の調和的発達の基盤を培う。

養護・訓練の目標

> 児童又は生徒の心身の障害の状態を改善し，又は克服するために必要な知識，技能，態度及び習慣を養い，もって心身の調和的発達の基盤を培う。

　両者を比較して，表記上，二つの違いに気付くことができる。一つは，自立活動の目標では，新たに「個々の」，「自立」，「主体的に」の用語を付け加えたことである。自立を目指した一人一人の子どもの主体的な学習活動であること

を明確にするためである。もう一つは，子どもの主体的な学習活動であること
を読み取ることができるように，「個々の児童又は生徒が」（主部）「自立を目
指し，（中略）必要な知識，技能，態度，習慣を養い」（述部）とした。主述関
係を明示したことである。法令及びそれに準ずる規定において，このように分
かりやすく示すことはきわめて珍しいといえる。

　加えて，養護・訓練の理念の根幹をなす「心身の障害の状態」を，「障害に
基づく種々の困難」としたことにも留意する必要がある。WHO の国際障害分
類 ICIDH が示されて以降，養護・訓練は Disability，つまり Impairment 機能
障害があることによる学習や生活上の能力不全に着目することが明確にされた
ことから，分かりやすくするためにこのように改められた（文部省，1994）。

（2）　自立活動の内容

　この内容は，各教科でいうところの指導内容をさすものではないことは繰り
返し説明した。「区分」といわれ，「人間としての基本的な行動を遂行するため
に必要な要素（平成 11 年）と障害に基づく種々の困難を改善するために必要
な諸要素」から構成される（文部省，2000）。

　自立活動の内容と改訂前の養護・訓練の内容を以下に示した。

養護・訓練の内容（項目数）			自立活動の内容（項目数）	
1	身体の健康　3	⇒	健康の保持	4
2	心理的適応　3	⇒	心理的な安定	4
3	環境の認知　3	⇒	環境の把握	4
4	運動・動作　5	⇒	身体の動き	5
5	意思の伝達　4	⇒	コミュニケーション	5

　改訂のポイントとしては，用語の使用において，学習活動の主体が子どもに
あることに主眼が置かれるとともに，平易さも考慮された。

　身体の健康は，健康の保持に改められた。健康を「保持」するのは誰かとそ
の主体を求めたときに，「子ども」であることが想定されるようにしたのである。
心理的な「安定」，環境の「把握」，身体の「動き」，「コミュニケーション」は，
いずれも子どもを主体としたとき想起される用語とした。

3．総則の一般方針の規定等の整備

（1）総則の一般方針の規定の改訂

　総則の一般方針においては，自立活動の本質に係る規定が示されている。

1）総則自立活動の規定

　総則の一般方針には，自立活動の指導と自立活動の時間における指導について次のように規定されている。

　「学校における自立活動の指導は，障害に基づく種々の困難を改善・克服し，自立し社会参加する資質を養うため，学校の教育活動全体を通じて適切に行うものとする。特に，自立活動の時間における指導は，各教科，道徳，特別活動及び総合的な学習の時間と密接な関連を保ち，個々の児童又は生徒の障害の状態や発達段階等を的確に把握して，適切な指導計画の下に行うよう配慮しなければならない」

2）自立活動の指導と自立活動の時間における指導とのつながりの構図

　この規定の第一文では，自立活動の指導とは自立活動の時間における指導（以下，時間の指導とする。）を含む学校の教育活動全体を通じて行うこととしている。第二文では，時間の指導とのつながりから自立活動の指導，すなわち学校の教育活動全体を通じて行うことの具体化の手続きについて説明している。時間の指導が各教科等との関連を密接に保つとされたことは，時間の指導と各教科等の指導が授業計画の立案，実施，評価といった授業の全過程において相互に関連づけられ，つねに子どもの学習の成果や課題が共有されることを意味している。具体的には図3－1により解説しよう。

　各教科は各教科の目標，内容に基づき指導計画が立案される。図3－1では各教科の内側の円（以下，内円）に相当するところである。ここでは肢体不自由児のAくんを例に解説しよう。Aくんは準ずる教育課程の下で学習を進めているが，一単位時間（45分）を通して体幹を保持することが困難である。体幹の崩れは上肢操作の不安定さにつながり，教科学習の中断すら生じかねない。図中の各教科の外側の円（以下，外円）は，教科学習の基盤をなすもので，各教科等における自立活動の指導として時間の指導との関連で押さえておくべきことである。教科指導を担当する教師は，体幹の保持可能な20分程度を目

安に教科指導の計画を立てたものの，時間的な制約による学習の遅れを懸念していた。時間の指導の担当者との調整，連携により，時間の指導では体幹の保持力の向上と上肢操作の安定に取り組むこととなった。時間の指導での指導の成果により，ひと月ほどで体幹の保持力は向上し，30分程度であれば安定した上肢操作が可能となった。このことは教科担当教師に伝えられ，教科担当者は体幹保持時間を30分程度として計画を修正した。ときおり体幹が崩れそうになるが，その際に教科担当教師から，「Aくん，身体が崩れかかっているよ。こういうときにどうすればいいの」と声掛けし，時間の指導で学んだ体幹の立て直しを促す（外円）ことが効果的であった。教科担当教師による教科指導における自立活動の指導という考え方を体現するものといえる。このように，教科担当教師と時間の指導を担当する教師との密接な連携により，Aくんの教科学習の成果の向上が期待できるのである。時間の指導は，各教科に止まらず，他の領域との密接な連携を行うことで，学校の教育活動全体を通じた自立活動の指導が実現するのである。

　後述するが，2017（平成29）年に改訂された特別支援学校小学部・中学部学習指導要領では，総則自立活動の規定は見直され，第一文の学校の教育活動全体における「時間の指導」の重要性を明確にするために，「学校における自立活動の指導は，障害に基づく種々の困難を改善・克服し，自立し社会参加する資質を養うため，自立活動の時間はもとより，学校の教育活動全体を通じて適切に行うものとする。」（アンダーラインは著者による）とされた。

図３－１　「自立活動の指導」と「時間の指導」とのつながりの構造

3）総則自立活動の規定の整備

　本改訂では，学校の教育活動全体を通じて，自立活動の指導の一層の充実を図る観点から見直し，次のように改められた。

　「心身の障害に基づく種々の困難を克服させ，社会によりよく適応していく資質」を「障害に基づく種々の困難を改善・克服し，自立し社会参加する資質」に改めた。子どもの障害が重度・重複化，多様化する中で，「困難の克服」を目標とすることが適切でないこともあることから，個々の実態に即して，その障害に基づく種々の困難の軽減又は改善を目標に含めることが適当であることを明らかにするために，「克服」を「改善・克服」と改めた。

　このほかに，これまで「養護・訓練に関する指導」としていたものを「自立活動の指導」に，「心身の障害の状態や発達段階に即して行うよう配慮しなければならない」を「障害の状態や発達段階を的確に把握し，適切な指導計画の下に行うよう配慮しなければならない」とそれぞれ改めた。

(2) 知的障害者を教育する養護学校の自立活動の特色

　養護・訓練が誕生した1971（昭和46）年の学習指導要領改訂の際に，当時の精神薄弱教育の関係者の最大の関心事は，教科「生活科」の新設にあった。養護・訓練に対する関心は他の障害領域に比べ低く，学習指導要領における養護・訓練に関わる規定も他の学校種と異なる示し方となった。このことは，自立活動が成立した1999（平成11）年の特殊教育諸学校学習指導要領の改訂まで維持されていた。そのため，国としては，新たに自立活動の成立に当たり，学校種による取組の違いを解消するために，特殊教育諸学校学習指導要領の解説において，知的障害養護学校における自立活動の特色を明記したのである[2]（文部省，2000）。

[　3節　個別の指導計画作成の義務化とその背景　]

1．個別の指導計画作成の義務化

　盲学校，聾学校及び養護学校小学部・中学部学習指導要領第5章自立活動の

第3「指導計画の作成と内容の取扱い」では，「自立活動の指導に当たっては，個々の児童又は生徒の障害の状態や発達段階等の的確な把握に基づき，指導の目標及び指導内容を明確にし，個別の指導計画を作成するものとする。その際，第2に示す内容の中からそれぞれに必要とする項目を選定し，それらを相互に関連付け，特に次の事項に配慮して，具体的に指導内容を設定するものとする。」として，個別の指導計画の作成を義務づけた。

　なお，当初，同学習指導要領第1章総則の指導計画の作成等に当たって配慮すべき事項において，「重複障害者の指導に当たっては，個々の児童又は生徒の実態を的確に把握し，個別の指導計画を作成すること。」と規定されていることから，個別の指導計画は，自立活動の指導のほかに，重複障害者の指導においても作成する必要があるのかといった疑問や，領域や対象を限定して作成すればよいといった誤解があったようである。自立活動の指導は，総則にも規定されるように，学校の教育活動全体を通じて行われる指導であることから，自立活動の指導に当たって作成する個別の指導計画は，領域や対象を限定するものではないことが理解できよう。自立活動の指導に当たって個別の指導計画作成を義務づけることは，すべての子どもが対象となることを意味するのである。したがって，総則における重複障害者の指導に当たっての個別の指導計画作成の規定は，配慮事項であり，義務事項ではないことに留意する必要がある。

２．個別の指導計画作成の義務づけの背景と関係規定の整備

（１）個別の指導計画作成はなぜ義務づけられたのか―説明責任との関連から―

　先に示した教育課程の基準の改善のねらいは，わが国のすべての学校に適用するものであるが，ここでは特に盲学校，聾学校及び養護学校における意義について，次の二つに注目する。

　第一は，個性を生かす教育の一層の充実，主体的な学習や個に応じた指導の創意工夫についてである。このことは，これまで障害児教育の理念的な基盤とされていたといっても過言ではない。この答申では，これをわが国の学校教育において目指すべきこととして位置付けたことの意義を指摘できる一方で，障害児教育の理念としての独自性は薄れたのではないかという疑問である。この

ような指摘がある中で，改めて障害児教育の独自性とは何かを問うものといえる。わが国の学校教育において，個に応じた指導を目指すという理念を確固として共有するために，障害児教育は先んじて個に応じた指導を具現する手続きや方法の知を提起することである。後述する個々の子どもの主体的な学習活動として具現化する個別の指導計画作成の義務化は，このことと関係するものであり，個に応じた指導を具現するツールとなるべきものである。

　第二は，各学校が創意工夫を生かし特色ある教育，特色ある学校づくりを進めるための教育課程の基準の大綱化，弾力化を図ることについてである。経験カリキュラムに類型化される総合的な学習の時間の導入にあたり，従来の教科カリキュラムを前提とする教育課程の基準を大綱化，弾力化する必要があったのである[3]。

　図3－2は，カリキュラムと結果責任との関連を示したものである。わが国を含む多くの国では，教育の機能に着目し，積極的に教育に関与している。その場合，国は公教育としてその教育内容等の基準を設定し，教育の機会均等を国民に保障し，教育水準を維持する責務がある。いわゆる教育課程の基準として，法令及び学習指導要領の制定である。教師は，ナショナルカリキュラムのもと，教育課程の基準を遵守することが求められ，基準の理解と遵守を前提に，指導の結果に対する責任は，基本的に問われないとの構図である。一方，ナショナルカリキュラムを有せず，その基準を示していなければ，カリキュラムの編成は自由に行われることになるが，結果責任は問われることとなる[4]。カリキュラムと結果責任との関連からは，二つの選択が仮定され，わが国は前者の考え方に依拠するものである。

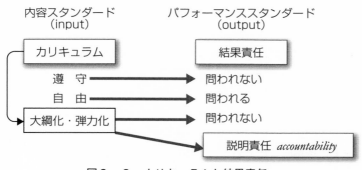

図3－2　カリキュラムと結果責任

　さて，答申に示された教育課程の基準の改善のねらいでは，特色ある学校づくり，特色ある教育づくりを実現するために，教育課程の基準の大綱化，弾力化を図るとされた。このことは図3－2の二つの考え方との関連からすると，どのように理解できるであろうか。教育課程の基準の大綱化，弾力化は，遵守すべき枠組みを緩やかにするものであるが，枠組み自体は存在するので結果責任は問われない。しかし，基準の大綱化，弾力化は各学校や教師の裁量権を尊重するものであることから，各学校や教師は，なぜ，この子どもにこの指導なのかについての説明が求められることとなる。各学校，各教師の裁量の高まりは，裁量の行使者に対して説明責任 accountability を果たすことを求めるのである。

　自立活動の領域の特徴として，子どもの障害の状態や発達段階等が多様であるため，あらかじめ指導内容を示すことができない。そのため，担当教師は，一人一人の子どもの実態を把握し，指導目標及び指導内容を設定することになる。個別の指導計画は，なぜこの指導の目標で，指導内容なのかの説明責任を果たす上でのツールである（安藤，2001）といえる。

(2) 関係規定の整備

　平成元（1989）年10月告示の盲学校，聾学校及び養護学校小学部・中学部学習指導要領第1章総則，第2教育課程の編成の「第5　授業時数等の取扱い」では，「盲学校，聾学校及び肢体不自由者又は病弱者を教育する養護学校における小学部又は中学部の各学年の養護・訓練に充てる授業時数は，年間105単位時間を標準とするが，児童又は生徒の心身の障害の状態に応じて適切に定めること。また，精神薄弱者を教育する養護学校における小学部又は中学部の各学年の養護・訓練に充てる授業時数は，児童又は生徒の心身の障害の状態に応じて適切に定めること」とされていた。このように養護・訓練に充てる授業時数は，精神薄弱教育を除いて年間105単位時間を標準と定めており，年間35週（小学部第1学年については，34週）以上にわたって計画することから，週当たり3単位時間が標準となる。ちなみに，同高等部学習指導要領においても週当たり3単位時間を配当することを標準として定めていた。

　平成11（1999）年の改訂により，「小学部又は中学部の各学年の自立活動の時間に充てる授業時数は，児童又は生徒の障害の状態に応じて，適切に定めるものとする。」とされ，週3単位時間の標準の授業時数は外されることとなった。

当初，標準の授業時数を規定から外すことで，養護・訓練の時間における指導がますます軽んじられるのではないかという懸念する声もあった。しかし，一律に３単位時間を標準とする規定は，子どもの多様な実態に応じた適切な授業時数の設定を妨げる可能性があること，そして個別の指導計画作成の義務化により，一人一人の子どもの実態に応じた授業時数が適切に設定されることから，この規定は見直され，削除されたのである。

<注>

1 ）これまで，人生の初期段階で学校教育が提供され，その後，就労，余暇に移行し，引退を迎えるという直線的なライフコースを想定した，教育のフロント・エンド・モデルが制度の根幹とされていた。科学技術の進歩が顕著な現代社会にあっては，学びを直線的なモデルに位置付けるだけではなく，生涯学習の観点からの制度構築が提唱された。「人々にとって既得の知識や技術は常に未完のままであり，仕事と学習は絶えず繰り返される」（今津・馬越・早川，2005）というリカレント・モデルの提唱である。わが国でも学ぶ必要性を感じたときに学ぶことができる教育の制度が構築されることとなった。

2 ）特殊教育に関わる学習指導要領は，当初，盲学校，聾学校，知的障害養護学校，肢体不自由養護学校，病弱養護学校ごとに制定されるとともに，解説にあっても学校種ごとに作成されていた。1979（昭和 54）年の学習指導要領においては盲学校，聾学校及び養護学校共通の学習指導要領となったが，解説は依然学校種ごととなっていた。1999（平成11）年の改訂で初めて学習指導要領及び解説が共通に示されたのである。解説は「盲学校，聾学校及び養護学校学習指導要領（平成 11 年 3 月）解説―総則等―（幼稚部・小学部・中学部・高等部）」「盲学校，聾学校及び養護学校学習指導要領（平成 11 年 3 月）解説―各教科，道徳及び特別活動編―）」「盲学校，聾学校及び養護学校学習指導要領（平成 11 年 3 月）解説―自立活動等―（幼稚部・小学部・中学部・高等部）」の３分冊となった。これまでの障害種別の解説を特殊教育諸学校共通としたことは，養護・訓練の捉え方や取扱いが障害種により異なってきたことの弊害を克服し，新たな自立活動の理解を促す上できわめて意義がある。知的障害者を教育する養護学校の自立活動の特色をあえて示したことは，知的障害を伴う重複障害の子どもが増加する中で，知的障害養護学校に止まらず，知的障害がある子どもの自立活動の理解とこれに基づく自立活動の指導の充実を期待したものといえる。

3 ）林尚示（2001）は，ホプキンス（Hopkins,L.T.）の著書等を参考に，「分化―統合」によるカリキュラムの類型について，統合の程度により，①教科カリキュラム，②相関カリキュラム，③融合カリキュラム，④広域カリキュラム，⑤コア・カリキュラム，⑥経験カリキュ

ラムの６つを提示した。教科カリキュラムは教授する教材の目的や性質によって，国語，社会，算数（数学），理科などの教科で構成されるカリキュラムであり，初等中等学校の大部分は教科カリキュラムといえる。経験カリキュラムは，既存の学問や教科の体系ではなく，学習者の興味や欲求から作成されたものである。幼稚園教育がこれに近いとされた。

4）1990年代にアメリカ合衆国において，新しいタイプの学校としてチャーター・スクール（charter school）が登場した。チャーター・スクールは，従来の公立学校では期待できない，様々な教育問題に取り組むために，保護者や教師，地域の団体などがcharterといわれる認可や達成目標契約により設立される。設置の目的の達成のために州や学区の法令・規則の適用が免除され，独自なカリキュラムの開発，編成の下で教育が行われる。一方，チャーター交付者により定期的に目標達成状況を評価され，その成果によってはチャーターが取り消されることとなる。州や学区の法令・規則によらず，目的に沿った独自なカリキュラム編成ができるが，結果責任が問われるというモデル例といえる。

（文献）

安藤隆男（2001）『自立活動における個別の指導計画の理念と実践　明日の授業を創造する試み』　川島書店

林尚示（2001）「教育課程の類型」，天野正輝（編著）『教育課程　重要用語300の基礎知識』明治図書

今津孝次郎・馬越徹・早川操（2005）『新しい教育の原理—変動する時代の人間・社会・文化—』名古屋大学出版会

文部科学省（2018）『特別支援学校教育要領・学習指導要領解説　総則編（幼稚部・小学部・中学部）』　開隆堂出版

文部省（1994）『肢体不自由児の養護・訓練の指導』　日本肢体不自由児協会

文部省（2000）『盲学校, 聾学校及び養護学校学習指導要領（平成11年）解説—自立活動編—（幼稚部・小学部・中学部・高等部）』　海文堂出版

4章 インクルーシブ教育システム下における 自立活動の意義と展開

[1節　特別支援教育の制度化と自立活動の規定の整備]

1．特別支援教育とは

　2005（平成 17）年 12 月に，中央教育審議会初等中等教育分科会に特別支援教育特別委員会（以下，特別委員会とする。）は，「特別支援教育を推進するための制度の在り方について（答申）」を取りまとめた。本答申における特別支援教育の定義は次のとおりである。

　特別支援教育とは，「障害のある幼児児童生徒の自立や社会参加に向けた主体的な取組を支援するという視点に立ち，幼児児童生徒一人一人の教育的ニーズを把握し，その持てる力を高め，生活や学習上の困難を改善又は克服するため，適切な指導及び必要な支援を行うものである」とするとともに，「小・中学校において通常の学級に在籍するＬＤ・ＡＤＨＤ・高機能自閉症等の児童生徒に対する指導及び支援が喫緊の課題となっており，「特別支援教育」においては，特殊教育の対象となっている幼児児童生徒に加え，これらの児童生徒に対しても適切な指導及び必要な支援を行うものである」とした。

2．特別支援教育の制度化と整備

　2006（平成 18）年 6 月，学校教育法等の一部を改正する法律（平成 18 年法律第 80 号）（以下，改正法とする。）が可決成立し，2007（平成 19）年 4 月 1

日に施行された。特別支援教育制度の本格実施である。特別委員会の提言は，改正法において次のように見直された。

（1）盲・聾・養護学校制度の見直し

1）特別支援学校の成立

　盲・聾・養護学校は，特別支援学校となった（第1条）。あわせて条文中の表記を特別支援学校とした。

2）特別支援学校の目的

　特別支援学校の目的は，第71条に「視覚障害者，聴覚障害者，知的障害者，肢体不自由者又は病弱者（身体虚弱者を含む。）に対して，幼稚園，小学校，中学校又は高等学校に準ずる教育を施すとともに，障害による学習上又は生活上の困難を克服し自立を図るために必要な知識技能を授けること」とした[1]。

3）特別支援学校の新たな役割としてのセンター的機能の付与

　特別支援学校は，第71条の3に，特別支援学校の目的を実現するための教育を行うほか，幼稚園，小学校，中学校，高等学校等の要請に応じて，教育上特別の支援を必要とする児童生徒等の教育に関して必要な助言又は援助を行うよう努めるものとされた[2]。特別支援学校は，地域の特別支援教育のセンター的機能を付与されたのである。

（2）小・中学校等における制度の見直し

　2006（平成18）年3月，「学校教育法施行規則の一部を改正する省令（平成18年文部科学省省令第22号）」が公布され，同年4月1日から施行された。この改正により，ＬＤ・ＡＤＨＤ等の児童生徒が新たに通級による指導の対象となった。また特殊学級は，名称を「特別支援学級」と改められた。

（3）教員免許制度の見直し

　盲学校，聾学校，養護学校の教員免許状を，特別支援学校教員免許状に一本化した。特別支援学校教諭一種免許状では，特別支援学校教員に求められる資質能力を担保するために，総合的知識・理解（基礎理論，ＬＤ・ＡＤＨＤ等に関する科目等）を10単位，特定障害の専門性を確保するための知識・理解（視覚障害者と聴覚障害者に関する科目各8単位，知的障害者，肢体不自由者，病弱者に関する科目は各4単位）を16単位の合計26単位を最低修得単位数とした。

（4）特別支援教育体制の整備状況

　特別支援教育制度が始動した2007（平成19）年度における特別支援教育体制の整備状況をまとめたのが図4－1である。「校内委員会の設置」，「特別支援教育コーディネーターの指名」，「個別の指導計画の作成」，「個別の教育支援計画の作成」，「巡回相談員の活用」，「研修の実施」の各事項に着目して，公立の幼稚園，小・中学校，高等学校における体制整備状況を整理したところ，次のような特徴を指摘できる。

　第一は，整備状況に学校間に差異があることである。小・中学校の整備状況は，全体的に幼稚園，高等学校に比べて高い。

　第二は，事項間に差異があることである。幼児児童生徒の個の指導を具現する「個別の指導計画の作成」や「個別の教育支援計画の作成」は，「校内委員会の設置」等の学校体制に関わる事項，「巡回相談員の活用」等の外部資源を活用する事項に比べて低い割合にとどまっている。

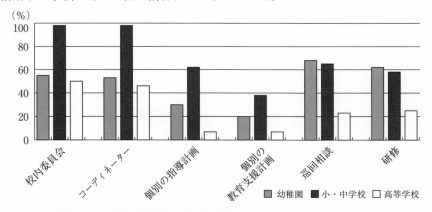

図4－1　平成19年度特別支援教育体制整備状況　公立の幼稚園，小・中・高校を対象として著者作成

３．学習指導要領の改訂と自立活動の規定の整備

　2008（平成20）年1月，中央教育審議会は「幼稚園，小学校，中学校，高等学校及び特別支援学校の学習指導要領等の改善について（答申）」を取りまとめた。

　特別支援教育では，「①社会の変化や子どもの障害の重度・重複化，多様化，②複数の障害種別に対応した教育を行うことができる特別支援学校制度の創設，③幼稚園，小学校，中学校及び高等学校等における特別支援教育の制度化などに対応し，障害のある子ども一人一人の教育的ニーズに対応した適切な教育や必要な支援を行う観点から，教育課程の基準の改善を図る。」とされた（文部科学省,2008）。

　前回の改訂に続き，小学校学習指導要領等との同時改訂が行われたことから，小学校学習指導要領等及び特別支援学校学習指導要領等における自立活動に関わる改訂について概説する。

（1）2008（平成20）年3月告示の小学校学習指導要領

　中央教育審議会の答申では，小・中学校における特別支援学級や通級による指導に係る特別の教育課程の編成において，特別支援学校小学部・中学部学習指導要領に定める事項を受け入れた教育課程の編成ができることを明確にした。個々の子どもの実態に応じた指導を行うために，個別の指導計画の作成に努めることや個別の教育支援計画の策定や活用することを掲げた。また，通常の学級においては約6％程度の割合でLDやADHD等の子どもが在籍している可能性があることから，これらの子どもの障害の状態や特性を理解し，各教科等における適切な指導を充実するために，必要に応じて個別の指導計画の作成や個別の教育支援計画の策定を行うことや，特別支援学校に新たに付与されたセンター的機能を活用した指導，支援の充実を図ることとされた。

　これを受けて小学校学習指導要領総則では，指導計画の作成等に当たって配慮すべき事項において，「障害のある児童などについては，特別支援学校等の助言又は援助を活用しつつ，例えば指導についての計画又は家庭や医療，福祉等の業務を行う関係機関と連携した支援のための計画を個別に作成することなどにより，個々の児童の障害の状態等に応じた指導内容や指導方法の工夫を計画的，組織的に行うこと。特に，特別支援学級又は通級による指導については，教師間の連携に努め，効果的な指導を行うこと」を規定した。

　図4-1に示したように，2007（平成19）年度における個別の指導計画，個別の教育支援計画の作成状況は，最も高い小・中学校でそれぞれ約60％，約35％に止まっていたことから，これらの作成の意義を指摘しつつも，「個別の指導計画」及び「個別の教育支援計画」の用語の小学校学習指導要領等への

明示を避けたといえる。

（2）2009（平成21）年3月告示の特別支援学校小学部・中学部学習指導要領

1）自立活動の目標

　学校教育法における特別支援学校の目的の改正を踏まえ，自立活動の目標はこれまでの「障害に基づく種々の困難」を，「障害による学習上又は生活上の困難」とした。

2）自立活動の内容

　答申では，社会の変化や子どもの障害の重度・重複化，自閉症，LD，ADHDなども含む多様な障害に応じた適切な指導を一層充実させるために，他者との関わり，他者の意図や感情の理解，自己理解と行動の調整，集団への参加，感覚や認知の特性への対応などに関することを内容の項目に盛り込むこととされた。

　自立活動の内容は，5区分に22項目であったものに，上記の新たな項目を加えて項目を検討，修正した。その結果，これまでの5区分に追加修正した項目が収まり切れないことから，最終的には区分の見直しを行い新たに「人間関係の形成」を加えた6区分26項目に改めた。発達障害のある子どもが特別支援教育の対象となったことへの対応として「人間関係の形成」の区分を設けたわけではない。

[　2節　インクルーシブ教育システムと自立活動の規定の整備　]

　2012（平成24）年7月，中央教育審議会初等中等教育分科会特別支援教育の在り方に関する特別委員会は，「共生社会の形成に向けたインクルーシブ教育システム構築のための特別支援教育の推進（報告）」を取りまとめた。報告では，共生社会を「これまで必ずしも十分に社会参加できるような環境になかった障害者等が，積極的に参加・貢献していくことができる社会である。それは，誰もが相互に人格と個性を尊重し支え合い，人々の多様な在り方を相互に認め合える全員参加型の社会である」と定義した上で，共生社会の実現を目指すことは，わが国が最も積極的に取り組むべき重要な課題であるとした。

1．インクルーシブ教育システムとは

（1）障害者の権利に関する条約におけるインクルーシブ教育システム

　障害者の権利に関する条約（Convention on the Rights of Persons with Disabilities）第24条を引用して報告では，インクルーシブ教育システム（inclusive education system）を「人間の多様性の尊重等の強化，障害者が精神的及び身体的な能力等を可能な最大限度まで発達させ，自由な社会に効果的に参加することを可能とするとの目的の下，障害のある者と障害のない者が共に学ぶ仕組みであり，障害のある者が教育制度一般（general education system）から排除されないこと，自己の生活する地域において初等中等教育の機会が与えられること，個人に必要な合理的配慮（reasonable accommodation）³⁾ が提供される等が必要とされる」ものと規定した。

（2）わが国におけるインクルーシブ教育システムにおける特別支援教育の位置付け

　報告では，「共生社会の形成に向けて，障害者の権利に関する条約に基づくインクルーシブ教育システムの理念が重要であり，その構築のため特別支援教育を着実に進めていく必要がある」とした上で，「インクルーシブ教育システムにおいては，同じ場で共に学ぶことを追求するとともに，個別の教育的ニーズのある幼児児童生徒に対して，自立と社会参加を見据えて，その時点で教育的ニーズに最も的確に応える指導を提供できる，多様で柔軟な仕組みを整備することが重要である。小・中学校における通常の学級，通級による指導，特別支援学級，特別支援学校といった，連続性のある「多様な学びの場」を用意しておくことが必要である」とした。

　連続性のある「多様な学びの場」における特別支援学校の位置付けは，わが国のインクルーシブ教育の一翼を担うことを社会的，制度的に明確にしたものである。盲・聾学校にあっては明治期以降，養護学校でも昭和30年代からの歴史を有す特別支援学校は，全国ですでに千校を超え，特別支援教育に係る専門性を培ってきた資源として期待されたものといえる。

2．制度転換後における小・中学校の特別支援教育の動向

　ここでは，特別支援教育制度への転換後の小学校等の特別支援学級及び通級
による指導の対象となる児童生徒の動向を明らかにする。

（1）特別支援学級

1）設置と対象

　学校教育法第 81 条の規定により，小学校，中学校，義務教育学校，高等学
校及び中等教育学校に，次の各号のいずれかに該当する児童及び生徒のために，
特別支援学級を置くことができるとされる。対象となる障害は，①知的障害者，
②肢体不自由者，③身体虚弱者，④弱視者，⑤難聴者，⑥その他障害のある者 [4)]
で，特別支援学級において教育を行うことが適当なものと規定された。

2）特別支援学級の現状

　特別支援学級は，現状においては小学校及び中学校のみに設置されている。
表 4 - 1 は，制度化後 10 年を経過した 2017（平成 29）年度における特別支援
学級の学級数及び在籍者数である。

　障害種別の学級数，児童生徒数の内訳をみると，知的障害と自閉症・情緒
障害が圧倒的な多数を占めることが看取できる。知的障害は学級数で約 45％，
在籍者数で 48％を，自閉症・情緒障害は学級数で約 43％，在籍者数で約 47％
をそれぞれ占めた。両者を合わせると，全学級数の 88％を，全在籍者数の約
95％を占める。

　制度導入の前年となる 2006（平成 18）度と比較すると，学級数は約 67％，
児童生徒数は約 125％増加した。学齢児童生徒が急激に減少する現状にあって，
特別支援学級の学級数及び在籍者は，制度後 10 年で全体として急激に伸びて
いる。

表4－1　特別支援学級の現状

障害種別	小学校		中学校		合計	
	学級数	児童数	学級数	生徒数	学級数	児童生徒数
知的障害	18,371	77,743	8,683	35,286	27,054	113,032
	49.30%	46.50%	47.40%	51.70%	44.90%	48.00%
肢体不自由	2,244	3,418	790	1,090	3,034	4,508
	5.40%	2.00%	4.30%	1.60%	5.00%	1.90%
病弱・身体虚弱	1,468	2,480	643	1,021	2,111	3,501
	3.50%	1.50%	3.50%	1.50%	3.50%	1.50%
弱視	358	413	119	134	477	547
	0.90%	0.20%	0.60%	0.20%	0.80%	0.20%
難聴	793	1,242	329	470	1,112	,1712
	1.90%	0.70%	1.80%	0.70%	1.90%	0.70%
言語障害	539	1,570	126	165	665	1,735
	1.30%	0.90%	0.70%	0.20%	1.10%	0.70%
自閉症・情緒障害	18,091	80,403	7,632	30,049	25,727	110,452
	43.20%	48.10%	41.70%	44.00%	42.70%	46.90%
総計	41,864	167,269	18,326	68,218	60,190	235,487
担当教員数	44,854 人		20,093 人		64,947 人	
設置学校数	16,315 校		7,907 校		24,222 校	

出典：文科省特別支援教育資料（平成 29 年度）

（2）通級による指導

1）定義

　通級による指導は，1993（平成5）年度に制度化された特別支援教育の形態である。小学校学習指導要領解説総則編（文部科学省，2017b）によれば，通級による指導とは，「小学校の通常の学級に在籍している障害のある児童に対して，各教科等の大部分の授業を通常の学級で行いながら，一部の授業について当該児童の障害に応じた特別の指導を特別の指導の場（通級指導教室）で行う教育形態である」とされる。

2）対象

　対象となる児童生徒は，学校教育法施行規則第140条各号の一に該当する児童（特別支援学級の児童を除く。）で，言語障害者，自閉症者，情緒障害者，弱視者，難聴者，学習障害者，注意欠陥多動性障害者，肢体不自由者，病弱者及び身体虚弱者である。

　2018（平成30）年度から高等学校において通級による指導が導入された[5]。

3）通級による指導の現状

制度化後 10 年を目安に，2017（平成 29）年の通級による指導の対象者を表 4 - 2 に示した。比較のため 2006（平成 18）年のデータを掲載した。

小学校における対象者数は，2006（平成 18）年と比較して約 2.4 倍に，中学校では約 7.1 倍にそれぞれ増加した。LD・ADHD などの発達障害者は，2006 年から通級による指導の対象となった。この間その数は激増しており，対象者数全体の増加の大きな要因となっていることが分かる。

2012（平成 24）年実施の調査（文部科学省，2012）によれば，小・中学校の通常の学級に在籍する知的発達に遅れはないものの，学習面又は行動面で著しい困難を示す者の割合は，約 6.5% とされた。通級による指導の担当者が基礎定数化[6] されたことから，今後，通級による指導の対象のうち，発達障害のある者の割合はさらに増加することが想定される。

表4－2　通級による指導を受ける児童生徒数

区分	2006（平成 18）年		2017（平成 29）年	
言語障害	小　29,527	中　186	小　37,134	中　427
自閉症	3,562	350	16,737	2,830
情緒障害	2,365	533	12,308	2,284
弱視	128	10	176	21
難聴	1,495	282	1,750	446
ＬＤ	1,195	156	13,351	3,194
ＡＤＨＤ	1,471	160	15,420	2,715
肢体不自由	5	1	100	24
病弱	16	6	20	9
総計	39,764	1,684	96,996	11,950

3．学習指導要領等の改訂における自立活動の規定の整備

2016（平成 28）年 12 月，中央教育審議会は「幼稚園，小学校，中学校，高等学校及び特別支援学校の学習指導要領等の改善及び必要な方策等について（答申）」を取りまとめた。本答申の第 8 章「子供一人一人の発達をどう支援するか－子供の発達を踏まえた指導－」の 5 では，「教育課程全体を通じたインクルーシブ教育システムの構築を目指す特別支援教育」を掲げた。この中で，自立活動と関わる事項が次のように取り上げられた。

① 特別支援教育に関する教育課程の枠組みを，すべての教職員が理解できる

よう，通級による指導や特別支援学級における教育課程編成の基本的な考え方を分かりやすく示すこと。

②　通級による指導を受ける児童生徒及び特別支援学級に在籍する児童生徒については，「個別の指導計画」や「個別の教育支援計画」を全員作成することが適当であること。2018（平成30）年度から制度化される高等学校における通級による指導については，制度の実施に当たり必要な事項を示すほかに，円滑に準備が進められるような実践例の紹介が求められること。

　本答申を受けて，2017（平成29）年4月に特別支援学校小学部・中学部学習指導要領が，2019（平成31）年2月には特別支援学校高等部学習指導要領がそれぞれ告示された。前回同様，小学校学習指導要領等と特別支援学校学習指導要領等が同時改訂であったことから，小学校学習指導要領と特別支援学校小学部・中学部学習指導要領を例に，自立活動に関わる規定の整備について概説する。

（1）小学校学習指導要領における自立活動の導入

　2017（平成29）年3月告示の小学校学習指導要領では，総則の「第4　児童の発達支援」の2に「特別な配慮を必要とする児童への指導」が示された。その冒頭で，「障害のある児童などへの指導」として，次の4つを取り上げた。

1）特別支援学校等の助言，援助の活用

　障害のある子どもの指導に当たり，特別支援学校等の助言，援助を活用して，個々の子どもの状態に応じた指導内容や指導方法の工夫を組織的，計画的に行うことを規定した。学校教育法第74条の地域における特別支援学校のセンター的機能を改めて確認するものである。

2）特別支援学級における特別の教育課程編成

　特別支援学級における特別の教育課程の編成について言及し，特別支援学校小学部・中学部学習指導要領第7章に示す自立活動を取り入れるとした。

3）通級による指導における特別の教育課程編成

　通級による指導において特別の教育課程を編成する場合，特別支援学校小学部・中学部学習指導要領第7章に示す自立活動の内容を参考とし，具体的な目標や内容を定め，指導を行うものとされた。

4）個別の指導計画，個別の教育支援計画の作成と活用

　障害のある子どもについては，関係機関との連携の下，長期的な視点で子ど

もへの教育的支援を行うために，個別の教育支援計画の作成，活用を行うとともに，各教科等の指導に当たり，個々の子どもの実態を的確に把握し，個別の指導計画を作成し活用に努めるものとされた。

　以上のように，小学校学習指導要領等に自立活動，個別の指導計画等の用語を盛り込んだことは，この改訂の大きな特徴と指摘できる。インクルーシブ教育の進展により，小学校等における特別支援教育の対象は飛躍的に増加し，今後もその傾向は続くことが想定される。対象の拡大は，一方でその教育の質をどう確保するかという課題を提起する。自立活動の積極的な導入及び個別の指導計画等の作成と活用の明示は，この課題解決に貢献することを期待するものである。

（2）特別支援学校学習指導要領等における自立活動の規定の整備

　自立活動に関わる改訂として，次のことを指摘できる。

1）自立活動の目標と内容

　特別支援学校小学部・中学部学習指導要領第7章に示された第1の目標と第2の内容の6区分は従前と同じである。内容の健康の保持の項目（4）が新設されたほかに，環境の把握の項目（2），（4）が修正された。新設された項目を加えて，6区分27項目となった。

2）自立活動の「個別の指導計画の作成と内容の取扱い」

　ここでは二つの改訂を取り上げる。

　第一は，自立活動に係る規定の形式を改めたことである。

　これまで自立活動に係る規定は，第1に目標，第2に内容，第3に「指導計画の作成と内容の取扱い」から構成していた。今回の改訂で，第3を「個別の指導計画の作成と内容の取扱い」と改めたことである。2018（平成30）年に刊行された特別支援学校教育要領・学習指導要領解説自立活動編（幼稚部・小学部・中学部）では，このことに関わる解説記述はない。

　学習指導要領における各教科等の形式は，基本的に「目標」，「内容」，「指導計画の作成と内容の取扱い」から構成される。かつて，特殊教育諸学校が整備され，学習指導要領の制定及び改訂の過程で，この形式は踏襲すべきこととされ，特殊教育の独自性の明示を容易ならざるものとしてきた歴史がある。そのような歴史的な背景を顧みるとき，この改訂は，単に表記の変更に止まらず，明確な意図があると解すべきであろう。

　小学校学習指導要領等において自立活動や個別の指導計画等の概念が導入され，小学校等の教師にとって特別の教育課程を編成する上で特別支援学校学習指導要領等の関係規定に注目せざるを得なくなった。特別支援学校学習指導要領等は，特別支援学校の教育課程の基準であると同時に，小学校等における特別支援教育の質を確保する上での基準となることを意図したものと理解できる。特別支援教育の場や形態を超えた基準の普遍性を指摘できる。

　第二は，個別の指導計画の作成過程に，「指導すべき課題」を導入したことである。特別支援学校学習指導要領等における個別の指導計画の規定では，「個々の児童生徒の実態の把握」とこれに基づく「指導の目標及び指導内容の明確化」により構成するものとされていた。今回の改訂では，実態把握と指導の目標・内容の設定の間に，「指導すべき課題」概念を位置付けたのである。すなわち，実態把握を行い，指導すべき課題を抽出して課題相互の関係を検討して指導の目標・内容の設定につなげるというものである。これまでの実態把握に基づく目標・内容の選定では，なぜこの実態把握からこの目標・内容の選定になるのか，説明になりにくいことから，新たに指導すべき課題を導入することにより，「各手続きの間をつなぐ要点を示す」ことによる説明責任の機能を強化するものである。

3）総則における自立活動の規定

　従前の学習指導要領総則における自立活動では，学校の教育活動全体を通じて行う「自立活動の指導」と時間を設けて指導を行う「自立活動の時間における指導」（時間の指導）を規定していた。今回の改訂では，「学校における自立活動の指導は，（中略）自立活動の時間はもとより，学校の教育活動全体を通じて適切に行うものとする」とした。自立活動の指導の重要性に鑑み，改めて自立活動の時間における指導を中心とし，学校の教育活動全体を通じて指導することの必要性を強調したもの（文部科学省，2018a）である。

　なお，養護・訓練が誕生した1970（昭和45）年の特殊教育諸学校学習指導要領総則に「第4養護・訓練」として，「養護・訓練に関する指導は，養護・訓練の時間はもちろん，学校の教育活動全体を通じて適切に行なうものとする。」（文部省，1971）とされていた。おおよそ半世紀を経た今回の改訂において，改めて「時間の指導」の重要性を指摘したものである。

<注>

1）2007（平成 19）年 6 月の学校教育法等の一部を改正する法律（平成 19 年法律第 96 号）により，特別支援学校の目的は第 72 条に規定された。

2）2007（平成 19）年法律第 96 号により，第 74 条に規定された。

3）特別委員会は，2012（平成 24）年 7 月の報告において合理的配慮について，「障害のある子どもが，他の子どもと平等に「教育を受ける権利」を享有・行使することを確保するために，学校の設置者及び学校が必要かつ適当な変更・調整を行うことであり，障害のある子どもに対し，その状況に応じて，学校教育を受ける場合に個別に必要とされるもの」であり，「学校の設置者及び学校に対して，体制面，財政面において，均衡を失した又は過度の負担を課さないもの」と定義した。併せて「障害のある子どもに対する支援については，法令に基づき又は財政措置により，国は全国規模で，都道府県は各都道府県内で，市町村は各市町村内で，教育環境の整備をそれぞれ行う。これらは，「合理的配慮」の基礎となる環境整備であり，それを「基礎的環境整備」と呼ぶこととする」として基礎的環境整備についても併せて定義している。

4）「その他障害のある者」とは，「障害のある児童生徒の就学について」（平成 14 年 5 月初中局長通知），「「情緒障害者」を対象とする特別支援学級の名称について」（平成 21 年 2 月初中局長通知）によれば，言語障害者及び自閉症・情緒障害者をさす。特別支援学級の対象は，この 2 つの障害を加え 7 つの障害がある児童生徒となる。

5）2016（平成 28 年）年 3 月，高等学校における特別支援教育の推進に関する調査研究協力者会議は，「高等学校における通級による指導の制度化及び充実方策について」報告した。報告においては，「小・中学校等においては，通常の学級，通級による指導，特別支援学級といった，連続性のある多様な「学びの場」が整備されているのに対し，中学校卒業後の進学先は，主として高等学校の通常の学級又は特別支援学校高等部に限られている。」ことから，「中学校から引き続き通級による指導を必要とする生徒（中略）に対しては，高等学校において，速やかに適切な指導及び必要な支援が行われなくてはならない。」として，高等学校における通級による指導の制度化及び充実方策を文部科学省に対して提言した。同年 12 月，「学校教育法施行規則の一部を改正する省令」が定められ，第 140 条に高等学校が加えられた。2018（平成 30）年 4 月から高等学校における通級による指導が導入された。

6）2017（平成 29）年 4 月 1 日から「義務教育諸学校等の体制の充実及び運営の改善を図るための公立義務教育諸学校の学級編制及び教職員定数の標準に関する法律等の一部を改正する法律」が施行された。この中で，障害に応じた特別の指導（通級による指導）のための基礎定数が新設され，副校長，教頭，養護や栄養の指導・管理を担う主幹教諭をのぞく教諭などの教職員定数は，児童生徒 13 人に 1 人とされた。

（文献）

文部省（1971）「盲学校小学部・中学部学習指導要領」

文部科学省（2002）「通常の学級に在籍する特別な教育的支援を必要とする児童生徒に関する全国実態調査」

文部科学省（2008）「幼稚園，小学校，中学校，高等学校及び特別支援学校の学習指導要領等の改善について（答申）」中央教育審議会

文部科学省（2012）「通常の学級に在籍する発達障害の可能性のある特別な教育的支援を必要とする児童生徒に関する調査結果について」

文部科学省（2017a）「特別支援学校小学部・中学部学習指導要領」

文部科学省（2017b）「小学校学習指導要領解説総則編」

文部科学省（2018a）「特別支援学校教育要領・学習指導要領解説総則編（幼稚部・小学部・中学部）」

文部科学省（2018b）「特別支援学校教育要領・学習指導要領解説自立活動編（幼稚部・小学部・中学部）」

文部科学省（2019）「特別支援教育について」http://www.mext.go.jp/a_menu/shotou/tokubetu/main.htm，2019年10月1日閲覧

個別の指導計画システムの構築と授業への接続
―理論的枠組みと方法論―

　Ⅱ部は，自立活動の指導に当たって作成が義務づけられた個別の指導計画に着目し，その定義や作成義務化の背景，目的論を整理し，今日に至る作成の現状と課題を概説した。個別の指導計画作成に関わる理論的枠組み及びこれに基づく方法論を提起するものである。

　次の5章から構成した。

5章：自立活動の領域特性と課題

　自立活動の特性として，子どもの主体的な学習活動であることを確認し，それゆえ授業の過程におけるデザイン機能が重視されることを指摘した。何を教えるべきかを子どもを中心に決定するボトムアップ型思考をとることとなる。このことの意義と限界を整理し，トップダウン型思考，手続の導入を提起した。

6章：個別の指導計画作成の目的と現状

　個別の指導計画とは何か，作成の目的は何か，どのような手順で作成されるのかの基礎的内容を解説した。その上で，特殊教育諸学校，特に養護学校における「個別の指導計画」の作成，及び自立活動の成立以降の個別の指導計画作成の現状をそれぞれ分析した。

7章：個別の指導計画の作成現場における課題

　個別の指導計画を作成する現場において指摘できる課題を取り上げ，課題の背景要因を考究した。複数教師が関与する作成事態において生起しやすい事象について社会心理学の知見から分析するとともに，今日の学校における多忙化が指摘される中で，職務としての個別の指導計画作成がどのように認知されるのかを解説した。

8章：個別の指導計画システムの理論的枠組み

　自立活動の特性及び個別の指導計画作成に係る現状と課題を踏まえ，改めて個別の指導計画システムを構築する上での理論的枠組みについて提起した。一つは，手続正義 procedural justice であり，もう一つは意思決定 decision making である。なぜ，これらの概念が自立活動の指導における個別の指導計画システム構築に重要なのかを概説した。

9章：個別の指導計画作成の方法論と展開

　複数教師が関与する個別の指導計画作成を集団的意思決定とみなし，提起した理論的枠組みに基づいて，いかに作成するのかの方法論を概説した。特別支援学校（養護学校）2校における取り組みを通して，個別の指導計画システムによる作成の成果と課題について整理した。

5章 自立活動の領域特性と課題

[1節　自立活動の領域特性]

1. 子どもの「主体的な学習活動」の探求

　図5－1は，2017（平成29）年3月に告示された小学校学習指導要領の算数科3学年，5学年，6学年の目標・内容の一部を抜粋したものである。矢印の①から③はそれぞれ何学年の目標・内容であるかを考えてみよう。

問　題

小学校3学年，5学年，6学年の算数の目標·内容の一部です。
それぞれ何学年の目標·内容でしょうか。

【目標】(3)　数量や図形に進んで関わり，数学的に表現・処理したことを振り返り，数理的な処理のよさに気付き生活や学習に活用しようとする態度を養う。
【内容】B　図形　(1)　図形に関わる数学的活動を通して，次の事項を身に付けることができるよう指導する。ア　次のような知識及び技能を身に付けること。(イ)　基本的な図形と関連して角について知ること。

【目標】(3)　数学的に表現・処理したことを振り返り，多面的に捉え検討してよりよいものを求めて粘り強く考える態度，数学のよさに気付き学習したことを生活や学習に活用しようとする態度を養う。
【内容】B　図形　(1)　平面図形に関わる数学的活動を通して，次の事項を身に付けることができるよう指導する。ア　次のような知識及び技能を身に付けること。(ア)　縮図や拡大図について理解すること。

【目標】(3)　数学的に表現・処理したことを振り返り，多面的に捉え検討してよりよいものを求めて粘り強く考える態度，数学のよさに気付き学習したことを生活や学習に活用しようとする態度を養う。
【内容】B　図形　(1)　平面図形に関わる数学的活動を通して，次の事項を身に付けることができるよう指導する。
ア　次のような知識及び技能を身に付けること。(イ)　三角形や四角形など多角形についての簡単な性質を理解すること。

図5－1　小学校算数科の目標・内容に関して

　正解は，①が３学年，②が５学年，そして③が６学年である。小学校から高等学校までの学習指導要領には，各教科の目標・内容等が系統的に示されており，小学校教育を受けた人であれば，自らの学びを振り返り，何かを手掛かりにしてほぼ正解を導き出すことができるであろう。

　教育課程は，意図的，計画的，明示的であることを含意している。そのため，教育課程の基準である学習指導要領では，学年のみならず小・中・高校の学校段階を通して各教科の目標・内容が系統的，構造的に明示される。このことは教科指導を行う教師にとっても，教科学習を行う子どもにとっても重要な意味をもつ。教師にとっては，学習指導要領を確認すれば，指導を担当する学年の目標，内容を容易に把握できる。また，これまで何を学んだのかの確認と，次年度以降で何を学ぶのかの展望ができる。このように学習指導要領は，担当教師が毎年代わる状況や担当教師の経験・属性に大きく影響を受けずに，各教科の継続的な指導を担保できるように構造化されているのである。各教科の指導にあって，担当教師は基本的に何を教えるか（what）ではなく，指導すべき目標及び指導内容をどのように教えるのか（how）に大きな関心が集まるゆえんである。

　これに対して，自立活動は，個々の子どもが自立を目指し，障害による学習上又は生活上の困難を主体的に改善・克服することを促す学習・教授活動である。そのため，子どもの障害の状態や発達段階等は一人一人異なり，学習・教授活動における斉一性を仮定していない。学習指導要領第７章の自立活動の「内容」は自立活動の指導内容ではないことを改めて確認いただきたい（⇒３章２節2.を参照）。障害の状態や特性が子ども一人一人異なることを前提に，まさに学習の主体者である子どもの実態等に基づき，彼又は彼女の学習活動を構想，展開することに主眼を置くのである。

　両者の違いは，学習者としての子ども像をどのように仮定するかの違いに依拠する。小学校における教科指導は，基本的に学級を単位として一斉指導により展開することを想定していることから，指導の対象となる子どもは就学に当たり基礎的な学習レディネスを身に付けていることが求められる。授業の一単位時間45分を通して座位確保が可能な身体機能と精神機能を備えていることはその一例である。これら要件を充たすことを前提として，学習指導要領は，いつ，何を指導するのかを系統的に明示している。それに対して，障害のある

子どもは，小学校等における教科学習の前提となる諸要件の基盤が脆弱である。その様相も一人一人異なる。知的障害がないにも関わらず，教科学習に遅れや偏りが生じるのは，このことが深く関与している。特別支援教育において効果的な教科指導を実現する上で，自立活動の時間における指導と密接な関連を図るとされるゆえんである。

　自立活動では，学習の主体である子どもを起点にした，ボトムアップ型の着想と実態把握から指導目標及び指導内容の設定までの各要素を具体化する手続きが注目される。ここに個別の指導計画の概念を成立させ，作成義務化の根拠を見出せるのである。

2．授業の過程におけるデザイン機能の重視

　障害のある子どもは障害の状態や発達段階等が一人一人異なるため，自立活動の指導では予め何を，どのような順で指導するのかを明示できない。したがって，特別支援学校学習指導要領等では，自立活動の指導に関わる教育課程の編成や授業の計画，実施，評価・改善等について大綱的に規定し，弾力的な運用を可能としている。加えて，自立活動の指導にあっては，上述のような領域特性を踏まえて，一人一人の子どもの実態を的確に把握することを起点とした個別の指導計画の作成を義務づけたのである。

　一般的に，授業は，計画（plan）―実施（do）―評価・改善（check/action）の一連の過程から構成される。自立活動における授業では，子どもの実態把握，換言すれば教育的ニーズ（educational needs）の把握を先行要件としたことから，計画（plan）段階に教育評価における診断的評価（diagnostic evaluation）を位置付けたものと理解できる。後述するが，個別の指導計画は，実態把握から指導目標及び指導内容の設定までを仮定していることから，本書では実態把握から課題の抽出までをデザイン（design）と呼び，自立活動の授業の過程という場合，デザイン―実施―評価・改善とする。

　自立活動の授業の過程においては，とくにデザインの機能がクローズアップできる。今後，特別支援教育担当教師に求められる新たな専門性という観点からも注目しなければならない。(⇒6章1節2. を参照)

[　2節　領域特性としての課題　]

1．ボトムアップ型思考の限界

　子ども一人一人の教育的ニーズに寄り添うボトムアップ型の思考は，主体的な学習活動を探求する自立活動の本質的な理念である。目標，内容を系統的，かつ構造的に学習指導要領に示す各教科のトップダウン型思考とは大きく異なることはすでに述べたとおりである。子どもを中心に据える（child centered）という意味できわめてユニークであり，適切な手続きの開発を前提要件とすれば優れた思考とみなせる。

　ここでは，ボトムアップ型思考が抱える限界を指摘する。ボトムアップ型思考の優れた側面を生かしつつ，その限界を把握し対応を図ることで，この思考の優位性を最大化できるからである。

（1）教師間における指導の継続性や一貫性の確保

　自立活動の指導では，基本的には毎年，個別の指導計画を作成し，指導目標及び指導内容を設定する。図5－2を参照されたい。特別支援学校中学部1年生の担任となった教師は，関係の教師とともに担当する子どもの個別の指導計画を作成し，指導目標及び指導内容を設定することになる。その際，小学部での指導との継続性や一貫性を意識して，個別の指導計画を作成することは可能であるが，小学部6年間の指導に継続性や一貫性が確保されているとは限らない。ましてや担当年度以降における指導の展望はない。担当年度の指導を構想することが求められる教師は，過去と将来の間にあって苦悩するであろうことは想像できる。近年のベテラン教師の大量退職に伴う若手教師の増大が急速に進む[1]中で，担当教師間で指導をつなぐことは，容易ではない状況にあるといえよう。

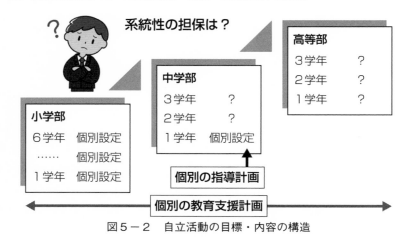

図5－2　自立活動の目標・内容の構造

（2）教師個人の子どもの学習及び生活に関する時間的展望

　そもそも特別支援学校教師は，どうように子どもの将来の学習や生活を展望しているのであろうか。

　一木・安藤（2010）は，肢体不自由特別支援学校で自立活動を主とした教育課程で指導する教師を対象に，子どもの学習及び生活に関する時間的展望等を調査した。それによると，教師が描ける子どもの将来の学習の見通しは平均で2.9年（SD=1.75），生活の見通しは平均4.0年（SD=2.83）であった。さらに，対象者の評定した質問項目を分析して，抽出した二つの因子「日々の指導の見通しに対する困難さ（以下，「困難さ」とする）」，「自立活動における個別の指導計画作成上の不安（以下，「不安」とする）」が学習や生活の見通しにどのように影響を及ぼすのかを明らかにした。その結果,学習の見通しについては「不安」因子が，生活の見通しについては「困難さ」因子がそれぞれ有意に負の影響を及ぼしているとした。

　重度・重複障害児を担当する教師に限定した結果とはいえ，彼らの子どもの学習や生活に関する時間的展望について，およそ3年から4年である結果を得たことは意義がある。さらに，日々の指導の見通しの困難さが生活の見通しに，個別の指導計画作成上の不安が学習の見通しに負の影響を及ぼしていることから，個別の指導計画の作成とそれに基づく自立活動の指導の見通しをより明確にすることは，将来の学習や生活に関わる時間的展望に有効であることが示

唆された。以上のように，子どもの学習や生活に関する時間的展望の結果から，教師個人に依存した指導の継続性や一貫性を確保することは限界があることが分かる。

2．学習指導要領の形式における課題

（1）学習指導要領の制定と形式

文部省は，1947（昭和22）年に小学校等の学習指導要領一般編（試案）を示した。試案は改訂を重ねられ，1958（昭和33）年10月には小学校学習指導要領として告示された（文部省告示第80号）。改訂に先立ち，同年8月に学校教育法施行規則の一部が改正され，学習指導要領は教育課程の基準としての性格を一層明確にするために，文部大臣の公示とされたのである。

ここでは，この学習指導要領の形式に着目した。具体的には次のとおりである。

第一は，第1章「総則」，第2章「各教科」，第3章「道徳，特別教育活動および学校行事等」から構成したことである。従来の学習指導要領は，一般編及び各教科編からなっていたものを一つの告示とした。

第二は，各教科等の構成は，第1「目標」，第2「各学年の目標および内容」，第3「指導計画作成および学習指導の方針」としたことである。各学年の目標及び内容が示せない道徳では，第1「目標」，第2「内容」，第3「指導計画作成および指導上の留意事項」とされた。

第三は，各教科及び道徳の年間最低授業時数を明示したことである。

1958（昭和33）年の学習指導要領の改訂では，教科の系統性を重視した（一木，2012）。各学校段階での各教科等の構造と系統性，学校段階間の接続を意識した形式とされた。学習指導要領の形式としては，基本的に現行の学習指導要領に引き継がれている。

（2）学習指導要領の形式と養護・訓練の特性との不整合

養護・訓練は，1971（昭和46）年3月告示の盲学校，聾学校，養護学校（精神薄弱・肢体不自由・病弱）小学部・中学部学習指導要領により誕生した。特殊教育諸学校の学習指導要領は，小学校等に準ずる教育を行うことを前提するため，先行する小学校等の学習指導要領の形式を踏襲することとなった[2)]。第5章に位置付けられた養護・訓練は，道徳の形式に準拠して，第1「目標」，

第2「内容」，第3「指導計画の作成と内容の取扱い」から構成された。小学部，中学部，のちに 1972（昭和 47）年に告示された高等部の学習指導要領において，構成と規定の内容は共通に示されることとなった。

　このように，新たに領域として誕生した養護・訓練は，学習指導要領の既存の枠組みをもって形式とされたことから，養護・訓練の領域特性との不整合が生じることとなった。特に，予め指導内容を明示できない養護・訓練において，指導内容を強く意識させる「内容」をとりいれたことの課題を指摘できる[3]。

　本来，養護・訓練，自立活動の本質として理解されるべき事柄であるが，学習指導要領の形式上の縛りから，ややもすると関係者の理解をミスリードする可能性を指摘できる。このことについては，具体的なデータをもって以下に補説する。

　図5−3は，各障害のある子どもの養護・訓練の内容に関する順位グラフ[4]である。障害児教育を専攻する大学院生 18 名を対象に，視覚障害児，聴覚障害児，知的障害（調査時は「精神薄弱」を使用）児，肢体不自由児，病弱児にとって，養護・訓練の5つの内容（身体の健康，心理的適応，環境の認知，運動・動作，意思の伝達）について，重要性の観点から順位づけを求めた（安藤，1996）。中心から放射状に描かれた線をアイテムベクトルと呼ぶ。アイテムベクトルの角度が平均順位を，長さが判断の一致度を表す。

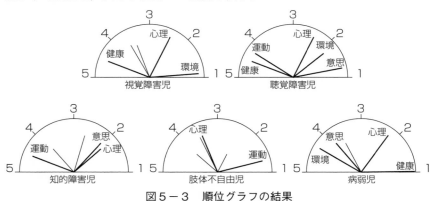

図5−3　順位グラフの結果

　結果を概観してみよう。まず，視覚障害児にとって重要と判断された養護・訓練の内容は，環境の把握が上位に，身体の健康が下位に有意に順位づけられ

た。聴覚障害児は意思の伝達が最も上位に，身体の健康，運動・動作が下位に，環境の認知，心理的適応が中間位にそれぞれ有意に順位づけられた。知的障害児は心理的適応，意思の伝達が比較的上位に，運動・動作が下位に有意に順位づけされた。肢体不自由児は運動・動作が上位に，心理的適応が中間位にそれぞれ有意に順位づけられた。病弱児は身体の健康が上位（全員が１位）に，環境の認知，意思の伝達が下位に，心理的適応が中間位にそれぞれ有意に位置付けられた。

　ここで，各障害児にとってどの内容が最も上位に順位づけられたかに注目すると，視覚障害児は環境の認知，聴覚障害児は意思の伝達，知的障害は心理的適応あるいは意思の伝達，肢体不自由児は運動・動作，病弱児は身体の健康となる。養護・訓練の各「内容」は，５つの障害種との関連において奇妙に一対一で対応していることが分かる。指導内容とみなされた「内容」は，各障害との親和性から関係づけられ，判断する者にとって基準の合理性をもたらすと考えられる。なお，本調査の対象となった大学院生の多くは特殊教育諸学校の現職教師であることを付記する。今日，インクルーシブ教育が進展する中で，自立活動は小学校等に積極的に導入されることとなったことから，自立活動の基礎的な理解を促す上で留意すべき課題の一つとして紹介した。

[　3節　ボトムアップ型思考の課題にどう対応するか　]

　一人一人の子どもの実態を把握し，課題を抽出して指導目標及び指導内容の設定に至る各要素から構成される個別の指導計画は，自立活動の指導を実践科学として体現するプロセスといえる。まさにボトムアップ型思考による個性的で創造的なプロセスである一方，これまでトップダウン型思考に傾斜にしがちであった教師にとっては，その手続きの煩雑さに対する戸惑いや，自立活動の指導の継続性や一貫性の確保に悩む声があるのも事実である。

　ここでは，自立活動の領域の特性としてのボトムアップ型思考について，教育課程の編成の基本原則であるスタンダードとの関連から整理する。

1．教育課程の編成におけるスタンダードと自立活動

　教育課程の編成に関わる原則の一つに，スタンダード（standard）がある。保障すべき学力水準は，社会的に承認される必要がある。その水準をスタンダードと呼ぶことにする。スタンダードには教授されるべき内容となる内容スタンダードと，学習の成果としてのパフォーマンス・スタンダードがある。わが国では，前者として学習指導要領がある。学習指導要領は内容スタンダードとして構成したもので，例えば各教科については内容等が系統的に示されている。その一方，後者については十分な明示がなされていない課題が指摘されている（田中・水原・三石・西岡，2005）。

　翻って自立活動の領域はどうであろうか。自立活動は，その特性から学習指導要領には各教科のような内容スタンダードは示し得ないことから，個別の指導計画の作成をもって説明責任を果たす必要性を指摘した（⇒3章の図3－2）。パフォーマンス・スタンダードの導入の考え方や手続きに関しては，各教科と同様に課題を指摘できるが，学術的な関心は払われていない。

2．「逆向き設計」の考え方と個別の指導計画

　Wiggins and Mc-Tighe（1998）は，教育課程の設計に当たり，「逆向き設計（backward design）」を提唱した。逆向き設計とは，図5－4に示したように，①望ましい結果を明確にし，②そのことを容認できる証拠を決定してから，③学習経験と指導の計画を立てるというものであり，結果から設計を始めるという従来のカリキュラム設計と逆になっていることからこう呼ばれる（遠藤，2005）。

図5－4　逆向き設計の過程

　個別の指導計画は実態把握からボトムアップにより指導目標及び指導内容を設定しつつ，指導の節目にあっては逆向き設計の考え方から，①子どもの学習の成果としての具体的な姿を描き，②成果として容認できる証拠をもって評価する方法を確認して，③指導計画を立てることを提起する。自立活動の指導への逆向き設計の考え方，いわばトップダウン型思考を導入することにより，ボトムアップ型思考の抱える課題を解消することが期待できる。

　この考え方は，図５－５に示したように，個別の指導計画システムに埋め込むことが効果的であろう。具体的には９章の図９－３を参照されたい。個別の指導計画を３年をスパンに作成し，３年後の課題を発展課題として設定するものである。小学部６年，中・高等部３年の制度の節目と対応することで，小学部入学から高等部卒業までを大きく４つの段階をもって個別の指導計画の作成を構想するものである。

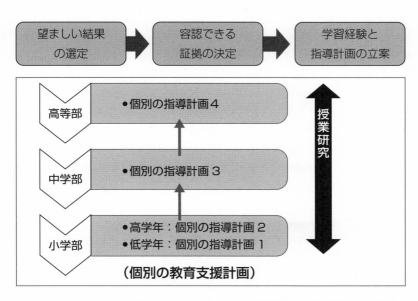

図５－５　逆向き設計 Backward Design を織り込んだ個別の指導計画

＜注＞

1）2016（平成28）年度の文部科学省の学校教員統計調査によれば，特別支援学校教師の年齢構成は，25歳未満で3.6％（1.9％），25歳〜30歳未満で11.7％（8.0％），30歳〜35歳未満で12.0％（12.6％），35歳から40歳未満で12.3％（14.2％），40歳〜45歳未満で13.9％（19.3％）であった。（　）内数字は2007（平成19）年度の結果である。50歳以上のベテラン層は全体の36.2％（35.3％）を占め，いまなお3分の1余りを占めている。30歳未満の若年層は15.3％で，2007（平成19）年度の9.9％に対して増加している。これに対して中堅層である30歳後半から40歳代はその割合は急激に減少している。

2）1971（昭和46）年3月告示の特殊教育諸学校小学部・中学部学習指導要領では，障害種共通に，第1章「総則」，第2章「各教科」，第3章「道徳」，第4章「特別活動」，第5章「養護・訓練」とされた。

3）学習指導要領解説では，このような課題意識を読み取れ，「内容」の表記とは別に，「柱」（例えば，文部省，1992）を，今日では「区分」（文部省，2000）を用いてその理解を促す工夫を行っている。

4）順位グラフは，順位グラフ表現法（馬場，1985；Baba，1986）により作成された図である。順位づけに関する調査では，得られたデータが順位データであるので，平均順位と順位づけのばらつき（個人差）を視覚的に表現できるよう開発されたものである。半径1の半円の中に描かれた各アイテムベクトルの方向が平均順位を，長さが判断の一致度を表す。全員が同順位をつけたときには，アイテムベクトルは円周に達し，順位づけのばらつきが大きくなるほどアイテムベクトルの長さは短くなる。アイテムベクトルの長さをWとすると，1−Wが判断の分散に対応する。いずれの順位も等確率で出現するという帰無仮説が成り立つときには，あるアイテムベクトルの長さは短くなる。このことを利用したBaba（1986）の検定（有意水準5％）を用い，帰無仮説が採択されたものは細線で示す。

（文献）

安藤隆男（1996）「養護・訓練の内容の選択とその関連要因」　上越教育大学研究紀要，16（1），161−170.

馬場康雄（1985）「順位のグラフ表現法とその応用」　野中敏雄（編）『選択の諸相』，翔人社

Baba,Y.（1986）Graphical analysis of rank data. *Behaviormetrika*，19，1−15.

遠藤貴広（2005）「G.ウィギンズのカリキュラム論における「真正の評価」論と「逆向き設計」論の連関：「スタンダード」概念に注目して」京都大学大学院教育学研究科紀要，51，262−274.

一木薫・安藤隆男（2010）「特別支援学校（肢体不自由）における自立活動を主として指導

する教育課程に関する基礎的研究―教師の描く指導の展望に着目して―」障害科学研究，34, 179-188.

一木薫（2012）「重度重複障害教育におけるカリキュラム研究の到達点と課題」特殊教育学研究，50（1），75-85.

一木薫（2020）『重度・重複障害教育におけるカリキュラム評価―自立活動の課題とカリキュラム・マネジメント―』慶應義塾大学出版会

文部省（1992）『特殊教育諸学校学習指導要領解説―養護学校（肢体不自由教育）編―』海文堂出版

文部省（2000）『盲学校，聾学校及び養護学校学習指導要領（平成11年3月）解説―自立活動編―（幼稚部・小学部・中学部・高等部)』海文堂出版

文部科学省（2017）『小学校学習指導要領』

田中耕治・水原克敏・三石初雄・西岡加名恵（2005）『新しい時代の教育課程』有斐閣アルマ

Wiggins, G. and Mc-Tighe, J.（1998）"Understanding by Design" ASCD（Association for Supervision and Curriculum Development）

6章 個別の指導計画作成の目的と現状

[1節　個別の指導計画とは]

1．個別の指導計画の定義

（1）学習指導要領における個別の指導計画の規定

　1999（平成 11）年 3 月に告示された盲学校，聾学校及び養護学校小学部・中学部学習指導要領の第 5 章自立活動第 3 の「指導計画の作成と内容の取扱い」において，個別の指導計画は，「自立活動の指導に当たっては，個々の児童又は生徒の障害の状態や発達段階等の的確な把握に基づき，指導の目標及び指導内容を明確にし，個別の指導計画を作成するものとする。その際，第 2 に示す内容の中からそれぞれに必要とする項目を選定し，それらを関連付け，特に次の事項に配慮して，具体的に指導内容を設定するものとする。」と規定された。指導内容は，第 2 の内容から子どもの実態等に応じて必要な「項目」を選定し，相互の関連づけをして設定するとされた。

　2000（平成 12）年 3 月の盲学校，聾学校及び養護学校学習指導要領（平成 11 年 3 月）解説—自立活動編—では，「自立活動の内容は，人間としての基本的な行動を遂行するために必要な要素と，障害に基づく種々の困難を改善・克服するために必要な要素を五つの区分に分類・整理したものである。」として，学習指導要領の形式としての「内容」は，自立活動に関しては指導内容を指すものではないことから，これを「区分」と表記した。これ以降，「区分」と「項目」は指導内容の設定の上で，必須の用語として使用されるようになった。

（2）個別の指導計画の成立の背景

　個別の指導計画は，どのような背景から成立，定義されるに至ったのであろうか。ここでは，次の二つの視座から個別の指導計画に係る規定の整備過程について概観する。一つは，わが国独自の指導領域として誕生した養護・訓練の特性との関連から整理するものである。具体的には，養護・訓練誕生以降の学習指導要領における関係規定の整備を取り上げる。もう一つは，欧米におけるIEPとの関連からの整理である。

1）養護・訓練誕生以降の学習指導要領における関係規定

　養護・訓練の誕生以降の学習指導要領において，個別の指導計画に関わる規定はどのように整備されたのであろうか。関係規定の変遷を一部解説を加えて表6－1に示した。

　1971（昭和46）年の特殊教育諸学校小学部・中学部学習指導要領では，第5章養護・訓練の第3「指導計画の作成と内容の取り扱い」において，「(1)　個々の児童または生徒の心身の障害の状態，発達段階および経験の程度に応じて，それぞれに必要とする第2の内容の具体的な事項を選定し，個別にその指導の方法を適切に定めるようにすること。」(文部省, 1971)とされた。「具体的な事項」及び「個別にその指導の方法」の用語をもって規定した[1]。

　このことに関わる規定は，1989（平成元）年の学習指導要領において次のように改訂されることとなった。養護・訓練の指導計画の作成に当たり，「個々の児童又は生徒の心身の障害の状態，発達段階，経験の程度に応じた指導の目標を明確にし，第2の内容の中からそれぞれに必要とする項目を選定し，それらを相互に関連付けて具体的な指導事項を設定するものする」とされた。初めて「項目」の用語を使用するとともに，それまでの「具体的な事項」に代わって，「具体的な指導事項」を用いたのである。「具体的な指導事項」とは，選び出した下位項目を相互に関連付けた結果を手掛かりにして指導者が具体化した内容を指している（文部省, 1992a）。後に1999（平成11）年告示の特殊教育諸学校学習指導要領において，具体的な「指導内容」と改められることとなる。併せて1989（平成元）年の改訂では，「具体的な指導事項を選定する際の観点をより明確にするという方針で検討が行われた。その結果，1から5までの五つの柱の基に，18項目で内容の範囲が示されたものである」（文部省, 1992a）。ここでは新たに用語「柱」を提起し，「項目」と併せて使用することで，学習指

表6—1　養護・訓練及び自立活動の指導計画の作成と内容の取扱い規定の変遷

1971 （昭和46） 年3月	特殊教育諸学校小学部・中学部学習指導要領
	第5章 養護・訓練　第3 指導計画の作成と内容の取り扱い 1　指導計画の作成に当たっては，次の事項について配慮するものとする。 （1）　個々の児童または生徒の心身の障害の状態，発達段階および経験の程度に応じて，それぞれに必要とする第2の内容の具体的な事項を選定し，個別にその指導の方法を適切に定めるようにすること。
1979 （昭和54） 年7月	盲学校，聾学校及び養護学校小学部・中学部学習指導要領
	第5章 養護・訓練　第3 指導計画の作成と内容の取扱い 1　計画の作成に当たっては，個々の児童又は生徒の心身の障害の状態，発達段階及び経験の程度に応じて，それぞれに必要とする第2の内容を相互に関連づけて具体的な事項を選定し，個別にその指導の方法を適切に定めるものとする。
1989 （平成元） 年10月	盲学校，聾学校及び養護学校小学部・中学部学習指導要領
	第5章 養護・訓練　第3 指導計画の作成と内容の取扱い 1　指導計画の作成に当たっては，個々の児童又は生徒の心身の障害の状態，発達段階，経験の程度等に応じた目標を明確にし，第2の内容の中からそれぞれに必要とする項目を選定し，それらを相互に関連づけて具体的な指導事項を設定するものとする。その際，特に次の事項に配慮する必要がある。 3　内容の指導に当たっては，個々の児童又は生徒の実態に応じた具体的な方法を創意工夫し，児童又は生徒の意欲的な活動を促すようにするものとする。
1992 （平成4） 年5月	特殊教育諸学校学習指導要領解説—養護学校（肢体不自由教育）編—
	「具体的な指導事項」というのは，選び出した下位項目を相互に関連付けた結果を手掛かりにして指導者が具体化した内容を指している（428頁）。 養護・訓練の内容については，（中略）心身の発達の諸側面を分類・整理するという観点をも加えて検討が行われ，従前の「心身の適応」，「感覚機能の向上」，「運動機能の向上」，「意思の伝達」の四つの柱の基に，12の項目にまとめられたものである（403頁）。
1992 （平成4） 年5月	特殊教育諸学校学習指導要領解説—養護学校（病弱教育）編—
	指導計画作成の手順において，「養護・訓練の指導計画は，他の領域とは異なり児童生徒一人一人の実態に基づいて作成することが原則である。」（286頁）
1999 （平成11） 年3月	盲学校，聾学校及び養護学校小学部・中学部学習指導要領
	第5章 自立活動　第3 指導計画の作成と内容の取扱い 1　自立活動の指導に当たっては，個々の児童又は生徒の障害の状態や発達段階等の的確な把握に基づき，指導の目標及び指導内容を明確にし，個別の指導計画を作成するものとする。その際，第2に示す内容の中からそれぞれに必要とする項目を選定し，それらを相互に関連付け，特に次の事項に配慮して，具体的に指導内容を設定するものとする。 3　個々の児童又は生徒の実態に応じた具体的な指導方法を創意工夫し，意欲的な活動を促すようにするものとする。
2000 （平成12） 年3月	盲学校，聾学校及び養護学校小学習指導要領（平成11年3月）解説—自立活動編—（幼稚部・小学部・中学部・高等部）
	第5章 自立活動の内容　自立活動の内容は，人間としての基本的な行動を遂行するために必要な要素と，障害に基づく種々の困難を改善・克服するために必要な要素を五つの区分に分類・整理したものである（23頁）。
2009 （平成21） 年3月	特別支援学校小学部・中学部学習指導要領
	第7章 自立活動　第3 指導計画の作成と内容の取扱い 1　自立活動の指導に当たっては，個々の児童又は生徒の障害の状態や発達の段階等の的確な把握に基づき，指導の目標及び指導内容を明確にし，個別の指導計画を作成するものとする。その際，第2に示す内容の中からそれぞれに必要とする項目を選定し，それらを相互に関連付け，具体的に指導内容を設定するものとする。
2017 （平成29） 年4月	特別支援学校小学部・中学部学習指導要領
	第7章 自立活動　第3 個別の指導計画の作成と内容の取扱い 1　自立活動の指導に当たっては，個々の児童又は生徒の障害の状態や特性及び心身の発達の段階等の的確な把握に基づき，指導すべき課題を明確にすることによって，指導目標及び指導内容を設定し，個別の指導計画を作成するものとする。その際，第2に示す内容の中からそれぞれに必要とする項目を選定し，それらを相互に関連付け，具体的に指導内容を設定するものとする。

導要領の形式としての「内容」との差別化を明確にしたのである。これらの改
訂は，「養護・訓練の指導計画は，他の領域とは異なり児童生徒一人一人の実
態に基づいて個別に作成することが原則である」（文部省, 1992b；村田, 2000）の
理解に立つものであり，後に自立活動及び個別の指導計画作成の義務化につな
がるものである。1989（平成元）年の学習指導要領の改訂は，養護・訓練の理
念を，自立活動の理念の確立へと架橋する役割を担ったといえよう。

2）IEP との関係

　IEP とは，アメリカ合衆国においては Individualized Education Program の，
イギリスにおいては Individual Education Plan の略記である。ここでは，アメ
リカ合衆国における IEP を例に，わが国の個別の指導計画との関連性につい
て言及する。

　1975 年に制定された全障害児教育法（Education for All Handicapped
Children Act: P.L.94-142）は，すべての障害児に無償で，適切な公教育（Free
Appropriate Public Education）を与えること，その教育においては最も制約
の少ない環境（Least Restrictive Environment）で行われることを理念とし
て掲げた。IEP はこれら理念を実現するために，連邦政府が州に作成を義務
づけた文書である（河合, 1997）。IEP の理念と手続き等の概念[2]は，これ以降
わが国に紹介されるようになったといえる。干川（2002）は，支援の個別化と
ネットワーク化の観点から個別の指導計画の考え方と枠組みについて提起し
た。IEP は教師が個に応じた指導を実現する上での動機づけと位置付けた。学
校教育の枠組みにとどまらず，学校心理学，療育，臨床など多様な分野におい
て IEP の適用，実践が行われるようになった（例えば，石隈・永松・今田（1999）；
教育心理学会（1999）；片桐ら（2009））。

　そのような中，教育課程審議会は，1996（平成 8）年に文部大臣から「幼稚
園，小学校，中学校，高等学校，盲学校，聾学校及び養護学校の教育課程の基
準の改善について」の諮問を受けて審議を重ね，1998（平成 10）年 7 月に答
申した。この間の審議及びその後の盲学校，聾学校及び養護学校学習指導要領
の改訂に，IEP に係る議論が少なからず影響を及ぼしたことが推察できる。瀬
尾（1998）は IEP の目的，定義及び名称を踏まえ，わが国の養護・訓練におけ
る「個別の特別な教育的対応の指導計画」をどのような教育用語が適切かを検
討し，「個別指導計画」とすることを提起した。

　このように個別の指導計画は，わが国における IEP 理念の導入と展開の議論と交錯しつつも，養護・訓練誕生から自立活動の理念の確立までの学習指導要領改訂の文脈において成立した，わが国独自の概念であるといえる。

2. 個別の指導計画作成の目的論

（1）自立活動の授業過程におけるデザイン機能

　自立活動は一人一人の子どもを起点に，彼又は彼女の学習上，生活上の困難さなどに着目し主体的な学習を創造する教授学習活動である。そのため，①一人一人の子どもの実態等を把握し，②課題を整理して，③指導目標及び指導内容を設定することになる。子ども一人一人の主体的な学習を創造する，いわばボトムアップ型思考と手続きがとられるのである。個別の指導計画は，①から③までをもって構成要素とすることから，授業の実施と授業の評価・改善に先行する授業のデザイン機能を担うことを確認する（⇒5章1節2.）。授業は何を（what），どう（how）教えるかの実施段階に関心が集まるが，自立活動については，なぜこの指導なのか（why）を授業のデザイン機能に基づき明確化し，授業の実施につなげることに意義を見出せるのである。

（2）学校の説明責任 accountability

　個別の指導計画の作成主体は，各学校にある。実際には，子どもを担当する教師によって作成されるのが一般的である。個別の指導計画の作成により導かれた自立活動の指導目標及び指導内容は，当然子どもによって異なることになる。教師にとっては，なぜこの指導目標，指導内容の設定なのかを，本人，保護者に対して説明することが求められる。個別の指導計画は，説明責任（accountability）を果たすためのツールとなる（⇒3章図3－2を参照）。したがって，この子どもに，なぜこの指導なのかを明確な論理をもって説明することこそ，作成する教師個人の，あるいは教師集団の専門性の発揮場面といえる。

　子ども，保護者の関心事は，学年や学部の進行による指導の継続性や一貫性の確保である。担当教師が代わることによる指導目標や指導内容の変更やゆれが子どもの学習に影響を及ぼすからである。個別の指導計画作成の主体である各学校は，学校組織として指導の継続性や一貫性を担保するシステムを構築することが重要となる。

（3）教師集団の自己教育力の向上─メンタリングとしての機能─

　一般的に教師の専門性は，教員養成（pre-service training）と現職研修（in-service training）の接続をもって確保される。しかし，教育職員免許法等における自立活動に係る規定は明確ではない。教員養成段階においては，自立活動に関する基礎的，総合的な学修を積まないままに特別支援学校教諭免許状を取得する現状を指摘できる（安藤，2015）。採用間もない若手教師にとって，マニュアルのない状況下でボトムアップ型の思考と手続きをもって，着実に作業を遂行することは容易ではない。不安や負担感を強く意識することは想像に難くない（植田・安藤，2021）。特別支援学校においては，これまで個別の指導計画は複数の教師が関与して作成される実態があり，教育現場において教師の協働的な課題解決方略として広く取り入れられている。

　今日の複雑化する特別支援教育の現場における課題解決では，これまでの教師個人に帰属させる専門性のみでは対処が困難となっている。そのような中で，教師の協働をもって課題解決に当たる新たな専門性が指摘されるところである（例えば，今津，2017；内海・安藤，2018）。複数の教師による個別の指導計画の作成が行われる現状（⇒6章2節）は，まさに多様な教師の経験や視点に触れる機会となる。

　このことは，今日の教師教育の分野で注目されるメンタリング（mentoring）の概念からも整理する必要があろう。メンタリングとは，科学性や合理性に依拠し，基礎的研究によって算出された知識・技能を身につけ，実践に適用（theory to practice）しようとする従来の専門家教育では，きわめて流動的で，不確実性の高い複雑な問題状況に柔軟に対応できないことへの反省に立ち提起されたものである（岩川，1994）。複雑な問題状況ゆえに，リアルタイムに問題をとらえ，再構成する不断の「活動過程における省察（reflection-in-action）」を通して専門家は学ぶことに着目したものである。まさに実践の省察を通して実践を科学する（theory though practice）ことの重要性を指摘するものと理解できる。

　このような教師集団の自己教育力に着目した自立活動に関わる専門性の向上を期待できる。

３．構成要素と作成手順

（１）　個別の指導計画の構成要素

2017（平成 29）年 4 月告示の特別支援学校小学部・中学部学習指導要領では1999（平成 11）年学習指導要領の規定を改め，第 7 章自立活動第 3「個別の指導計画の作成と内容の取扱い」に，新たに「指導すべき課題」の要素を導入した。個別の指導計画は，①実態把握，②指導すべき課題の明確化，③指導目標及び指導内容の設定，の三つの要素から構成するとしたのである（⇒ 4 章 2 節 3）。

（２）　個別の指導計画の作成手順

2018（平成 30）年刊行の特別支援学校教育要領・学習指導要領解説自立活動編（幼稚部・小学部・中学部）では，具体的な指導内容の設定に至る個別の指導計画作成の手順を次のように例示した。

①　個々の児童生徒の実態（障害の状態，発達や経験の程度，成育歴等）を的確に把握する。

②　実態把握に基づいて指導すべき指導課題を抽出し，課題相互の関連を整理する。

③　個々の実態に即した指導目標を明確に設定する。

④　小学部・中学部学習指導要領第 7 章第 2 の内容の中から，個々の指導目標を達成するために必要な項目を選定する。

⑤　選定した項目を相互に関連付けて具体的な指導内容を設定する。

この一連の手順を「料理のレシピ」に例えたのが図 6 − 1 である。上記の①から⑤の手順に沿って説明すると次のとおりである。

①　実態の把握：

「お腹がすいた」とコック（先生）さんに訴えた子ども A は，偏食が強く，食事量も少ない傾向にある。口唇や舌の動きは上手で，とりこみ，咀嚼，嚥下に顕著な困難さはない。素材の食感などを残し栄養バランスを考慮した食事が大切になる子どもである。

②　指導課題の選定：

コックさんは，A が食べることを通して，しっかりとした咀嚼と嚥下の機能を高め，ひいては言語表出の口腔機能の向上に寄与することを期待した。

③　指導目標の設定：

「食材の食感を楽しみながら，よく噛み，しっかりと飲み込むことができるようになる」ことを指導目標とした。

④　必要な項目の選定：

食事づくり（自立活動）では必要な栄養素からの食材選びが重要となる。すべての栄養素（図ではタンパク質，ビタミン，炭水化物）から A の嗜好などから食材を選ぶこととなる。コックさんは，タンパク質では噛みやすい「鶏肉」を，ビタミンでは歯ごたえのある「キャベツとなす」を，炭水化物では食感のある「お米」をそれぞれ選んだ。ここで栄養素は「区分（category）」，食材は「項目（item）」を意味する。

⑤　具体的な指導内容の設定：

コックさんは，選んだ食材からメニューを確定する。「指導内容（contents of teaching）」の設定である。

蛇足であるが，ゆったりとした雰囲気の中で食事を済ませたら，最後にシャリシャリ感のあるりんごをデザートとして提供すると食事の楽しみ（指導の効果）は増すことであろう。

図6－1　"Cooking Practice" of Jiritsu-Katsudo

（3）個別の指導計画の様式と理解啓発

　個別の指導計画の様式について国は，当初から示さないとの考え方を貫いている。解説において手順の例示にとどめているのはそのような理由からである。各学校は本人，保護者，関係者への説明を果たし，指導の継続性を確保する上で効果的な個別の指導計画の様式の作成とその改善に努める必要がある。

　個別の指導計画作成の義務化を受けて，各都道府県は各種の手引きを刊行した（例えば，東京都教育員会，1997；北海道立特殊教育センター，1998；北海道立特殊教育センター，2001；千葉県教育委員会，2001）。これらは，自立活動の指導に当たり個別の指導計画作成の意義等の基本的考え方，作成手順，様式例などから構成され，主に作成が義務づけられた盲，聾，養護学校や教員向けの研修資料として供するものである。21世紀の特別支援教育への転換を見据えた学習指導要領の改訂の，いわば黎明期にあってその作成，活用の担い手である盲，聾，養護学校の教師に個別の指導計画とは何か，どのように作成するのかの理解の深化を期するものといえる。

［　2節　個別の指導計画作成の現状　］

　個別の指導計画作成義務化以降の作成の現状を取り上げるに当たり，これに接続する1990年代における養護・訓練の指導計画作成の現状についてもあわせて整理する。

1．養護・訓練の指導計画の作成

　1989（平成元）年の特殊教育諸学校学習指導要領では，養護・訓練の指導計画は，子ども一人一人の実態に基づいて「個別に作成すること」を原則とした。
　それでは，個別の指導計画作成の義務化以前の1990年代において，特殊教育諸学校での指導計画の作成はどのように行われていたのであろうか。
（1）肢体不自由養護学校及び病弱養護学校における取り組み
　子どもの障害が重度化，重複化する肢体不自由養護学校及び病弱養護学校を

対象にした藤田・柳本・石部・河合・山本・西川・川間（1990）及び柳本・藤田・西川・山本・河合（1991）の一連の調査から現状の一端を把握したい。

　まず，養護・訓練に対する校内組織の編成についてである。肢体不自由養護学校では約80％，病弱養護学校では約90％の学校で校内組織が編成されていた。両校種とも在籍する児童生徒の障害は，重度化，重複化するとともに，多様化が顕著である。そのため，養護・訓練の指導に当たり，関係教師間の密接な連携の必要性から校内における指導体制構築がなされたものである。

　次に，指導計画の作成についてである。養護・訓練を主とした指導計画（論文中の表記を使用）では，肢体不自由養護学校，病弱養護学校いずれも児童生徒一人一人に作成する割合が最も多く，およそ30％弱を占めた。重度・重複障害児については，実態等の個人差が顕著であることを反映したものといえる。指導計画の作成者は，担当教師集団が最も多く，肢体不自由養護学校では全体の約40％を，病弱養護学校では約53％を占めた。重度・重複障害児の指導では複数の教師によるティーム・ティーチングが主流であることから，指導計画の作成は担当教師集団で行われていたものと考えられる。最後に，養護・訓練の指導上の課題としては，最も多かったのが「専門的な知識が十分でない」で，肢体不自由養護学校で25％，病弱養護学校で約21％であった。これに次いで両校種ともに「研修の機会が十分でない」が15％を占めた。

（2）知的障害養護学校における取り組み

　橋本・菅野・池田・林・大伴（1999）は，首都圏の知的障害養護学校小学部を対象に，個別の教育計画（論文中の表記を使用）の作成状況等を調査した。個々の児童に対して個別の教育計画を作成していると回答した学校は14校（25.5%），学校独自の様式で従来より使用している指導計画があるとした学校が21校（38.2%）であった。作成していない学校は13校（23.6%）であった。加えて，各校の取り組みの現状や今後の方針について回答が得られた41校のうち，学部全体で様式を統一していると回答があったのは17校であった。この他は，学部で統一されていない，学年・学級に任されている，内容は現在検討中などであった。個別の教育計画立案のための作業の流れが明確にされた学校はわずか6校（10.9%）であった。

　1989（平成元）年の特殊教育諸学校学習指導要領の改訂による，養護・訓練の指導計画の作成に関わる規定の整備は，主に児童生徒の障害の重度・重複化，

多様化等が顕在化する知的障害，肢体不自由及び病弱教育の現場に，「個別に指導計画」の作成を促し，その取り組みの積み上げにつながった。このことは，1999（平成11）年の特殊教育諸学校学習指導要領における自立活動の成立と個別の指導計画作成の義務化に帰結したといえる。

２．自立活動の指導における個別の指導計画作成

特殊教育諸学校に個別の指導計画作成が義務化された1999（平成11）年以降における個別の指導計画の実態を二つの時期に区分して概観する。第一は，1999（平成11）年の自立活動の成立から2007（平成19）年の特別支援教育への制度転換まで，第二は，特別支援教育制度への転換以降，インクルーシブ教育システムの構築に係る報告（文部科学省，2012）を経て2017（平成29）年告示の特別支援学校学習指導要領までとした。以下，便宜的に前者を第一期，後者を第二期とする。

（１）第一期（1999年〜2006年）

個別の指導計画の作成義務化を規定した特殊教育諸学校学習指導要領の告示後の2001（平成13）年12月から2002（平成14）年1月に，国立特殊教育総合研究所（2003）は，「全国盲・聾・養護学校における自立活動に関する実態調査」を実施した。本調査は，全国の特殊教育諸学校996校を対象とした悉皆調査で，753校から回答が得られた。回収率は75.6％であった。以下が結果の概要である。

① 作成状況：
「作成していないまたは作成を検討中」と回答した学校は753校中32校，4.3％であった。盲学校，聾学校，養護学校の校種を問わず，個別の指導計画はほとんどの学校で作成されていた。

② 個別の指導計画の様式：
盲学校，聾学校では「学部ごとに統一」が「学校全体で統一」を上回り過半数を占めていた。これに対して養護学校では「学校全体で統一」が過半数を占めた。

③ 作成に関与する教師：
盲学校，聾学校，肢体不自由養護学校及び病弱養護学校では「学級担任と

自立活動の担当者が分担・協力」する割合が過半数であったのに対して，知的障害養護学校では「学級担任がほとんど一人で計画立案」する割合が約70％で最も多くを占めた。

④　保護者への説明・開示：

特殊教育諸学校全体で「見せていない」が28.8％，「希望があれば見せている」が21.9％であり，両者で過半数を占めた。全校種に共通した結果であった。

⑤　個別の指導計画の利用機会：

特殊教育諸学校全体で「日々の授業づくり」が80.5％で最も高く，次いで「学級・学部の会」が74.2％，「保護者との懇談の場」が67.2％であった。

特殊教育諸学校においては，個別の指導計画の作成が義務化された翌々年度の2001（平成13）年度には，特殊教育諸学校全校種を通じて86.5％の学校が何らかの形で個別の指導計画を作成していた。知的障害養護学校を除く学校では，学級担任と自立活動担当者の分担・協力による作成が主となっていたのに対して，知的障害養護学校のみ学級担任が主に作成する実態が明らかになった。自立活動の領域を各教科等と合わせて指導を行う知的障害教育では，学級担任が作成の主たる担い手となっているとみなせる。一方，作成した個別の指導計画は保護者に対して積極的に開示されておらず，保護者との懇談にて活用されるのみであった。特殊教育諸学校全校種を通じて日々の授業づくりや学級・学部の会での利用に供される実態が看取できた。説明責任を果たすためのツールとしての個別の指導計画の機能はまだ脆弱である（⇒本章1節2.）。

（2）第二期（2007年～2017年）

わが国のインクルーシブ教育システムを構築する上で，特別支援教育の充実は不可欠であるとされた（文部科学省，2012）。自立活動や個別の指導計画への関心や取り組みは，特別支援教育学校のみならず小学校等へ拡がることとなった。

そのような動向にあって，先行して個別の指導計画の作成と活用に取り組んできた特別支援学校ではどのような状況にあったのであろう。ここでは，この時期に知的障害特別支援学校における自立活動及び個別の指導計画作成の現状を調査した今井・生川（2013）の研究を引用し，その実態を概観する。

1）特別支援学校における個別の指導計画作成について

彼らは首都圏の1都3県の知的障害特別支援学校40校を対象に調査を実施

した。自立活動の指導において個別の指導計画を作成する学校は 69％であった。2003（平成 15）年の国立特殊教育総合研究所の調査では「すべての指導領域について作成する」割合が 65.4％と最も割合が高かったことから，この間に，個別の指導計画作成の対象がすべての指導領域から自立活動の指導にシフトする実態が示唆された。

　次に，自立活動に対する教師の課題意識についてである。課題意識調査として使用された 28 項目のうち，課題意識の得点が高い項目をあげると，「自立活動の指導に関する専門性の向上」であった。次いで「自立活動に対する教員間の意識の差があること」，「自立活動に関する専門性のある教員が少ないこと」，「児童・生徒に適した指導内容を取り入れること」，「適切な実態把握をすること」，「具体的な目標を設定すること」などが続いた。これらは，本章第 1 節で取り上げた個別の指導計画の構成要素である実態把握，指導目標及び指導内容の設定に関わることであり，個別の指導計画作成や自立活動の指導に関与する教師の専門性に関わることである。なお，調査対象地域が限定的であるため全国調査の結果との比較は控える。

　この時期に，知的障害特別支援学校以外に当該課題に関する調査は，あまり行われていない。肢体不自由特別支援学校における自立活動の現状と課題を明らかにした中井・高野（2011）は数少ない研究の一つであるが，調査実施時期は該当しないことから，ここでは論文の紹介にとどめる。

2）小学校等における個別の指導計画の作成について

　2008（平成 20）年 3 月告示の小学校学習指導要領等の総則では，第 4「指導計画の作成等に当たって配慮すべき事項」として，「(7) 障害のある児童などについては，特別支援学校等の助言又は援助を活用しつつ，例えば指導についての計画又は家庭や医療，福祉等の業務を行う関係機関と連携した支援のための計画を個別に作成することなどにより，個々の児童の障害の状態等に応じた指導内容や指導方法の工夫を計画的，組織的に行うこと。」（下線は著者による）とされた。文部科学省の特別支援教育体制整備状況調査によれば，小・中学校における個別の指導計画の作成実績は，2004（平成 16）年度で 18.4％であったのが，2006（平成 18）年度では 38.5％に達していた。一定の作成の実績があるとの判断から，小学校学習指導要領に「個別の指導計画」の用語は使用しないまでも，これを示唆する文言を入れたのである。

　図6－2は，特別支援教育制度へと転換後の2007（平成19）年度から10年間における個別の指導計画の作成率の推移を示したものである。2007（平成19）年度には前年度の38.5％から63.8％に飛躍的に高まるとともに，以降その割合は漸増し，公立の小・中学校のほぼすべてが作成するまでに至った。このことは，2017（平成29）年3月に告示された小学校学習指導要領等総則に，「自立活動」の積極的な導入及び「個別の指導計画」作成の規定として整備する実績となった（⇒4章2節3．を参照）。なお，図中の作成率は，作成する必要のある該当者がいない学校を除外したものであることを付記する。

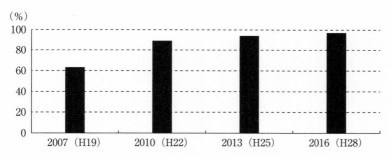

図6－2　公立小・中学校における個別の指導計画の作成率

＜注＞

1）養護・訓練の「内容」は，特殊教育諸学校で特別の指導として取り組まれている具体的な内容を，①細かく整理して大きく括り直し，これらの内容がその方法と関連していることが多いことから，②方法にまで言及する必要がない内容の表現という観点から整理された。その結果，内容として取り上げた事柄が抽象的な表現にならざるを得なかった（村田，1997）。このことから，養護・訓練が誕生した1971（昭和46）年の特殊教育諸学校学習指導要領の養護・訓練の指導計画の作成と内容の取り扱いでは，「個別にその指導の方法を適切に定める」ものとし，「個別に指導の方法」を取り上げることの重要性を指摘したものである。

　1989（平成元）年の学習指導要領の改訂では，「個別に指導の方法」は第3の「指導計画の作成と内容の取扱い」の1の規定から消え，新たに3に「具体的な指導方法を創意工夫」とされた（表6－1）。

　このことは，養護・訓練あるいは自立活動の領域特性との関連から解釈すると，予め指導内容が明示できない領域では，指導内容の設定に至るプロセスを明確にすることが必

要となり，個別に指導計画を作成する原則を優先せざるを得なかったものと考える。本来，指導目標及び指導内容は指導法と切り離せない。今日，個別の指導計画の作成が授業につながらない（⇒7章参照）との教師の声や，授業の実施段階における指導法の脆弱さが懸念される中で，今後，自立活動の指導法の位置付けや開発は喫緊の課題となっている（⇒11章参照）。

2）藤井（2001）は，個別の指導計画とアメリカ合衆国のIEPとの違いについて①作成者，②教育措置，③親の教育への参加，④作成方法，⑤記載される項目，⑥書式の観点から比較した。ここでは，作成者，教育措置，保護者の参加の観点から紹介する。まず，作成と教育措置である。個別の指導計画は特別支援学校就学後に，教員が作成する。これに対して，IEPは教育措置の決定以前にIEP会議で作成される。IEP会議の構成メンバーは，公的機関の代表者，子どもの担任教師，両親，本人（適切な場合），両親又は公的機関が推薦するその他の者である。IEP会議ではIEPの内容が確認され，親の同意が得られると教育措置の決定となる。学習指導要領においては，個別の指導計画作成過程に，保護者及び本人をどのように関与させるべきかの明確な規定はない。現実には，多くの学校では保護者，本人の要望等を聴取して作成することが多い。

（文献）

安藤隆男（2015）「自立活動の専門性の確保において現職研修が必要な背景」，全国心身障害児福祉財団編集，『新重複障害教育実践ハンドブック』

千葉県教育委員会（2001）「個別指導計画の作成とその実践―児童・生徒一人一人のきめ細かな指導をめざして―」

藤井和子（2001）「個別の指導計画とは」，安藤隆男編著『自立活動における個別の指導計画の理念と実践―あすの授業を創造する試み―』，川島書店

藤田和弘・柳本雄次・石部元雄・河合康・山本昌邦・西川公司・川間健之介（2000）「肢体不自由養護学校・病弱養護学校における養護・訓練の現状―実態調査による養護・訓練の実施・運営に関する分析―」，養護・訓練（筑波大学学校教育部心身障害指導相談室），3，107-116.

橋本創一・菅野敦・池田一成・林安紀子・大伴潔（1999）「知的障害養護学校における個別の教育計画および体育の授業の実状に関する調査研究」，発達障害研究，21（3），221-228.

北海道立特殊教育センター（1998）「個別の指導計画の作成と活用―子どもが変わる，授業が変わる―」

北海道立特殊教育センター（2001）「個別の指導計画「A to Z」ポテト先生の個別の指導計画作成の旅」

干川隆（2002）「個別の指導計画：考え方と枠組み」，熊本大学教育学部紀要，人文科学，第51号，

233-244.

今井善之・生川善雄（2013）「知的障害特別支援学校における自立活動の現状と教員の課題意識」，千葉大学教育学部研究紀要，61，219-226.

今津孝次郎（2017）『新版変動社会の教師教育』，名古屋大学出版会

石隈利紀・永松裕希・今田里佳（1999）「アメリカ合衆国における個別教育計画（IEP）に基づく障害児の援助モデル：学校心理学の枠組みから」，特殊教育学研究，37（2），81-91.

岩川直樹（1994）「教職におけるメンタリング」，稲垣忠彦・久冨善之（編著）『日本の教師文化』，東京大学出版会

片桐正敏・小泉雅彦・田近健太・長谷川眞優・寺尾敦・室橋春光（2009）「特別な教育的ニーズのある子どもたちへの IEP 実践の検討：北海道大学における IEP システムに基づく指導法の課題と可能性」，子ども発達臨床研究，3，9-28.

河合康（1997）「アメリカ合衆国全障害児教育法と IEP」，発達障害研究，19（2），12-23.

国立特殊教育総合研究所（2003）「盲学校，聾学校及び養護学校における新学習指導要領のもとでの教育活動に関する実際的な研究—自立活動を中心に—」報告書　全国盲聾養護学校における自立活動に関する実態調査

文部省（1971）「特殊教育諸学校小学部・中学部学習指導要領」

文部省（1992a）『特殊教育諸学校学習指導要領解説—養護学校（肢体不自由教育）編—』，海文堂出版社

文部省（1992b）『特殊教育諸学校学習指導要領解説—養護学校（病弱教育）編—』，東洋館出版社

文部省（2002）「特殊教育資料（平成13年度）」

文部科学省（2012）「共生社会の形成に向けたインクルーシブ教育システム構築のための特別支援教育の推進（報告）」中央教育審議会初等中等教育分科会特別支援教育の在り方に関する特別委員会

文部科学省（2007 ～ 2017）「特別支援教育体制整備状況調査」

文部科学省（2020）「特別支援教育資料（令和元年度）」

村田茂（1997）『新版日本の肢体不自由教育—その歴史的発展と展望』慶應義塾大学出版会

村田茂（2000）「養護・訓練の歴史的変遷とその意義」，肢体不自由教育，147，4-11.

中井滋・高野清（2011）「特別支援学校（肢体不自由）における自立活動の現状と課題（1）」，宮城教育大学研究紀要，46，173-183.

日本教育心理学会（1999）「準備委員会企画シンポジウム1　早期療育の「これまで」と「これから」を考える」，教育心理学年報，第38集，3-7.

瀬尾政雄（1998）『障害児教育とIEP（退官記念）』，筑波大学心身障害学系

東京都教育委員会（1997）「障害のある児童・生徒のための個別指導計画Q＆A」

植田佐知子・安藤隆男（2021）「自立活動の授業過程における肢体不自由特別支援学校教師の困難さへの対処と結果として獲得した内容」，特殊教育学研究，第59巻，第2号（掲載決定）

内海友加利・安藤隆男（2018）「教師の専門性と研修」，小林秀之・米田宏樹・安藤隆男編著『特別支援教育―共生社会の実現に向けて―』，ミネルヴァ書房

柳本雄次・藤田和弘・西川公司・山本昌邦・河合康（1991）「肢体不自由養護学校及び病弱養護学校における養護・訓練の現状―実態調査による指導内容・方法等に関する分析―」，養護・訓練研究（筑波大学学校教育部心身障害指導相談室），4，67-75.

7章 個別の指導計画の作成現場における課題

[1節　個別の指導計画の作成現場における課題の分析]

1.「つながらない」「確信がない」とは

　1999（平成11）年に特殊教育諸学校において個別の指導計画の作成が義務化されて以降，作成の現場からは，「つながらない」，「確信がない」という教師の声を聞く。今なお全国の教師から漏れることばである。一体どういうことなのか例をあげよう。

　「つながらない」に代表される例は，個別の指導計画を作成したが授業に生かされていないということであり，個別の指導計画を作成しているが前年度の指導とつながらないということである。「確信がない」に代表される例では，個別の指導計画を作成しているが，実態把握が的確であったのか，設定した指導目標，指導内容が適切なのか確信がないということである。このことは，個別の指導計画を作成する教師から課題としても指摘されたところである（今井・生川, 2013）。

　個別の指導計画の作成をもって，この子どもになぜこの指導なのかの説明責任を果たすわけだが，確信がない中での保護者等への説明は，教師にとって精神的な負担感を強く意識させられる事態とみなせる。

2. 「つながらない」「確信がない」の背景要因

　ここでは，まず「つながらない」，「確信がない」ことの背景について探りたい。
（1）「つながらない」の背景要因を探る
　「つながらない」の背景要因として，第一に学校組織の特性をあげる。学校組織は，その成員が独自性と分離性を有する構造，すなわち成員間のつながりがゆるやかな疎結合的組織（loosely coupled system）（油布,1988；Orton & Weik,1990）であるため，教師の行動を組織目標の達成に向けて収斂させにくいとされる（佐古,1990;1996）。個別の指導計画は多くは担当教師が1年をスパンに作成することから，複数年にわたる指導の継続性や一貫性が確保しにくい。特別支援学校は成員が多く巨大化し，かつ組織構成が複雑である[1]ことから，学校組織として成員間の機能的なつながりを確保することは容易ではない。そのため，個別の指導計画作成の主体である各学校は，疎結合的組織が内包する「つながらない」弱さを自覚し，個別の指導計画システムを構築することが求められる。
　第二に，自立活動の特性をあげる。自立活動では，授業過程としてのデザイン―実施―評価・改善のうち，デザイン機能がとりわけ重要となることを指摘した（⇒第5章1節2.）。個別の指導計画は，授業の実施や評価・改善につながる授業のデザイン機能を担うものである。授業の実施や評価・改善の成果や課題は次年度の個別の指導計画に反映されることになる。個別の指導計画作成が授業の過程につながらない背景には，作成の義務づけによる作成の目的化や，自立活動の特性に対する理解の欠如が想定される。個別の指導計画作成は，授業の各過程につながってこそ意義がある。
（2）「確信がない」の背景要因を探る
　個別の指導計画は，子どもの実態の把握，指導すべき課題の抽出，指導目標・指導内容の設定の要素から構成される。これら要素は，実態の把握⇒指導すべき課題の抽出⇒指導目標・指導内容の設定の段階を経て，授業の実施，評価・改善に移行することとなる。このように個別の指導計画の各段階は，教師の専門性に基づく解の導出事態といえる。教育的診断による計画の立案を経て教育的営為につながる一連の過程は，医者の診断・治療の営為に近似する。両者の

違いをあげれば，医者の診断としての解は原則として唯一の絶対解であるのに
対して，教育的診断である実態把握には，唯一の絶対解はない。10 人の教師
が導き出す解は，基本的にすべて異なるのである。課題の抽出，指導目標・内
容の設定においても同じことが起こる。

　安藤（2000）は，障害児教育を専攻する大学院生を対象に，重度・重複障害
の児童の映像を視聴させ，実態把握とこれに基づく養護・訓練の指導目標を設
定する実験を行った。参加者は，①個人条件で子どもの実態に関わる情報を映
像から収集し，実態の把握と指導目標の設定を行うとともに，②個別に収集し
た情報を持ち寄り，複数者による集団条件で実態の把握と指導目標の設定を
求められた。図 7 － 1 は，5 人の参加者が協議して設定した指導目標（図では
A0）と参加者が個別条件下で設定した指導目標（A1 ～ A5）の類似性を分析
したデンドログラムである。同一対象で得られた指導目標は，比較的類似性が
高いものはあるものの，基本的には同じものはなく，個人間にばらつきがある
ことを看取できる。この結果は，参加者の数だけ異なる指導目標が立てられる
ことを示唆するものである。

　次に，実験に参加した 5 人に対して，次のようなちょっと意地悪な質問をし
たと仮定しよう。図 7 － 1 を示して，「皆さんが設定した指導目標はすべて異
なる結果となりました。どなたの指導目標が正しいのかを教えてください」と
尋ねたら，参加者はどのような反応をするであろうか。おそらく誰一人自分の
指導目標（解）が正しいとは申し出ないであろう。なぜなら，正解であること
を何人も根拠に基づいて証明できないことを理解しているからである。

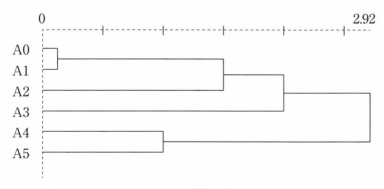

図 7 － 1　指導目標の類似性

　以上のように，教師は唯一の絶対解がない中で職務上，解の導出が求められる。これは教育の場における特性である，不確実性（uncertainty）との関連を指摘できる。教育の場において教師は，つねに様々な課題に向き合い，適宜その解決に当たり解を導き出さなければならない。しかし，導き出した解が正解であるかどうかは分からない。確信が得られない解をそれぞれ導き出すことに加え，この解をもって保護者等に対して説明することの困難さや負担感を指摘できる。このことは特別支援教育に携わる教師であれば誰も免れることができないし，特定の障害あるいは場に限定されるものではない。

　翻って，教育の場の特性としての不確実性の否定的側面のみを誇張することは避けなければならない。教育の場に身を置く者は，不確実性ゆえに教育実践の創造的性格と探求的性格を導き出す側面も積極的に評価すべきであろう（佐藤，2003）。現代社会では既存の常識や規範は思考・行動の前提とならず，むしろこれを超えた多様性に依拠することが尊重される時代となっている。唯一の絶対解を求めるのではなく，解の導出に至るプロセスに着目した思考様式の開発が期待されるのである。

［　2節　複数の教師が関与する個別の指導計画の作成　］

　自立活動の成立及び個別の指導計画作成義務化以前の 1990 年代から今日に至る現状を整理すると，個別の指導計画作成は，基本的に複数の教師が関与して作成する実態にあるといえる。一つは，学級担任と自立活動の時間における指導を担当する教師（例えば，自立活動部や自立活動専任）との連携に基づく形態であり，もう一つは，主に複数の学級担任をもって構成する形態である。養護・訓練の時代から時間の指導を設けてきた視覚障害，聴覚障害，肢体不自由，病弱の特別支援学校では前者を，自立活動を含む領域・教科を合わせた指導として，主に複数の学級担任により指導を行ってきた知的障害特別支援学校では後者を，それぞれ採用する実態を指摘できる。教師一人による個別の指導計画の作成事態は，不確実性による確信のなさに由来する心理的な負担感，解の偏り及び質低下のリスクを仮定しなければならない。これを回避するために，

作成の主体者である各学校は，複数教師が関与する形態を採用すると考えられるのである。

　複数教師が関与する形態は，各学校の説明責任を果たす上で，また教師集団の自己教育力の向上の各目的（⇒6章1節2.）に合致するもので合理性がある。一方で，複数教師が関与して作成する事態は，次の課題があることを確認しておかなければならない。

1．複数者が関与した解の導出は唯一絶対解につながるか？

　改めて図7－1を参考されたい。A0はAグループ5人が協議をして導き出した指導目標である。A0は相対的にA1の指導目標に類似するものの，個人条件下で設定されたA1からA5とは異なるものであることが読み取れる。これをもって，指導目標A0が個人条件下で設定された指導目標を差し置いて絶対解となりうるであろうか。残念ながら，教育の場の特性である不確実性下においては，複数教師が関与したことをもって正解と断じることはできないのである。したがって，複数教師が関与する個別の指導計画作成の形態を取りつつも，説明責任を果たしうる考え方と手続きの開発が求められるのである。

2．複数者による解の導出事態は成員にどのような影響を及ぼすか？

　これまでの小集団（small group）の研究で，複数者による解の導出，すなわち集団討議を実施する上で興味深い知見が提供されてきた。
　（1）集団における同調圧力について
　同調圧力（peer pressure）とは「地域共同体や職場などある特定のピアグループにおいて意思決定，合意形成を行う際に，少数意見を有する者に対して，暗黙のうちに多数意見に合わせるように誘導する」ことである。特別支援学校では複数担任制を導入することが多く，学級担任集団が個別の指導計画作成の際のコアグループとなろう。学級経営上の継続性を確保するために，年度切り替えに当たり，一般的には半舷上陸の考え方により構成員が決定されることになる。前年度の担任を必ず残し，新たに担任を迎えるという考え方である。
　このように流動性の高い集団事態では，独自の規範が形成され，新参者はこ

れに同調するよう圧力がかかると考えられる。とりわけ，引き続き担任となった者の言説は無視できない。同調圧力が強い集団での合意形成過程には，個人の独断や予断のリスクが潜むことを認識しなければならないのである。

（2）社会的手抜きについて

　社会的手抜き（social loafing）の問題である。ある課題を複数者で遂行する場合，遂行過程で社会的な損失がないとすれば，課題達成度は人数に比して増すことになる。例えば，4人の参加者に対して個別に綱を引く課題に臨むよう指示された実験で，A は 30kg，B は 35kg，C は 40kg，そして D は 45kg の結果を得たとする。それぞれを合わせると 150kg となる。次に4人一緒に綱を引く課題に臨んだとすると，どのような結果になるであろう。結論は，個別条件での結果から期待される 150kg に達することはないということである。このことは，一人一人が集団事態で社会的な手抜き（social loafing）を行う可能性を示唆するものである（例えば，Latane,Williams, and Harkins, 1979；釘原，2014）。集団事態で個人の努力が潜在化すると，たとえ教師集団であっても社会的手抜きが起こりうることを示唆するものである。

（3）集団極化の現象について

　集団で討議すれば，誰もが納得する結論となるであろうか。一般的には集団での討議は，民主的であるとみなされるがそうであろうか。「横断歩道，みんなで渡ればこわくない」のようなことは，日常的に観察できる。

　集団事態は，個人に比べてよりリスキーな志向になるといわれる。これをリスク偏向（risky sift）と呼ぶ。討議に参加する個人がリスキーな案を有していれば，全体の討議を経て結論が極端にシフトする集団極化（Group Polarization）が起こるとされた（例えば，Moscovici & Zavalloni, 1969）。多数が受け入れがたい結論であっても，民主的な手続きを踏んだことによる権威づけ authorize がなされる危険性を指摘できるのである。

　さらに，この現象に，集団サイズ（group size）が影響を及ぼすとされる。集団サイズが大きくなるほど集団極化を強める（亀田，1997）との指摘である。

　特別支援学校における複数教師による個別の指導計画作成事態にあっても，これらの現象は起こりうることを留めておかなければならない。

[　3節　教師の職務多忙化と職務としての個別の指導計画の作成　]

　教師の職務多忙化については，学校での長時間勤務や休日出勤などの問題として指摘されている。子どもの障害が重度化，重複化及び多様化する中で，特別支援教育では，新たな教育的ニーズに対応するため，自立活動領域の成立や個別の指導計画作成の義務づけに至ったといえる。加えて，特別支援教育の担当教師の職務は，学校教育の枠組みを超えて保護者，医療関係者及び地域の福祉・労働関係者との連携，あるいは協働へと拡大している[2]。今日では就学前，学校在籍時，卒業後の生涯を見通した個別の教育支援計画の作成が義務づけられることとなったのは周知のことである。

　職務の無境界性は，教師をして多忙感を自覚させる一因となりうる。

　職務に対する多忙感には，個人間に差異がある。新たな職務としての個別の指導計画の作成を，自らの職務にどのように意味づけるかによる差異である。例えば，個別の指導計画作成について，ある教師は，「特別支援教育を担う教師は一人一人の子どもを起点に指導を創造するのだから作成は当たり前である」ととらえ，別の教師は，「それでなくても取り組むべき仕事が多いので作成が義務だからといわれても困るよね」ととらえたとしよう。両者には自分の職務におけるプライオリティに違いがあると解釈できる。前者は職務の中心に，後者は職務の中心ではなく周辺に，それぞれ意味づけるものである。個別の指導計画作成において同じ時間を費やしても，両者の多忙感は大きく異なる。すなわち，多忙感と職務の周辺性・中心性（藤田・油布・酒井・秋葉, 1995）の認知は，密接な関連を指摘でき，それゆえ，複数教師間において，職務としての個別の指導計画作成の目的の明確化と共有化を図ることが求められるのである。今日，時間外や休日勤務などの長時間化により，職務の多忙な状況（タイム・プレッシャー time pressure の強い状況と呼ぶ）が指摘されている[3]。目的の明確化や共有化がなされない状況において，複数教師が関与する個別の指導計画作成は多忙感に支配される。このことは，作成の強制感に起因する職務の形骸化を招来する可能性が指摘できるのである。

＜注＞

1）学校教育法第76条では，第１項において小学部，中学部を置かなければならないこと（特に必要がある場合は，いずれかの設置でもよい）を，第２項において幼稚部，高等部を置くことができることをそれぞれ規定している。加えて，第58条第２項の専攻科，第78条の寄宿舎の設置を規定している。これら規定から特別支援学校は，多くの部から構成され，年齢幅のある幼児，児童，生徒が在籍する。そして幼児児童生徒の学習指導等を担う教師及び寄宿舎における日常生活上の世話，生活指導を担う寄宿舎指導員（第79条）まで多くの教職員が指導に関与している。2019（令和元）年度における特別支援学校の数は1,146校で，本務教員と兼務教員は91,456人，寄宿舎指導員4,360人であった。一校当たりの教職員数は，91.5人であった（文部科学省，2020）。

2）教師の仕事の特徴の一つとして，佐藤（2003）は「無境界性（borderlessness）」をあげている。これは，例えば，子どもの問題行動への対処と援助として家庭や地域の問題にまで踏み込まざるをえないことであり，地域の文化やスポーツの問題では土日休日返上して活動に従事することである。特別支援教育では多様な教育的ニーズに適切に対応するために，多様な外部専門家との連携が欠かせない。この分野における独自な「無境界性」の側面を指摘できよう。無境界性は，職域と責任の拡大をもたらし，専門性の空洞化を導くとされた（佐藤，2003）。

3）文部科学省の教員勤務実態調査によれば，2016（平成28）年度における小学校教師の平日の一日当たりの学内勤務時間(持ち帰り時間は含まない)は，11時間15分(10時間32分)であった。（　）内は2006（平成18）年度の統計であり，これと比較すると43分増加した。中学校教師では11時間32分（11時間０分）で32分増加した。次に，土日の一日当たりの勤務である。小学校教師は１時間７分（０時間39分），中学校教師は３時間22分（３時間５分）といずれも増加した。年齢別に着目すると，若い世代ほど勤務時間が長い。小学校教師では30歳以下で11時間45分（11時間22分），中学校では12時間8分（11時間51分）であった。最も短い50歳代に比べいずれも約１時間長い。勤務時間を指標にした場合，教師，とりわけ若い世代ほどタイム・プレッシャーが強くなっている状況といえる。

（文献）

安藤隆男（2000）「重複障害児の養護・訓練における個別の指導計画作成に関する基礎的研究」，平成10年度～平成11年度科学研究費補助金（基盤研究（C）(2)）研究成果報告書

藤田英典・油布佐和子・酒井朗・秋葉昌樹（1995）「教師の仕事と教師文化に関するエスノグラフィ的研究―その研究枠組みと若干の実証的考察―」，東京大学大学院教育学研究科紀要，35，439-446.

今井善之・生川善雄（2013）「知的障害特別支援学校における自立活動の現状と教員の課題意識」，千葉大学教育学部研究紀要，61，219-226.

亀田達也（1997）『合議の知を求めて―グループの意思決定―』　共立出版

釘原直樹（2014）『人はなぜ集団になると怠けるのか』　中公新書　中央公論社

Latane,B.,Williams,K., & Harkins,S.（1979）Many hands make light the work: The causes and consequences of social loafing. *J. Pers. & Soc.Psychol.*,37, 822-837.

文部科学省（2018）「教員勤務実態調査（平成28年度）（確定値）について」，文部科学省，2018年9月27日，（2021年5月12日閲覧）

文部科学省（2020）「特別支援教育資料（令和元年度）」

Moscovici,S.& Zavalloni,M.（1969）The group as a polarizer of attitude. *J.Pers.& Soc.Psychol.*,12, 125-135.

Orton,J.D. & Weick,K.L.（1990）Loosely coupled systems: A Reconceptualization. Academy of Management Review, 200-223.

佐古秀一（1990）「学校組織の構成次元抽出とその複合性に関する実証的研究」，鳴門教育大学研究紀要，5，321-336.

佐古秀一（1996）「学校の組織特性と教師」　蘭千壽・古城和敬編　『教師と教育集団の心理』　誠信書房

佐藤学（2003）『教師というアポリア―反省的実践へ―』，世織書房

油布佐和子（1988）「教員集団の実証的研究」久富善之編『教員文化の社会学的研究』多賀出版

8章 個別の指導計画システムの理論的枠組み

[1節　不確実性の高い状況下で説明可能な個別の指導計画システムをどのような概念をもって構築するか]

1．手続的正義 procedural justice の概念の導入

　図8-1の左側には，一般的な個別の指導計画作成の手順を示した。段階1では実態を把握し，これに基づいて段階2では指導すべき課題を抽出する。段階3では指導目標及び指導内容を設定するという手順である。この後，授業計画の作成と授業の実施，評価・改善に至る。

　流れ図としてはこの順に相違はない。しかし，保護者等に対してなぜこの指導なのかを，各段階で得た解をもって説明するときに大きな壁が現れる。教師は手順に沿って，把握した実態から順次説明するであろう。実態把握の説明を終えると，保護者はすかさず，「先生，うちの子の実態は違います」と言ってくるかも分からない。不確実性が高い教育の場においては，導き出す解は絶対解とはなり得ない。誰が関与したのかによって解が異なるからである（⇒7章）。解に対する確信が得にくい若い教師であれば，段階1の実態把握の説明を終えたあとは，保護者の解の「説明」に耳を傾けざるを得なくなるであろう。

（1）結果モデルからプロセス・モデルへ

　以上のように，各段階での解に基づくモデル（ここでは「結果モデル」と呼ぶ）では，関係者に対する説明がむずかしい。確信がない中での説明においては，図8-1の右に示したように，各段階において，誰が，何を根拠に，どの

ような手続きにより解に至ったのかのプロセスを明示するモデル（ここではプロセス・モデルと呼ぶ）を採用することである。

　図8－2は，改めてプロセス・モデルとして提起したシステムである。後述するように，解をもって説明するのではなく，情報は誰が，どのような場で得たものか，得られた情報をどのように収束させたのかのプロセスが分かると，解は否定されることなく，説明に耳を傾けてくれるであろう。

（2）手続的正義：能率性とのジレンマ

　複数者で何かを決める際に，情報を収集し解を導出する一連の手続きが不可欠となる。情報の収集方法や決定の仕方という手続きの公正さを手続的正義という[1]。手続的正義は，以下に示す意思決定論とともに，本書における核心的な概念と位置付ける。プロセス・モデルに基づく個別の指導計画システムは，これに依拠するものである。

　手続的正義は，組織における正義を語る上で重要である。一方で，組織は目的達成にあって能率性を求めなければならない。営利を追求する企業であればなおのことである。手続きと能率の葛藤である。

　学校組織では多忙化が進み，教師にとって新たな職務は周辺化し，効率的な対処方略を取りやすくなる。時間のかからない，簡便な方略の志向である。新たに個別の指導計画作成が義務づけられた小学校等においては，通常の学級担任教師の作成に対する多忙感・負担感，職務周辺性，不安感をいかに解消するのかが課題とされた（池田・安藤，2012）。説明責任を果たすためには，必須の手続きと必要なコストは省いてはならない[2]。手続的正義に触れる経験とその作業は，教師の職能成長と教師集団の自己教育力の向上をもたらすことになるからである。

2．個別の指導計画の再定義と授業システムとの接続

　個別の指導計画は，一人一人の子どもの主体的な学習を具現するための授業デザインの機能を有す。授業とつながってこその機能である。個別の指導計画システムと授業システムとして図8－2に示した。

（1）個別の指導計画システムの再定義

　ここで提起する個別の指導計画システムは，実態の把握と課題の抽出までと

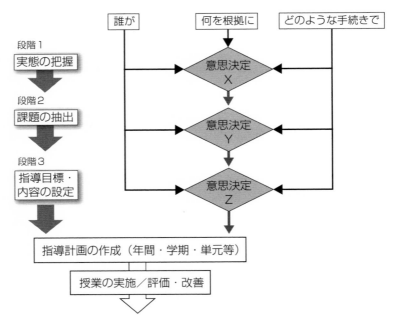

図8−1　個別の指導計画作成のプロセス・モデル

し，指導目標及び指導内容の設定は授業システムに位置付けた。個別の指導計画システムでは複数教師の関与による専門的営為であることを，授業システムでは原則として教師個人の専門的営為であることを前提とした。前者は学校が作成主体であること，後者は授業が各教師の責任において実施されることを踏まえたものである。

（2）教育評価の各機能の積極的な位置付け

　授業システムとの関連から，個別の指導計画システムを再定義し，プロセス・モデルとして位置付けた。誰が，何を根拠にして，どのような手続きをとると，どのような解の導出に至ったのかのプロセスが可視化され，結果モデルに比べて一連の説明が可能となるからである。

　しかし，教育の場の特性である不確実性の下では唯一の絶対解がないことから，解の確度をどう確保するかの課題は残る。このことへは，教育評価の形成的評価（formative evaluation）の機能に着目した。個別の指導計画システム

において抽出した課題に基づいて設定した指導目標及び指導内容をもって試行的授業を実施し，得られた情報（授業記録）を実態把握や抽出課題にフィードバックする。試行的授業での情報の追加で，実態把握，課題の修正を意図するものである。個別の指導計画システムにおける実態把握，課題，そして授業システムに架橋する指導目標及び指導内容を試行的授業により修正を行うことで，それらの確度を高めることが期待できるのである。個別の指導計画は作成が目的ではなく，授業の計画，実施，評価・改善のシステムに接続してこそ意義があることを改めて確認する。

　なお，教育評価における診断的評価（diagnostic evaluation），総括的評価（summative evaluation）もそれぞれのシステムに位置付け，一人一人の子どもの教育的ニーズの把握と主体的な学習の実現を目指すものである。

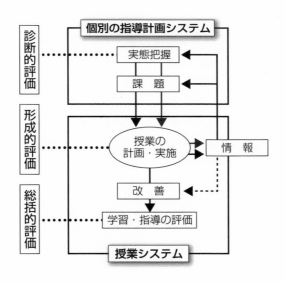

図8－2　個別の指導計画と授業の接続

[　2節　個別の指導計画の構成要素である実態の把握，課題の抽出，指導目標及び指導内容の設定をどのような概念で解釈するか　]

1. 意思決定 decision making 概念の導入

（1）意思決定の定義

　本書におけるもう一つの核心的概念が意思決定である。意思決定とは，複数の選択肢の中から，最適と思われるものを選ぶことである。心理学分野では，大きく次の二つの理論に分けられる。規範的意思決定理論と記述的意思決定理論である。規範的意思決定理論で扱うモデルは，決定はかくあるべしという決定の手続きをモデル化するものである。記述的意思決定理論が扱うモデルは，実際の人間の決定行動をモデル化するものであり，記述モデルである（印南，1998）。

　意思決定は，単に選択することを意味するものではなく，因果関係を判断し，将来を予測し，価値や好みに基づいて評価する，高度な認知活動である（印南，1998）。このような認知活動に対して，規範的意思決定論では，問題の定義，評価基準の発見，基準間の重み付け，選択肢の生成，評価基準に基づいた選択肢の評価，最適な決定の計算，選択肢の選択，の手続きが取られるべきであるとされる。各手続きの具体化は可能であるとの前提に立ち，前提を満たし所要の手続きを取ればすぐれた意思決定となるとの立場をとっている。伝統的な学問モデルともいえる。しかし，印南（1998）によれば，依拠する根拠は演繹的論理により導かれており，実証性に欠けること，前提要件がどの程度満たされているのかが不明であること，さらに実際にこのような意思決定ができるかどうかは問題にしていないことから，この理論の下での意思決定がすぐれたものであるかどうかに疑問を投げかけている。これに対して，記述的な意思決定論は，人間が実際にどのような意思決定をするかについて実証的に記述する立場をとる。

　本書では，個別の指導計画の各要素における解の導出を，基本的には記述的意思決定論の立場に依拠するものである。

（2）複数者による集団的意思決定モデル

　意思決定は，個人，集団，集団間において行われる。そこで個別の指導計画

に関わる意思決定は誰が行うのかを確認する。

　個別の指導計画の各要素における意思決定は，複数教師により行われてきた。集団による意思決定は，個人に比べて情報の質（視点の多角化），量においてすぐれている。各学校が個別の指導計画をもって説明責任を果たす観点からも，複数者による集団的意思決定を前提にしたシステムは合理的である。

　方法論の提起に当たっては，第5章の自立活動の領域特性，第7章において指摘した諸課題，すなわち疎結合性や不確実性に基づく課題（1節），同調圧力，社会的手抜き，集団極化の課題（2節），及び職務中心性につながる教師の主体的関与（3節）を考慮するものである。

2．個別の指導計画作成における集団的意思決定の前提要件

　個別の指導計画作成において効果的な集団的意思決定を行うための前提要件を整理する。図8－1に示した誰が，何を根拠に，どのような手続きによるのかに関わることである。

（1）集団構成と規模 group size　＜誰が＞

　これまで特別支援学校の現場では，主に複数教師が関与することが明らかにされている。学級担任と自立活動の時間の指導を担当する教師等で構成するか，複数の学級担任教師で構成するかに大別できる。誰が参加すべきかについて，私たちはどのように考えればよいのであろうか。

　対象となる子どもに係る貴重な情報を分有する者であることを必須要件とする。加えて，集団集団サイズ（group size）も考慮すべき要件となる（例えば，Steiner,1972）。集団サイズは，①個人の意見表明に影響を及ぼすなど決議の規定因となり得ること（例えば，足立・石川，2003;足立・石川・岡本（2003））や，②人数の増加は集団の情報量を増やすことになるが，一定数を超えると増加に見合った知識・情報の質と量が低減することから，複数者が関与した意思決定を行う場合は，7名前後（±2）が適当とされる（印南，1998；高橋，1999）。

（2）討議のルール化　＜何を根拠に＞

　集団的意思決定におけるルール作りは次のような効果が期待できる（岡本・足立・石川，2006）。

　第一は，集団内において弱い立場，あるいは少数派の意見表明の機会を確保

することである。集団内にあって個人の属性や立場を問わず意見表明や情報提供の確保は，集団活動への動機づけとなるのである。

　第二は，ルール化は決定手続きにおける人への依存を低減することである。確認されたルールは簡潔に文書化して共有することも一考である。人事の流動化が大きい学校組織においては，過度に教師に依存するのではなく，決定手続きのルール化により効率的な結論を導くことが期待できる。

　どのような手続きをとるかについては，9章で取り上げる。

3．実態把握段階における前提要件の整理

　実態把握とは，教育評価の診断的評価（diagnostic evaluation）と同義とみなせる。授業の実施へ架橋する授業のデザイン機能を担う。ここでの複数者による情報の収集と情報の収束の前提を確認する。

（1）情報収集のルール化と技法

1）情報収集のルール化

　情報とは，個人，集団，そして組織全体に，具体的な行動をとらせるように仕向ける刺激とされる。子どもの実態の把握につながる情報を的確に収集することが重要となる。情報の収集に当たり，作成者間で共有すべきルールをあげる（古川，1996）。

　① 　信頼性

　　複数教師で実態把握を行う前提として，児童Aの情報は指導に当たる各教師によって分有されていることを確認する必要がある。「あの先生は初任だから」のように，教職経験などの教師の属性によって情報の価値・重み付けをしてはならない。授業者として児童Aと接する教師だからこそ有する貴重な情報，すなわち当事者情報（man on the spot）があるという考え方である。貴重な情報を保有する教師同士であるとの相互の信頼性に立つものである。

　② 　正確性

　　情報の正確性や客観性に関わることであり，情報の確度を確認するものである。上述のように，教師の教職経験などの属性は実に多様であり，当然専門性にもばらつきがある。このばらつきは，情報の正確性に大きく影響を及

ぼす。教師の属性に依存しない分有情報の提供を尊重しつつ，しかし提供される情報の確度をいかに上げるかの問題である。

　このことにより，分有情報ははじめて共有情報へと変換され，情報の収束に移行可能となる。

③　適切性

　情報は量ではなく，問題解決等に寄与するものである。人は不確実な状況下での意思決定を行う場合，ともすると多くの情報を収集することに傾注しやすい。たとえ多くの情報を収集したにしても，収束の負荷が高いことから，活用されることはない。すぐれた意思決定に導くためには，問題解決に寄与する適切な量の情報を収集することである。

2）情報収集の考え方と発散技法

　道行く人にボールペンを示しこれは何かと問えば，圧倒的に書くものであるとの回答を得るであろう。このようにあるものをその機能をもってとらえることを機能固定という。一方，ボールペンは状況によっては様々な用途がある。教室で指し棒に使うこともある。背を掻くときにも便利である。書くものであるボールペンは状況によっては，多様な機能が付与され重宝に使われる。機能固定は，新たなものを創出する上で障壁になるといわれる所以である。

　私たちは実態を把握する際に，この子はこういう子だからと見切ることはないだろうか。情報収集における機能固定は，情報に基づく意思決定プロセスにゆがみや偏りをもたらすことにつながる。情報収集におけるリスクの回避は不可欠であり，各教師が分有する当事者情報を可能な限り収集するために発散思考（divergent thinking）[3]に注目する。

　図8-3に示したように，発散思考に基づく発散技法は，自由連想法，強制連想法，類比発想法がある（例えば，高橋，1999）。自由連想法は，あるテーマ，課題について思いつくままに自由にアイデアや意見をあげるものである。制限をかけずまずは思いつくままに多くの情報等を集めることが重視される。強制連想法は，あるテーマ等について特定の方向を示して考えをまとめるものである。連想の方向を制限することで，思考を集中させることが期待できる。類比発想法は，テーマと本質的に似たものをヒントとするという決まりに基づくもので，強制連想法をもっと徹底した考え方である。

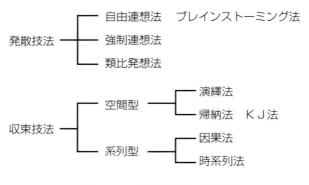

図8−3　発散技法と収束技法

　本書では，情報収集のルール化として指摘した適切性を考慮し，情報の収集に一定の制限をかけることとする。実態把握の意思決定プロセスにおける集団討議を効率化するために，情報量のコントロールを行う強制連想法，あるいは類比発想法の考え方に依拠するものである。具体的には，自立活動の特性を踏まえ，自立活動の「区分」に着目する。

　なお，制限された情報に基づいた簡便な認知方略,すなわちヒューリスティック（heuristic）における非合理性が指摘されている[4]。これをどう解消するのかの説明が求められる。ここでは，自立活動の領域特性を踏まえるとともに，個別の指導計画作成過程において「区分」はきわめて重要な概念であることを理由としてあげるものである。

（2）情報整理の考え方と収束技法

　次に，収集した情報をどのような考え方に基づいて整理するか。得られた情報からどのように実態把握につなげるかの問題である。基本的に発散技法により収集した情報は，収束思考とその技法によりまとめられる。

　本書では，収束技法はKJ法を用いるものである。KJ法は，フィールドリサーチにおける研究方法論から出発したものである。創案者の川喜田二郎のイニシャルからKJ法と命名された。収束技法の空間型で，帰納法のカテゴリに位置づく（図8−3）。混沌とした問題状況に対して，関連する情報を収集し，整理・構造化することで，問題状況の全体像やその部分（島）同士の関係性を鮮明にすることができることから，創造性の開発技法としても活用されている。

問題が複雑化する学校教育現場においても活用機会は増えている。

４．課題の抽出段階の前提要件の整理

　課題とは何か，どのように導くのかについてである。
（１）定義
　指導すべき課題とは，便宜的に「自立活動の指導として外せないポイント」とする。手続的には，把握された実態から抽出され，そして指導目標及び指導内容へとつなぐ役割を担うことによる。
（２）課題抽出の手続
　学校教育現場では基本的には，１年を指導期間として想定されている。しかし，課題は，次の要件により，構造化することが求められる。
１）長期的な指導を展望した課題の設定
　自立活動の領域特性を踏まえ，トップダウン型思考やその手続の必要性を指摘した（⇒５章図５−５を参照）。逆向き設計の考え方に立ち，教師の時間的な展望や学校教育制度を考慮して，３年先の課題（発展課題）を想定することを提起したものである。発展課題は１年の指導を想定した中心課題との関係から設定される[5]。
２）授業システムに架橋する課題の設定
　子どもの把握された実態から，１年の指導を想定して課題（中心課題）を抽出したのちに，指導目標及び指導内容に落とし込むための課題（基礎課題）を設定する。この課題は，中心課題をより具体化したものである[5]。
　これら課題は構造化され，その関係性は課題関連図として可視化される（⇒９章図９−３から図９−５を参照）。

＜注＞
1）法とは何かに対して，手続きであるといわれる。法にとって手続きはきわめて重要であり，法的正義とは手続的正義を意味している（渡辺，2021）。同じように，組織や集団での意思決定において手続きは重んじられるべきであるとされる。
2）ハイブリッド車ということばを知らない方は少ないであろう。ハイブリッド車とは，複数の動力源を有す自動車の通称である。基本的に，動き出しにモーター（電気）を使い，

一定速度になればエンジン（ガソリン）に切り替え使用する。静止した1トンの車を動かすには相当のエネルギーを要するため，この役割をモーターに担わせ，動き出したらガソリンの消費が少なくなるエンジンに駆動を委ねるものである。その結果，これまでのガソリンエンジン車に比べて，飛躍的に燃費が向上した。温暖化ガスの排出を抑え，かつ経済的であることから多くのユーザーに支持されている。

　個別の指導計画の作成においても，ハイブリッド方式は示唆的である。動き出しはしかるべき手続きを取り，動き出したら別の手続きに切り替える方略である。動き出しに求められる手続きは最低限のコストをかけ，動き出したら最小限のコストで運用するシステムの開発である。作成（動き出し）を3年ごとに仮定すれば，動き出しの時間的負担感は低減できる。個別の指導計画を3年スパンで作成することなどは，この発想の一つであろう（⇒5章の図5－5「逆向き設計」を参照）。

3）問題解決の過程では，一般的に二つの思考方法が用いられる。一つは，発散思考である。様々な方向に思考を働かせることで，多様な発想を得ることである。自由な雰囲気の下で，意見やアイデアが出せることを重視する。本文中に概説したように，図8－3のように分けられる。もう一つは，収束思考である。所与の条件から一つの解決策や解答を得ることである。発散技法と収束技法とは，これら思考法に基づく手法である。全く異なる思考法であるが，問題解決に当たっては，二つの思考法を巧みに使いこなすことが大切である（安藤，2001）。

4）ヒューリスティック（heuristic）とは，数少ない情報や情報の中から典型的な内容に基づいて判断することである。大量の情報処理の負荷やそれに費やす時間の節約につながる。このため，個人の意思決定においては，比較的よくとられる簡便な意思決定方略であるといわれる。個人の方略として適応的であっても，集団では大きな過ちに導くこともあり得る（田尾，2010）。

5）筑波大学附属桐が丘養護学校（1991，1992）では，入院部小学部高学年学部研究として，①実態の把握，問題関連図作成と中心課題の設定，②各授業の指導目標・内容の設定と構造化，③指導実践と検証，④各授業の評価と評価一覧の作成，⑤評価一覧をもとに年度末ケース検討会，から構成した個別指導計画作成のシステムを提案した。情報の収集，情報の収束，収束結果としての子どもの実態を可視化した問題関連図の作成と課題の抽出，そして指導目標及び指導内容へとつなぐ考え方と手続きを明示した。課題は，中心課題，基礎課題，発展課題から構成し，その関連は課題関連図とした。問題関連図から抽出した中心課題は1年をスパンに指導を展開する上でポイントとなる。基礎課題は，中心課題を形成するより具体的な課題で，指導目標及び指導内容の設定に関わるものである。発展課題は，中心課題を踏まえつつその先3年後の課題となるものである。管見の限りでは，個別指導計画システムに関わる提案とこれに基づく組織的な展開として初

めての取り組みであろう。

（文献）

足立にれか・石川正純（2003）「集団意志決定の落とし穴」岡本浩一（編著）『リスク・マネ
　ジメントの心理学』　新曜社

足立にれか・石川正純・岡本浩一（2003）「決議の規定因としての発話態度，決定ルールお
　よび集団サイズ」，社会技術研究論文集，1，278-287.

安藤隆男（2001）『自立活動における個別の指導計画の理念と実践—あすの授業を創造する
　試み—』　川島書店

古川久敬（1996）『組織デザイン論　社会心理学的アプローチ』　誠信書房

池田彩乃・安藤隆男（2012）「個別の指導計画の作成及び活用に小学校の通常学級教師が主
　体的にかかわるための研究」，障害科学研究，36，135-143.

印南一路（1998）『すぐれた意思決定　判断と選択の心理学』　中央公論社

川喜田二郎（1966）『発想法』中央公論社

川喜田二郎（1986）『KJ 法　混沌をして語らしめる』中央公論社

文部科学省（2018）『特別支援学校教育要領・学習指導要領解説自立活動編（幼稚部・小学部・
　中学部）』

岡本浩一・足立にれか・石川正純（2006）『会議の科学　健全な決済のための社会技術（組
　織の社会技術2）』　新曜社

Steiner Ivan,D.（1972）"GROUP PROCESS AND PRODUCTIVITY" ACADEMIC PRESS

高橋誠（1999）『問題解決手法の知識＜新版＞』　日経文庫

田尾雅夫（2010）『よくわかる組織論』　ミネルヴァ書房

筑波大学附属桐が丘養護学校（1991）「児童の実態に応じた個別指導計画作成と指導実践」，
　筑波大学附属桐が丘養護学校研究紀要，第 27 巻，157-178.

筑波大学附属桐が丘養護学校（1992）「児童の実態に応じた個別指導計画作成と指導実践そ
　の2」，筑波大学附属桐が丘養護学校研究紀要，第 28 巻，129-151.

渡辺洋三（2021）『法とは何か　新版』　岩波新書

9章 個別の指導計画作成の方法論と展開

[1節 個別の指導計画作成の方法論]

　ここでは，8章において提起した理論的枠組みに基づいて個別の指導計画を
どのように作成するかについて概説する。

1．個別の指導計画作成のモデル学級

　図9－1は，本章で取り上げるモデル学級である。肢体不自由特別支援学校
小学部重複障害学級で，在籍は低学年の児童4名（A・B・C・D），学級担任
は T1，T2，T3 の3名である。T3 は新入生である児童 A の担当として個別
の指導計画を作成する役割を担っている。小学部重複障害学級担任として2年
目である。初任者であった前年度は学級を空けることが多く，学級の児童の実
態については正確に把握できているとの確信が得られていない。T1 は本学級
の担任3年目のベテラン教師である。T2 は本年度から新たに学級担任となっ
た中堅教師である。T4 は小学部の自立活動の専任で，当該領域の指導及び個
別の指導計画作成のコーディネーターとして運営（ケース会の開催，個別の指
導計画様式の管理等の全般）を担う専門性の高い教師である。

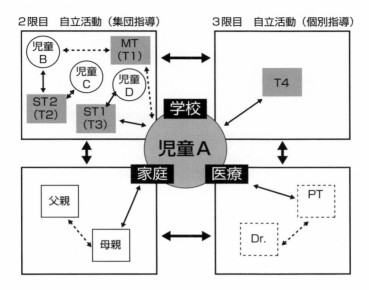

図９－１　教師及び関係者における児童 A の情報の分有状況

２．作成の概要と流れ

（１）作成者

　個別の指導計画は，学級担任３名と「時間の指導（個別指導）」を担当する T4 の４名で作成する。なお，家庭における生活情報を分有する保護者も情報収集の対象とする。

（２）個別の指導計画システムにおける各 step の手続き

　作成の流れについては，図９－２に示した。

1）step1：実態把握を行うための情報収集

　この段階では，情報の収集と情報の修正の二つの作業がある。

　はじめに，情報をどのように収集するかである。まずは，情報収集のルール（⇒ 8章2節3．を参照）について，教師間で十分確認をしておくことである。とくに，教師個人の属性の影響を排除するために，それぞれが分有する貴重な情報を提供することの周知が大切となる。教師間で次の留意事項を予め文書などを通じ

て確認しておくことである。

　情報はカードに記述する。記述された情報が教師全員で内容が理解できるかの確認と修正を行う[1]。それぞれが分有する情報は，共有されることが前提となる。したがって，客観性のルールに従い，誰もが記述の内容・状況を具体的，客観的に把握できるように修正する。共有可能な表記の仕方は，意外とむずかしく感じる。しかし，作業を通して，伝わりやすい表記の仕方が分かり，子どもの見方やその伝え方の変容が期待できる。何よりも情報を伝えたい，共有したいという動機づけにつながる。

　①　準備

　　付箋紙単色：縦 2.5cm×横 7.5cm（以下，カードとする）

　②　実施時期

　　児童 A は新入生であることから，情報の収集と修正については，4 月下旬までに実施する。

　③　記述上の留意事項

　　保護者には，カードへの記載を求めず，登下校時等に口頭での情報収集を行う。得られた情報は教師がカードに記載し，保護者に確認をとる。カードは教師とは異なる色のカード（P カード）を用いる（⇒図 9-3 参照）。情報収集は，予め保護者に目的を伝えておく。

　〇カードの選択と記載形式

　・情報はカード（予め付箋紙の色を決めておく）を使う。

　・カードには一つの情報を一枚に，主述関係が分かるように書く。

　・のりしろ部を左にして，右肩に，情報記載者の名前を記載する。

　〇カードへの記載

　・子どもと接して，「おや」「あれ」と心にとまることであること。

　・自立活動の 6 区分を観点として，すべての観点から最低一つの情報を記述する[2]。

　・一人当たり 10 枚程度を目安にする。

　④　カード記載の確認と修正

　・それぞれの分有情報は，すべての教師が確認できるように閲覧可能な状態にて保管する。

　・他教師のカードに目を通し，共有する上で分かりにくいと判断したカード

をそれと分かるように別にする。

・一定の期限を設けて，各教師は随時提供したカードを確認し，必要な修正を行う。修正に当たり，必要であれば，時間を調整して他の教師に確認しておく。

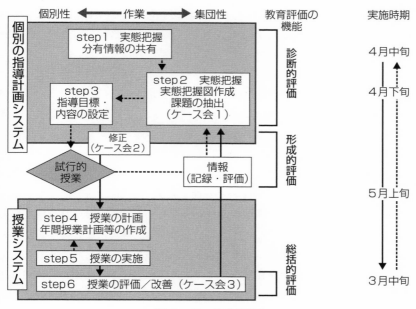

図９－２　作成の流れ

２）step ２：情報収束による実態の把握と課題抽出

　この段階は，収束技法である KJ 法[3] を参考にして収集した情報を整理する。整理された情報は，図９－３の実態把握図として可視化される。課題は実態把握図における「島」同士あるいは中心の「島」内での関係性を踏まえて抽出する。

①　準備

　修正したカード，カードに使用した色（色１とする）以外のカード（色２〜４色とする），模造紙２枚，油性マジック細・太

②　ケース会１の開催と実態把握図の作成手順

○ケース会の開催時期

年間３回開催するケース会のうち，最初のケース会（ケース会１とする）で

ある。実施時期は４月下旬とし，設定時間は可能な限り多くの時間が確保できるとよい。これまで動かしたことがないシステムを始動させるためには，必要な時間と労力を必要とするからである。

〇情報量の確認

　一人当たり 10 枚程度のカードであれば，モデル学級では４名の教師が関与することから総計 40 枚程度となる。これを一枚の模造紙に貼る。

〇収束作業の手順

＜第一段階＞

・模造紙に貼られたカードを全員が声を出さずにすべて読み上げる。似ている，同じであると判断[4]したカードを取り上げ，他の教師に提示して同意が得られれば重ねて別の模造紙に貼る。その際に，同じであると判断した複数カードの上に別色２のカードを貼っておく。

・すべてのカードを見渡して，同じであると判断したカード群（「同一群」とする）と，似たカードがないと判断したカード（KJ 法では「一匹狼」と呼ぶ）を数えて，作業開始時の総数（４人× 10 枚程度＝ 40 枚程度）の約３分の２程度になることを作業の目安とする。無理にまとめを急がない。

・次に，同一群の「表札」づくりである。別色２のカードに「表札」として，同じであると判断した内容をなるべく主述関係が分かるように具体的に書く。「コミュニケーション」「身体の動き」のように，自立活動の区分をもって表記することはしない。以降，表札を同一群の代表カードとみなす。これまでの作業を収束の第一段階とする。なお，この段階で「一匹狼」カードであることを示すために，右肩には小さく赤い●を一つ付けておく。

＜第二段階とそれ以降＞

・第二段階以降では，上述の作業を繰り返し行う。

・すべてのカードを見渡して，同じであると判断した複数カードを重ねて模造紙に貼る。複数カードの上には別色３のカードを貼っておく。

・作業開始時のカード総数の約３分の２程度になることを目安に作業を進める。同じカードはないと判断したら，別色３に「同一群」の「表札」を記載する。この段階で「一匹狼」であることを示すために，右肩に赤い●を二つ付けておく。収束の第二段階の終了である。

・「同一群」と「一匹狼」を数えて，10 を下回ったら収束したとみなす。

〇収束カードの空間配置

・図9－3に示した実態把握図には，模造紙の上部に「〇〇さんの実態把握
　図」，右下に作成の記録のスペースをそれぞれ確保しておく。

・「同一群」と「一匹狼」を模造紙上に仮置きし，「表札」を手掛かりに相互
　の関係性を教師間で協議する。

・関係性を示す記号が交錯しないこと，各「同一群」のカード数を考慮して
　カード群の空間上の配置を確定する。

・配置を確定したカード群は，「同一群」から順に所属する各カードが見え
　るように空間上に展開し，油性マジックを用いてフリーハンドで枠を囲う。
　図9－3の「島」の完成である。

・予め空間を確保していた「〇〇さんの実態把握図」と作業記録（作成年月
　日，作成場所，情報源，作成者名）を記載して実態把握図の完成である。

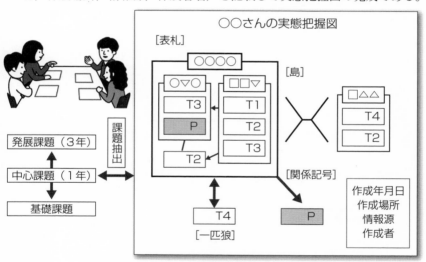

図9－3　実態把握図と課題

③　課題の抽出

　作成した実態把握図から課題を抽出する。「島」同士の関係性を踏まえ，
全体において影響力のある「島」を同定する。この「島」の問題状況の把握
が「中心課題」の抽出につながる。中心課題は，1年をスパンとした課題で

ある。

　次に,「基礎課題」である。基礎課題は,授業レベルで取り上げる課題である。全体への影響力のある島,あるいは他の島との関係を検討し,中心課題をより具体化した課題であり,指導目標及び指導内容につながるものである。

　「発展課題」は,中心課題に取り組むことで,他の島にどのような影響を及ぼすのか3年後を見越した課題である。一木・安藤(2010)の教師の指導の展望において3年程度を見通すことが可能であるとの判断による。ボトムアップ型の思考様式をとる自立活動では,長期的視点から課題を抑え,指導を組み立てることの意義はある(⇒5章 図5-5参照)。

　中心課題,基礎課題,発展課題は,それぞれの役割が付与され,それら相互の関係性が確認されて「課題関連図」(筑波大学附属桐が丘養護学校,1991)の完成である。関連イメージとして図9-4を示した。

　なお,本書では可能な限り理論的な枠組みに準拠しつつ,個別の指導計画作成の方法論を提案するものである。しかし,各学校にあってはこれにとらわれず,これまでの取り組みの蓄積から課題の定義・設定を行うことをすすめる。

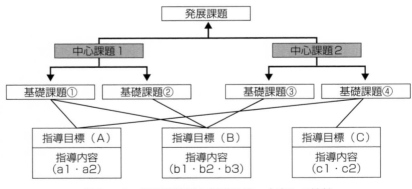

図9-4　課題関連図と指導目標・内容との接続

3)step 3:指導目標及び指導内容の設定

① 作成者

　個別の指導計画作成に関わる step1 及び step2 では,複数教師の協働による作業を前提とした。ここは,授業者である各教師の専門性に委ね,抽出し

た課題を踏まえて指導目標及び指導内容を設定する。

② 　とりまとめ

　学部の自立活動の専任教師である T4 が個別の指導計画システムを理解し，とりまとめを担う。

　児童 A に関わる各授業者は，図 9 - 4 に示したように，T4 を通じて提示された課題関連図，とくに基礎課題を踏まえて指導目標及び指導内容を設定する。

　実態把握図，課題関連図，指導目標及び指導内容を記載した個別の指導計画の様式 1 （図 9 - 5 ）と様式 2 の例（表 9 - 1 又は表 9 - 2 ）をもって保護者に説明を行う。図 9 - 3 の実態把握図もあわせて提示すると，保護者の情報が別色カードであることから，教師の意思決定にどう位置付けられたかを分かりやすく伝えられる。

3．形成的評価に基づくフィードバック機能

　個別の指導計画における実態の把握，課題の抽出，指導目標及び指導内容の設定の確度は，いかに確保されるかである（⇒8章1節2）。着目したのは形成的評価（formative evaluation）である。

（1） コーディネーター

　次の検証作業は，学部の自立活動専任教師である T4 がコーディネートする。試行的授業をどのように実施するのか，実施後のケース会2の開催の調整などである。12 章 1 節 3. に示したファシリテーターの役割である。

（2） 検証の場と視点

1） ケース会の開催

　検証の場として，ケース会2を開催する。理想としては 4 月中に開催できればよい。

2） 検証の視点と手続き

　形成的評価は，図 9 - 2 に示したように，個別の指導計画システムを授業システムに架橋する重要な役割に担う。その前提として個別の指導計画システムにおける一連の集団的意思決定の確度を向上させることが欠かせない。そこで，試行的な授業を実施し，得られた情報を一連の集団的意思決定の結果にフィー

ドバックし，必要な修正を行うものである。

　特に，自立活動の時間における指導での目標・内容については，二つの視点からの検証が大切である。一つは，時間の指導と各教科等の指導との関連性の確保である。もう一つは，自立活動の時間の指導を異なる教師が担当する場合，時間の指導間の整合が確保されているかである。したがって，時間の指導と特定の教科指導の関連性を仮定して試行的授業を行い，得られた情報を一連の集団的意思決定に供した情報に追加して修正を行うのである。

4．授業システムへの接続

　授業システムは，計画立案から実施，評価まで一人一人の教師の授業力に依存するもので，各教師の専門性が問われる場である。

（1）step 4：年間授業計画等の作成

　試行的授業により得られたフィードバック情報により検証，確定した指導目標及び指導内容は，年間授業計画等の作成に引き継がれる。学期案，月案，週案，単元案などの具体化へとつながる。授業の形態，方法，記録及び評価の仕方も計画に盛り込まれる。

（2）step 5：授業の実施

　まさに教師個人の授業の知識，技能が最も発揮される場である。一人一人の子どもの主体的な学びを実現する個別指導をはじめ，集団指導（team teaching）における複数授業者での授業の実施はいかにあるべきかなど今日的課題の一つといえる。このことは，自立活動の専門性に基づく授業研究として第三部で具体的に紹介する。

（3）step 6：授業の評価・改善

　授業の実施により得られた情報は，計画の区切りにおいて授業の計画にフィードバックされ，授業計画の修正に供されるとともに，次年度の個別の指導計画の作成につなげることになる。

　個別の指導計画は，作成直後，年度途中，そして年度末にそれぞれ授業記録・評価を得ることで，検証修正される。年度末での授業評価に係る情報はすでに作成された個別の指導計画を見直す機会である。個別の指導計画は，年度末に検証し作成することが理想である。次年度にこれら作業を持ち越す現状で

は，年間授業計画が確定して授業が運営されるのに数か月を要す。これは非効率である。

　このような考え方から，当該年度の個別の指導計画の検証，次年度の作成を目的としたケース会３を開催する。各授業者は，子どもの学習記録をカードに記載して持参し，すでに作成している実態把握図の情報に追加して，実態把握図，中心課題・基礎課題・発展課題，指導目標及び指導内容の修正を行う。一連の作業に慣れた教師による作業は，時間的にも効率的に遂行可能となる。

［　２節　特別支援学校における個別の指導計画の作成例　］

　本節では，これまで提起した理論的枠組みと方法論に基づいて，特別支援学校２校における個別の指導計画作成の取り組みを例示する。事例Ａは本章冒頭の特別支援学校のモデル学級での取り組みを想定したものである。

１．特別支援学校モデル学級での取り組み：事例Ａ

　自立活動の成立及び個別の指導計画作成の義務化前の取り組みである。全国的には養護学校を中心に，複数の教師が関与して「個別に指導計画」を作成していた時期である。個別の指導計画の作成が義務化されていない中で，なぜ，個別に指導計画を作成することが構想されたのかを概説する。

（１）目的と作成組織

１）作成の背景と目的

　それまで授業の計画，実施は各教師の裁量に委ねられていた。在籍者の障害の重度，重複化にあって，経験が豊富で，専門性の高い教師により授業の質は確保されていた。教師個人に依存した，いわば個業性への傾斜である。その一方で，担当者間のつながりが希薄で，なぜ児童Ａにこの指導なのかを学部として説明ができにくいという課題が指摘されていた。

　このことが大きな動機づけとなり，学部としての個別の指導計画システムの開発と授業への接続が検討された。まず，複数の学級担任教師に，学部の自立

活動の専任教師を加えたメンバーにてケース会を構成した。ケース会では対象児童の実態の把握と課題の抽出を行い，授業を担当する各教師が抽出された課題との関連から指導目標及び指導内容を設定することとした。指導目標及び指導内容は，学部として確認した課題との関連が明確にされることで，次年度担当者への引継ぎや保護者などへの説明がしやすくなった。

２）組織体制

　肢体不自由養護学校小学部（以下，学部とする）教師の参加の下で実施した学部研究である。学部教師は全員で９名である。学部での養護・訓練の指導全般を担う専任教師（T4）を中心に研究の企画，推進を行った。ケース会を定期開催し，必要に応じて授業を担当する他学部の教師の参加，協力を得た。

３）作成の手順と役割

　児童Aを担当する学級担任教師（T3）は，ケース会で検討，確認された実態把握図，課題関連図に基づき，児童Aの自立活動（集団指導）の「感覚遊び」の指導目標及び指導内容を記載して，とりまとめのT4に提出する。T4は後日，提出された指導目標及び指導内容の一覧を作成する（表９－１の様式２）。一覧は授業担当教師全員に配付し，指導目標及び指導内容に重複がないか，選定した課題に偏りがないかなどを確認してもらう。重複や偏りが生じた場合は，当該授業者同士で調整，修正し，その内容はT4に報告し，指導目標及び指導内容の設定は完了する。

　試行的授業による形成的評価，年度末の総括的評価については，前節での手続きで実施し，個別の指導計画の修正にフィードバックした。これらの評価情報を加えて，ケース会にて次年度の児童Aの個別の指導計画を作成した。

（２）個別の指導計画の様式

　個別の指導計画は，次の様式にて作成された。一つは，図９－５の様式である。A4判サイズの用紙の上部には実態把握図を，下部には課題関連図を記載することとした（様式１）。もう一つは，表９－１の様式である。課題を受けて児童Aの指導目標及び指導内容を設定した一覧を作成する（様式２）。基本的には，様式１と様式２をもって個別の指導計画とする。A4判２枚で構成する。

○年度　個別の指導計画（様式1：実態把握図と課題関連図）

児童名			性別：　男・女	生年月日：　　年　　月
在籍学級	小学部　　学年　　組	教育課程類型：		学級担任名：

実態把握図（　　年　　月　　日　作成者　　　　　　　　　）

関心の偏り
・歌うこと，スイッチ類が好き

⟷

日常的に落ち着きのない行動をとる
・気分のコントロールが困難である。
・関心事に衝動的に行動する。
・姿勢が崩れやすい。

⟷

人とのかかわりに偏りがある
・大人に比べ子供に関心が薄い。

全体的な緊張が強い
・発声，呼吸が浅い。
・肩まわりに常に力が入っている。

中心となる課題（課題関連図：　　年　　月　　日　作成者　　　　　　　　　）

発展課題
・集中力の向上
・基礎学力の向上

中心課題
・興味のあることに対して，落ち着いた関わりができる。

基礎課題
・身体各部（全身緊張，舌，体幹）の自己コントロール力の向上を図る

指導上留意すべき事項　　　・安全面での理解が不十分なところがある。

図9－5　個別の指導計画（様式1：実態把握図と課題関連図）

表9－1　事例Aにおける指導目標及び指導内容の設定（様式2）

児童Aの中心課題　　　基礎課題①　基礎課題②　基礎課題③

領域等	授業名	授業目標	基礎課題 ①	②	③	主な授業内容
自立活動	自立活動（個別指導）	身体各部位，とくに手の操作性を高める。	○			基本動作（体幹の支持性・肩肘手首の協調動作・手指操作）学習（T4）
	自立活動（集団指導）	・触れる，握る，破る等の手を使った活動を楽しむ。	○			・あぐら座位でT3に支えられ，様々な感触素材（温かい・ぬるぬる・ざらざら）に触れる。
	感覚遊び	・活動したときの気持ちを表情や発声，動作などで豊かに表現する。		○		

2．特別支援学校における全校研究としての取り組み：事例B

特別支援教育制度転換前の養護学校での取り組みである。特別支援教育制度

への転換に向けて，特殊教育諸学校は，地域の特別支援教育に関するセンター的機能を担う上で，個別の指導計画の作成と活用の実績に基づき，その成果を発信することが求められた。

（1）目的と作成組織

1）作成の背景と目的

　大きな制度転換が議論される中，教師の資質の向上や専門性については，現場が抱える課題を同僚とともに研修・研究すること（on-the-job training）が重要であるとの問題意識から取り組まれた実践である。

　研究の目的は，計画―実施―評価のつながりを重視した個別の指導計画の活用による授業改善を通して，児童生徒一人一人に応じた適切な指導の充実，及び教師の資質向上を図る，である。

2）組織体制

　教育課程の３つの類型と訪問部から研究チーフ各４名を指名し研究組織を構成した。

3）作成の手順と役割

　小学部知的代替教育課程での取り組みを例に挙げる。

　個別の指導計画は，①実態把握図，②課題（中心課題・基礎課題・発展課題）関連図，③年間目標・評価表の作成からなる。実態把握は学級担任とグループ所属教師で，児童の行動観察をもとにKJ法を活用し実態関連図を作成した。課題関連図は，作成した実態関連図，諸検査結果，学部としての視点，保護者の要望を踏まえて作成した。年間目標・評価表では，基礎課題との関連から年間目標が設定され，これらはどの授業で取り上げるかの対応が分かるように示した（表９－２参照）。

　事例Ｂの特徴の第一は，個別の年間目標に評価欄を設けたことである。第二は，課題関連図は実態把握図に加えて，諸検査結果からの情報，学部としての観点，保護者の要望，をあわせて考慮し作成したことである。とりわけ，保護者情報は，家庭生活での貴重な情報を分有していることから児童の実態に迫る上で，きわめて有効である。

（2）個別の指導計画の様式

　個別の指導計画の様式は，実態把握図と課題関連図を記載するもの（図９－５の様式）と，表９－２に示した個別の年間目標・評価表を記載するものから

構成する。なお，表9-2に記載した内容は，別グループで作成したものである。

表9-2　事例Bにおける年間指導目標・評価表

課題	年間目標・課題との関連		評価	目標・指導との関連	指導
Ⅰ 人との関わりを通して自分なりの意思表示の方法を身につける <基礎課題> A 簡単なサインを理解し使えるようになる B 手指の操作を覚える C 活動の見通しを持つ Ⅱ 立位保持及びいそう能力の向上 <基礎課題> D 短距離を車椅子で移動できる	A C	要求や拒否のサインを使って自分の気持ちを表す			にちじょう
	B C	写真カードを見てやりたいことを選ぶ			
	B C	おもちゃでの遊びを通して「押す」「引っ張る」「つまむ」等の操作ができるようになる			うんどう
	A B	遊びを通して簡単な動きを模倣する			おんがく
	D	車椅子の車輪を回して短い距離を移動する			せいかつ

3．特別支援学校における取り組みの成果と課題

　両事例は，個別の指導計画作成の義務づけた学習指導要領の告示の前後の取り組みである。いずれも本書で提起した理論的枠組みと方法論に基づいて取り組んだものであった。具体的な展開に当たっては，それぞれのフィールドでの状況の違いを考慮した改変は許容されていた。作成の主体は各学校であり，各教師が作成の実務を担うからである。組織や手続きなどは柔軟であるべきで，なぜ，何を，どのように実施するのかの根拠に基づく説明ができることが優先されるべきである。

（1）取り組みの成果

1）様式の可視化，最小化

　様式については，両事例とも実態把握図と課題関連図をA4判一枚に，指導目標及び指導内容も同じくA4判一枚に整理した。情報やその収束結果が図表として可視化され，説明を受ける側にとって分かりやすい。各要素の接続，プロセスを確認できる。また，個別の指導計画は毎年作成されるとすれば，ケース記録として継承する様式は最小化されることが望ましい。読んで内容を理解する様式は，その情報量の膨大さをもたらし，後々引継ぎ教師に大きな負担となる。

2）分有情報の提供による保護者の参加

事例Bでは，保護者の願いなどを課題の選定に生かしていた。今日，特別支援学校の多くでは，個別の指導計画作成に当たり，保護者の願い，要望を取り入れている。保護者の願いや要望が子どもの成育過程で得た情報を凝縮させた結果であるとすれば，結果としての願いではなく，家庭において保護者が分有する情報を得ることの方が有効である。

予め保護者に分有情報を提供してもらい，ケース会では教師からの情報と一緒にして所定の手続きにて収束するのである。保護者の情報は，図9－3のように教師のカードとは別色のカード（図中では保護者のカードは「P」とする）で収集する。実態把握図が完成したときに，保護者のカードがどこに位置づくか視覚的に分かるであろう。

保護者からの情報は，直接カードへの記載を求めるのは避けたい。登下校のわずかな時間でのコミュニケーションの中で聞き取りができればよい。語ったことを情報の正確性等のルールに従って，情報を具体的に修正して保護者に確認をしてもらうのである。このようなやりとりをすることで，保護者は何を，どのように語ればよいのかのポイントを得ることになる。

（2）課題

1）時間の効率化

内海・安藤（2021）は，特別支援学校との共同研究として，安藤（2001）で提起した理論的枠組みと方法に基づいて，個別の指導計画作成に関わる校内研修を実施した。この研究で指摘された課題に，教師の時間的な負担感がある。所定の手続きには相応の時間的コストがかかる。情報の修正作業などの慣れない作業であれば負担感は増幅される。今後，小学校等における個別の指導計画作成を効果的に進めていく上で大きな課題となる。

2）組織の流動化に伴うシステムの維持・発展

特別支援学校は，小学部から高等部まで設置されることが多く，12年の一貫した教育が可能となる。個別の指導計画の作成は，在籍中の指導の継続性，一貫性を確保する上でも不可欠となる。

翻って，学校組織においては成員の流動性の課題がある。公立学校には定期的な人事異動があり，10年も経てばほとんどの教師が入れ替わることになる。すでに指摘した教師の指導に関する時間的展望の制約に加え，組織としても人

事の流動性から指導の継続性や一貫性を確保することがむずかしい。このことは様々なシステムの維持・発展にネガティブな影響を及ぼす。個別の指導計画システムは，特別支援教育，とりわけ自立活動の指導の質を確保する上できわめて重要であり，それゆえ人に依存しないシステムであることが求められるのである。

＜注＞

1）情報はその場にいなかった他者が，子ども情報として共有できるように，事実に即して具体的に記述されていることがポイントとなる。そのためには，子どもの動きがいきいきと映像として浮かび上がるような記述を心がけることである。

　例をあげよう。T3から提供された音楽の授業での児童Aの情報である。『Aくんはにぎやかな音楽を聴くのが好きである』が記述されていた。他の教師（T1，T2，T4）は児童Aの音楽には担当者として入っていないため，このカードはT3が分有する貴重な情報として位置付けられる。しかし，この情報には，全員が共有するためにいくつか確認すべきことが含まれている。

　まず，「好きである」の記述である。これはT3の判断結果に過ぎない。個人が判断した結果ではなく，何をもって「好きである」と判断したのかを記述すること方が情報としては有用である。「リズムに合わせて手を動かしていた」，「音楽が流れると口角をあげた」のように誰もが事実として受け入れ可能な記述とすることである。「にぎやかな音楽」も同じ指摘ができる。にぎやかなとはどのようなことか分かりにくい。具体的な曲名などで記述することがよいであろう。

2）発想技法のうち，強制連想法の考え方に立つものである。個別の指導計画は，「区分」と「項目」の概念を踏まえて作成するとされたこと，「自立活動の内容」を障害種と一対一で対応させた誤った理解方略（⇒5章 図5-3参照）の回避，そして自由連想法に比べて合理的に情報量を縮減できることから，この考え方を採用した。

3）KJ法については，章末の川喜田二郎の文献を参考されたい。

4）ここで，カードが同じであるかどうかを判断する際に，情報収集の際の「区分」を基準としないことが重要なポイントである。あくまでカードが訴える声に耳を傾け，共通した背景などがあると判断したものを「同じ」とする。結果として，同じ区分から収集したカードが「同じ」であると判断されることは許容される。他の教師の同意を得るのは，個人の判断の偏りを排除することを意図する。必要に応じてなぜ同じであると判断するか，開示することは重要であるので，積極的に声掛けすることが大切である。

〔文献〕

安藤隆男（2001）『自立活動における個別の指導計画の理念と実践―あすの授業を創造する試み―』　川島書店

一木薫・安藤隆男（2010）「特別支援学校（肢体不自由）における自立活動を主として指導する教育課程に関する基礎的研究―教師の描く指導の展望に着目して―」，障害科学研究，34，179-188.

川喜田二郎（1970）『続・発想法　KJ法の展開と応用』　中公新書

筑波大学附属桐が丘養護学校（1991）「児童の実態に応じた個別指導計画作成と指導実践」，筑波大学附属桐が丘養護学校研究紀要，第27巻，157-178.

内海友加利・安藤隆男（2021）「肢体不自由特別支援学校における教師の協働に基づく校内研修プログラムの実施と有効性―自立活動の指導における個別の指導計画作成に焦点をあてて―」，特殊教育学研究，第59巻，第3号（掲載予定）

新たな時代における自立活動の授業の成果と発信
―教室から地域へ，そして世界へ―

　Ⅲ部は，自立活動の指導の場である「教室」での授業に着目し，関係者が協働しその成果をインクルーシブ教育システム下において「地域」へ，そして SDGs の動向を踏まえて「世界」へとそれぞれ発信することを通して，今後の自立活動の指導の在り方について整理した。自立活動の指導に関わる授業研究及び教育実践のさらなる深化を期すものである。

　次の 3 章から構成した。

10 章：自立活動の指導における協働による新たな専門性の構築

　はじめに教職の専門性の議論の動向を概説し，著者の依拠する立場を明示した。特別支援教育における専門性の動向を同僚性の拡大に着目して概説した。自立活動の指導においては，新たな専門性としての協働モデルの意義と協働の同僚性の現状と課題を整理した。

11 章：自立活動の指導における授業観の転回と専門性

　授業とは何か，学習者と教授者とでその捉え方のずれを指摘し，その意味を概説した上で，「学ぶ」こと，「授業」について改めて定義した。あわせて自立活動の指導における教授知識の考え方を概説した。意思決定論的アプローチに基づく自立活動に関わる授業研究の理論と展開を紹介した。

12 章：新たな時代に期待される自立活動の指導

　インクルーシブ教育システムや SDGs の取り組みの推進という新たな時代にあって，今後，自立活動の指導はいかにあるべきかについて考究した。自立活動の指導の成果は，特別支援学校の「教室」で創出し，その成果は「地域」，そしてその先の「世界」へと発信することを仮定した。地域から，世界からフィードバックされる知見は，自立活動の指導の独自性，創造性をさらに際立たせることを期待できるからである。

10章 自立活動の指導における協働による
新たな専門性の構築

[1節　教職の専門性を巡る議論の動向]

　専門性という用語は様々な場で，たびたび取り上げられる。しかし，何を根拠に専門性を定義するのかは明確ではなく，実に多義的に使用されているのが現状であろう。そこでまず，教職の専門性（professionalism of teachers）とは何かについて概念の整理をする。

1．特性論からプロセス論へ

　1956年，リーバーマン（Lieberman,M.）は，彼の著書 "Education as a Profession" において専門職の特性[1]について提起した。この中で，最も重視されたのが，教師の実践における最適な判断を行う上での権利であり，かつ判断に対する責任を意味する，自律性（autonomy）である。稲垣（1998）によれば，教職の実態を鑑みたときに，リーバーマン自身は，提起した特性がすでに実現されているとは考えていないとした上で，特に教師にその力量と意識における変革及び自律性の内実的な形成を求めた。

　彼の理論は，専門職を把握する方法論としての特性論（trait approach）として位置付けられ，その後，わが国においても専門職の構成要件として議論が展開された（名越，1981）。リーバーマンの提起に端を発した議論は，現実には完全な理想型としての専門職は存在し得ないのではないかとされ，教職については，生涯にわたる「専門職としての理想型を希求するプロセス」に意義があ

るとする，プロセス論（process approach）の台頭を誘導したのである（Ozga & Lawn,1981）。

　一般に教職の専門性を規定するときに，教師が児童生徒の実態に応じて，授業をデザイン・実施・評価する一連の営為において，どれだけの知識・技能を有しているかが重要なポイントとされる。「結果としての知識・技能の獲得」という視座に依拠するものである。しかし，獲得すべき最低限の知識・技能とはどの水準を想定するのか，水準に達したかどうかの判断は，誰が，どのような基準で行うのか，あるいは，科学技術の進歩が著しい現代にあって，知識・技能は獲得した段階ですでに最新ではなくなっている可能性があるのではないか，と問いかけたときに，特性論の脆弱さを指摘できる。「専門職としての理想型を希求するプロセス」にこそ，この脆弱さを補完する視座があると見なせよう（安藤，2008）。

2．専門職化に対する議論の方向性

　理想的な専門職を志向すること，すなわち専門職化（professionalization）には，基本的に二つの方向性がある。

　一つは，教職が職業としてどれだけ専門職としての地位を得ているか，という専門職性（professionalism）の高度化に関わることである。もう一つは，教育行為における専門的知識・技術の中身となる，専門性（professionality）の高度化に関わることである。前者は地位論に立脚するものであり，職業の地位の状況と向上を問題とする。1966年のILO・ユネスコ「教員の地位に関する勧告」はこの例である。後者は，役割論・実践論に立つものであり，1970年代後半から大きなトレンドとなるものである。

　本書では，教職の専門職化にあっては，役割論・実践論の立場に依拠するものであり，専門性を用いる場合はprofessionalityをさす。「教師は教職にある限り，学校組織等における自らの役割を自覚し，教育実践を通じて理想とする教師像を希求する存在」であるとの立場である。教職に長く就くことは，経験の知を積み上げる必要条件であるが，教師の専門性を深化させる十分条件とはなり得ないとの考え方である。

[　2節　特別支援教育における新たな専門性モデル　]

1．学校教育における専門性を取り巻く現状と課題

（1）学校組織における同僚性の拡大化

　21世紀初頭における地方分権化の推進と教育における規制緩和の流れの中で，地方自治体では少人数学級の実現や複数担任制の導入など，独自の教育施策の採用が可能とされた。また，学校評価の枠組みにおいては，それまで外部者と扱った保護者や地域住民を，学校教育関係者として位置付けたことは周知のとおりである。学校運営上，教師が向きあうべき連携の対象として改めて保護者や地域住民に着目したものである。

　このことは，これまでの伝統的な教師文化や教師の専門性に一石を投じることとなった。すなわち，疎結合組織とされる学校組織にあって，教師は同僚である教師だけでなく，保護者や地域住民も協働の同僚性として位置付けられたのである（紅林，2007）。近年の学校教育の施策に関わる議論とこれに基づく提言においては，協働の同僚性の構築が新たに求められたといえる[2]。

（2）教師の同僚性を巡る議論

　ハーグリーブス Hargreaves, A. は，日本教育社会学学会が1999（平成11）年8月に開催した国際カンファランス「変動社会における教育・知識・権力―教育社会学におけるパラダイムとフロンティア―」において，欧米の教師は個人主義（individualism）的傾向が強く，これが協働の同僚性を培う上で隘路となっていることを指摘するとともに，近年の教育改革において協働文化への転換を図るために，経過的な措置として政策的に策定された同僚性 contrived collegiality が導入されたことを報告した。さらに彼は，日本の教師は，教師役割に基づいて普段から集合的，相互作用的な教育活動を行う協働的な教育の文化を実現していると見なした（紅林，2007）。

　紅林（2007）はこのことを報告する一方で，わが国の教師の同僚性に関わるハーグリーブスの理解の前提に誤謬があるとして，自らの実施した調査研究（藤田ら，2003）をもとに，日本型同僚性の実態について解釈を行った。彼によれば，日本の教師は，個人主義 individualism に基づく学級王国的性格とプライバタ

イゼーション（privatization）の進行により，同僚間の関係性が希薄化しているという。

　このような状況下で，結果として教師をして次に示すような意識構造へと誘引するであろう。第一に，教師間では，相互不干渉の規範を醸成しやすく，居心地のよさを求める保守主義に支配されやすいこと，第二に，日常的な関係性の希薄化に対して，集団内での教師は，必要に応じて個人の判断で選択的に協力関係を結ぶ経験知を有しており，現状の同僚性は教師にとってたいへん都合のよいものとなるのである。

2．特別支援教育における同僚性とその現状

　わが国の学校組織にあっては，同僚性の拡大が指摘される中で，協働の同僚性の展開が容易ではないことが示唆された。

　ここでは，特別支援教育における同僚性はいかに構想されたのかを整理するとともに，教室における同僚性の拡大の現状を概観する。

（1）特別支援教育制度下における新たな概念と同僚性

　2003（平成15）年3月の『今後の特別支援教育の在り方について（最終報告）』では，新たな概念として，個別の教育支援計画，広域特別支援連携協議会，特別支援教育コーディネーターを提案した。例えば，個別の教育支援計画は，障害のある児童生徒の一人一人のニーズを正確に把握し，教育の視点から適切に対応していくという考えの下，長期的な視点で乳幼児期から学校卒業後までを通じて一貫して的確な教育的支援を行うことを目的とするものである。その策定，実施，評価（「Plan-Do-See」のプロセス）における中核的な要素として，関係者・機関の連携があげられる。

　個別の教育支援計画における関係者・機関の連携に着目すると，まずは，教師間の連携を指摘できる。図10－1を参照されたい。学級担任教師の外に，自立活動の担当教師，養護教諭などが連携の対象となる。連携の中心的役割は，特別支援教育コーディネーターが担う。学校内での教師間の関係性を紡ぎ，これを基盤に在学中における保護者や関係専門家との連携，そして就学前及び卒業後の関係者との連携へと展開するといえる。この関係者間のつながりや連携は，基本的に，特別支援教育の制度化において提起された他概念においても含

意される。

（2）特別支援学校の教室における同僚性の拡大

今日，特別支援学校の教室では，児童生徒の障害が重度化，重複化する中で，同僚性が拡大している。一つは，教師間の協働的アプローチであり，もう一つは，看護師やPT，OT等の外部専門家との協働的アプローチである。

1）教師間の協働的アプローチの導入

児童生徒の障害の重度・重複化は，経営や指導の形態等に大きな変化をもたらした。ティーム・アプローチ（team approach）の導入である。これまで，教師の専門性の議論は，もっぱら教師個人が身につけている知識・技術・態度などの向上を目指す，教師個人モデルが主流であった。ティーム・アプローチは，複数の教師が経営者あるいは授業者として協働することを意味し，学校教育現場において教師個人モデルでは解消し得ない本質的課題に対処する方略として導入された。特別支援学校では，複数の学級担任制のほかに，指導形態としてのティーム・ティーチング（Team Teaching）が導入されているところであり，個別の指導計画作成においても複数教師の関与の実態が指摘されている（安藤，2000）。

2）医療的ケア実施に向けた看護師の配置

文部科学省の令和元年度学校における医療的ケアに関する実態調査によれば，2019（令和元）年11月時点の特別支援学校全在籍者のうち，医療的ケアを必要とする者は8,392名であった。学部別では幼稚部44名，小学部4,197名，中学部2,038名，高等部2,113名であった。配置された看護師の数は，2,430名であった。医療的ケアの実施に教師が関与するか否かは自治体によって異なるものの，すべての自治体で学校に看護師の配置がなされていることに留意する必要がある。ちなみに，同年同月の小学校等における医療的ケアを必要とする者は，1,453名であった。内訳は，小学校972名（通常の学級340名，特別支援学級632名），中学校191名（通常の学級71名，特別支援学級120名），高等学校68名（通常の学級67名，訪問教育1），幼稚園222名で，看護師の配置数は1,122名であった。教室内における配置された看護師と教師との協働の実態を把握する資料である。

一方，学校外にあっては，医療的ケア実施体制整備の観点から，各都道府県における関連の運営委員会の設置が重要となる。運営協議会は，自治体によって若干の違いはあるが，学校関係者をはじめとして，医師，看護師，学識経験

者，保護者，自治体関係部局から構成される。

3）PT，OT 等の外部専門家の導入

　児童生徒の障害の重度化，重複化は，教育課程の編成上，自立活動領域の相対的な重みを増す結果となっている。自立活動領域での指導の専門性をいかに向上，確保するかは，喫緊の課題となっている。このような背景から，文部科学省は，2008（平成20）年度から「PT，OT，ST 等の外部専門家を活用した指導方法などの改善に関する実践研究事業」を立ち上げ，全国13県市の特別支援学校49校に研究委託を行った。障害の重度化，重複化が最も顕在化する全国の特別支援学校（肢体不自由）では，理学療法士（PT；Physical Therapist），作業療法士（OT；Occupational Therapist），言語聴覚士（ST；Speech Therapist）などパラメディカルな専門家の導入が行われているのである。

（3）小学校等の特別支援教育における同僚性

　小学校等における特別支援教育の量的拡大は，自立活動の積極的な導入を規定した学習指導要領の改訂により，関係教師間の協働の機会を飛躍的に増大させることとなった。

　通級による指導を例にあげよう。通級による指導とは，「大部分の授業を小・中・高等学校の通常の学級で受けながら，一部，障害に応じた特別の指導を特別な場（通級指導教室）で受ける指導形態で，障害による学習上又は生活上の困難を改善し，又は克服するため，特別支援学校学習指導要領の「自立活動」に相当する指導を行う」（文部科学省，2018）ものである。自立活動は，自立活動の指導と時間の指導とに分けられる。前者は学校教育活動全体を通じて行う指導であり，後者は時間を設けて行う指導である。自立活動の指導の前提である学校教育活動全体を通じた指導を具現するためには，時間の指導をコアにして，各教科等の領域との関連を図るという考え方に立つ（⇒3章図3－1）。このことから，通級指導教室での指導は時間の指導を，通常の学級では自立活動の指導をそれぞれ担うと解釈できる。そしてこれらの関係性は，自立活動の指導として個別の指導計画に明記されることとなる。時間の指導を担当する通級指導教室担当教師，各教科等の指導において自立活動の指導を担う通常の学級担任教師，そして全校の個別の指導計画作成等を担う特別支援教育コーディネーターは，自立活動の指導におけるそれぞれの役割に基づいて協働することが求められるのである。

[**3節 自立活動の指導における新たな専門性としての協働モデル**]

1．自立活動の指導における協働の意義

（1）関係者間の協働に関する理念

　子どもの教育的ニーズ等の多様化の中で，特別支援学校では，教室における協働すべき同僚としてこれまでの教師だけでなく，外部専門家，保護者へと拡大している現状を確認した。これまで教師個人に帰属する問題としてみなされがちであった教職の専門性に一石を投じることとなった。教師の課題解決における協働すべき対象は，同僚教師の外に，地域を基盤に様々な専門家を仮定したのである。新たな専門性としての協働モデルの提起である。

　このことについては，いくつかの理念的な整理が行われてきた。一つは，今津（1988）による「学校教育改善モデル」の提起である。教育実践の中で問われる課題に対して，同僚と協働して解決を図ることによって，教師の質を向上させることを意図するものである。もう一つは，佐古（2011）による学校の組織化に関する理念的言明である。協働化（協働による組織化）を「関係者間での社会的過程の中で，教育活動の遂行に随伴する不確実性を逐次的に縮減しながら，そのプロセスを通して一定程度の組織化を絶えず生成していく方略」と位置付け，教師の自律性と協働化を教育活動の内発的な改善を可能とする学校組織の成立要件とするものである。

（2）自立活動の指導における協働モデル

　ここでは改めて自立活動の指導に注目して，新たな専門性としての協働モデルについて概説する。

　図10−1は，自立活動の指導に着目して特別支援教育における協働の構図として整理したものである。

　自立活動の指導は，時間の指導と密接な関連を図りながら学校教育活動全体を通じて行うものである。7章において概説した複数教師が関与する個別の指導計画作成は，授業のデザインに関わる意思決定事態である。ここでは自立活動の指導における役割から，時間の指導と各教科等を担当する教師との協働を前提とした。学校への入学に当たり，就学前の専門家・機関と，卒業の際には

卒業後の専門家・機関との連携を仮定する。授業の実施，評価・改善では，教師間の協働を前提としたティーム・ティーチングの計画，実施のほかに，個別指導により授業が計画，実施される。教師のティームあるいは教師個人の授業力量が問われる事態である。

　特別支援教育における協働モデルでは，同僚は教師に限らず外部専門家等も含むものである。しかし，教室での協働を前提とするため，専門的な教育的営為を提供する教師間の協働と，子どもの学習の基盤づくりや教師支援を目的とした外部専門家等との協働は，教職専門職化における役割論・実践論に立脚すれば，同次元での議論は馴染まない。まずは，教育的営為に役割を有する教師間の協働を構築し，教師間の協働では解消しえない課題に外部専門家をどう生かすかを教師組織において考慮すべきである。教育的営為としての自立活動の指導において，外部専門家の助言・指示に全面依存することは教師の役割放棄に他ならない。

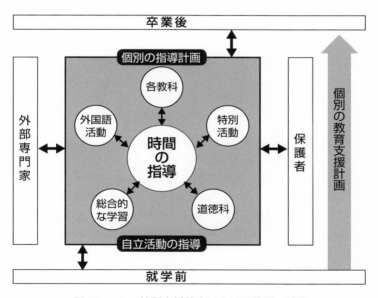

図 10 － 1　特別支援教育における協働，連携

２．協働の同僚性の現状と課題

　本章では，特別支援教育において求められる新たな専門性について，自立活動の指導における協働の同僚性の観点から整理を試みた。

　学校教育に関わる施策の動向では，教師間は言うに及ばず，保護者，地域住民，さらにはパラメディカルな専門家など，新たな協働の同僚性を求める傾向を看取できる。教師の同僚性に関わる知見においては，これまでメンタリング（mentoring）機能など教師の専門性の向上に資する positive な側面が強調される一方で，個人主義（individualism）や私事化（privatization）の広がりを背景に，同僚性は時代的に変質を遂げてきている可能性も示唆されるのである。協働の同僚性の構築を求められる中で，これを実現するのは容易ではないことが分かる。

　教師は，同僚性の positive-negative な両極的な機能を暗黙下で適宜使い分け，職務を認知し，遂行し，そして成長（professional development）を遂げるとすれば，その機序に対するさらなる学術的検討を行うべきであろう。また一方で，教師組織次元でしか解決し得ない課題に対しては，何らかの協働の同僚性の涵養を期していかなければならないわけで，このことへは，例えば，特別支援教育における教師教育（teacher education），とりわけ現職研修（in-service education）の論点が重要となろう。

＜注＞
１）リーバーマン（Lieberman,M.）は専門職の特性として，①独自の欠くことのできない社会的サービスであること，②サービスを果たす上での高次の知的技術をもつこと，③長期にわたる専門的教育を受けていること，④広範囲な自律性を有すること，⑤自らの判断に責任をもつこと，⑥報酬より，サービスが重視されること，⑦専門的基準を高めるための自治組織をもつこと，⑧職業集団として倫理綱領をもつこと，を掲げた。
２）今津（2017）によれば，わが国において「同僚性（collegiality）」の用語は，1980 年代から 1990 年代前半の教師教育分野の英語論文に頻出した collegiality の訳で，一般的に広く使用されるようになった。欧米では個人主義的教師像への反省から，勤務校での同僚間の連携の重要性が指摘されるに至り，勤務校を基盤とした school based の現職教育を提起した中核的な概念として collegiality が用いられた。

（文献）

安藤隆男（2000）「重複障害児の養護・訓練における個別の指導計画作成に関する基礎的研究」平成 10 年・11 年度科学研究費補助金（基盤研究（C）（2））研究成果報告書

安藤隆男（2008）「肢体不自由教育の専門性の充実」　筑波大学附属桐が丘特別支援学校編『肢体不自由教育の理念と実践』　ジアース教育新社

紅林伸幸（2007）「協働の同僚性としての《チーム》」，教育学研究，74（2），174-188.

藤田英典・名越清家・油布佐和子・紅林伸幸・山田真紀・中澤渉（2003）「教職の専門性と教師文化に関する研究―日本・中国・イギリスの 3 カ国比較―」，日本教育社会学会第 55 回大会発表要旨集録

今津孝次郎（1988）「教師の現在と教師研究の今日的課題」，教育社会学研究，第 43 集，5-17.　東洋館出版

今津孝次郎（2017）『新版変動社会の教師教育』名古屋大学出版会

稲垣忠彦（1998）「教師教育の課題」『岩波講座　現代の教育』6「教師像の再構築」岩波書店

文部科学省（2018）『障害に応じた通級による指導の手引き』海文堂

名越清家（1986）「教師の専門職化をめぐる意識と実態」市川昭午編『教師＝専門職論の検討』教育開発研究所

Ozga, J. & Lawn, M.（1981）Teachers, Professionalism and Class: A Study of Organized Teachers, The Falmer Press.

佐古秀一（2011）「学校の組織と特性をふまえた学校組織変革の基本モデル」　佐古秀一・曽余田浩史・武井敦史著『学校づくりの組織論』　講座現代学校教育の高度化　小島弘道監修　学文社

11章

自立活動の指導における
授業観の転回と専門性

[1節　授業観の転回と教師の成長]

1. 学習者と教授者における授業観

（1）学習者と教授者における授業観のずれとその意味
『授業とは（ ① ）のようなものである。なぜなら，（ ② ）であるから。』
①，②にどのような用語が入るであろうか。

大学生（教職課程を履修する学生と一般の学生），小学校，中学校及び高等学校の教師を対象に，比喩生成課題（メタファー（metaphor））を用いて「教師」あるいは「授業」のイメージを明らかにする秋田（1996）の研究の一部である。授業を考究する上での基礎資料を，学習者と教授者の双方から得た興味深い研究である。

回答は多様であった。例えば，「授業とは」に対して，学生は「テレビ番組」「映画」などを，教師は「キャッチボール」「チームプレーのゲーム」などをあげた。前者は一方向からの情報の流れを意味することから「伝達の場」とし，後者は自分自身と相手との相互関係を含むことから「共同作成の場」とみなした。両者は「授業の場」とカテゴライズした。他に，学生は「カレンダー」「時計」などを，教師は「筋書きのないドラマ」「水」などをあげたことから，前者は「筋書き通り」，後者は「未知の展開」とみなし，これらを「授業展開」とカテゴライズした。これら結果の一部を表11－1にまとめた。

表 11 − 1　授業のイメージ　（秋田．1996 を修正）　＊数値%

内容	学　生			教　員		
	一般	小・教職	中高・教職	高・新任	小・中堅	中高・中堅
A　授業の場						
A1　教師生徒の共同生成の場	9	19	8	24	53	43
A2　伝達の場	78	56	78	80	13	57
B　1時間の授業展開						
B1　未知の展開	25	33	29	61	69	62
B2　勝手に進む	8	30	32	13	0	0
C　日々の授業						
C1　同じことの繰り返し	67	19	33	6	5	0
D　教師役割						
D1　権力者	32	23	32	18	6	11
D6　導く者	8	28	20	23	63	28
E　授業に伴う感情						
E1　厳しい・つらい	25	23	29	71	100	50
E3　つまらない・嫌	53	67	51	6	0	0

　結果からは，対象間，特に学生と教師とに大きな差異があることを読み取れる。例えば，「授業の場」については，学生は圧倒的に「伝達の場」であるとみなしたのに対して，教師は一部を除いて「教師生徒の共同生成の場」であるとしたことである。また，「授業に伴う感情」では，学生は「つまらない・嫌」が半数以上を占めたのに対して，教師は圧倒的に「厳しい・つらい」が多い。教職課程の学生か否かや，教師の校種や経験によっても差異が示唆された。

　授業で向き合ってきた大学生と教師との間に，授業イメージに大きな隔たりがあることを示すものである。この隔たりこそ，教師の苦悶の要因であり，授業観の転回の契機となる。教師の熟達化の一つの指標ともいわれるものである。

（2）自立活動における子どもの「学び」と「授業」の定義

　自立活動の領域特性を考慮すると，自立活動に関する教師の授業観は，小学校等の教師のそれとは異なるはずである。授業観の転回が熟達化の指標であるとすれば，特別支援教育に携わる教師は，自立活動の指導における子どもの学びや授業をどのように理解すべきであろう。

　「学ぶ」こととは，「子どもが学習上又は生活上の困難を改善・克服していない（できていない）ことを，内的，主体的に意味づけること」である。授業とは「子どもが学習上又は生活上の困難を改善・克服するための経験の場を提供することであり，子どもが自ら意味づけするよう促すこと」である。したがっ

て，授業とは伝達の場ではなく，子どもと教師の自己表現生成過程の場であり，プロセスであるといわれる。教師は子どもの学習に寄り添い，苦悶しつつ意志（will）をもって授業観の転回を図る存在とみなすものである。意志あるところに教師の成長（professional development）が期待できるのである。

（3）授業における多様なコミュニケーション手段の獲得

　教室言語という用語がある。一般的なコミュニケーションとは異なった様式であることから命名されたものである。

　一般的なコミュニケーションでは，

A：「○○駅に行きたいのですが，どう行ったらいいでしょうか。」

B：「○○駅は，この通りを真っ直ぐ300メートルほど行って，信号のある交差点を左に曲がりますと，駅が見えます。」

A：「300メートル先の信号機のある交差点を左折ですね。」

B：「そうです。駅はその交差点から100メートルくらい行ったところです。」

A：「わかりました。ありがとうございます。」

となる。

　これに対して，授業での教師Aと児童Bとのコミュニケーションでは，

A：「これから地図記号について学びます。Bさん（指名），この3つの地図記号のうち，学校はどれでしょうか。」

B：「学校ですか？　学校だから，たぶん，（「文」の記号を指して）これだと思います。」

A：「いいところに目をつけましたね。その通りです。よくできました。」

となる。

　両者の違いはどこにあるか。一般的なコミュニケーション場面では，駅までの道順を「知らない人（A）」が，「知っていそうな人（B）」に尋ねるもので，AとBとで「知るべき」あるいは「知らすべき」内容についての発信と受信が交互に繰り返される。授業でのコミュニケーションでは，内容（地図記号）を「知っている」教師Aが「知らない（未学習）」児童Bに問いかけし（Teacher Initiative），児童Bが答えを述べ（Child Response），そして教師Aがその評価を行って終わっている(Teacher Evaluation)。頭文字を取りIREといわれる。授業における教師と児童生徒のIREは一定程度存在しており，これに終始することはあまりいい授業ではないとされる。教室には日常とは異なる独特なコ

ミュニケーションの特徴があることを示すものである。

　自立活動の指導において注目するのは，コミュニケーション手段に関することである。教室におけるコミュニケーションでは，一般社会同様にほとんどが言語に依存する。言語は，一般的な言語発達を遂げた児童生徒に対してメッセージを伝えるのに効率的であるからである。しかし，特別支援教育の対象となる子どもたちにとっては必ずしも当てはまらない。例えば，聴覚障害児にとって言語によるコミュニケーション（Verbal Communication）は手段の限界性があり，口話に加えて手話などの手段を併用するのは容易に想像がつくであろう。

　重度・重複障害児とのコミュニケーションはどうであろうか。重度な肢体不自由と重度な知的障害を併せ有する子どもに，言語によるコミュニケーションはどの程度有効なのであろうか。子どもから言語による反応は期待できるのか。残念ながら，私たちがこれまで身につけた言語によるコミュニケーションでは，当該児とのやりとりは成立しない。肢体不自由教育では，言語によるコミュニケーションを使いつつも，互いの身体の動きを通じて教師の「意図」を伝え，きわめて微弱な動きから児童の「意図」を読み取っている。

　このように，授業における子どもとのコミュニケーション手段の多次元化が教師に求められるところに自立活動の指導の特徴を指摘できる。

2．授業に関する教授知識

（1）授業における教師の知識領域

　吉崎（1988）は，Shulman, L. S.（1987）の教師の知識カテゴリーを引用し，授業に関する教授知識として，①教材内容に関する知識（Teacher knowledge for subject matter），②教授方法に関する知識（Teacher knowledge for pedagogy），③児童生徒の関する知識（Teacher knowledge for students）を3つあげるとともに，図11－1のように，アからエまでの複合領域4つを提案した。教材内容，教授方法，児童生徒の単一の知識については，教員養成（pre-service training）段階において教授可能である。一方，複合領域の知識については，知識の複雑性ゆえに授業者としての教授経験の中で育成されるものと考えられる。教育実習生は，これまで修得した3つの知識をもって授業に臨むものの，授業の実施段階で子どもがみせる想定外の学習状況に対して，柔

軟に対応する手立てを講ずることができないのはこのような理由による。

（2）自立活動の指導における教授知識

　自立活動にあっても，教師の知識として基本的に7つの領域を仮定できる。具体的にはどのような知識が想定されるのであろうか。自立活動の指導における教授知識では，個別性と多様性を特徴として指摘できよう。

　教科指導における目標及び内容は，教育課程の基準である学習指導要領に明示されている。このことは，戦前，戦後を通じて教授知識に関する知見の積み上げにより，教員養成や現職研修において身につけるべき知識等（ミニマム・リクワイアメンツ）としての明示を可能とした。

　翻って，自立活動の指導では，対象となる子どもは障害をはじめ，年齢や発達段階においても実に多様である。加えて，教材内容は，予め学習指導要領に明示されておらず，個別の指導計画の作成の手続きを経て導き出すこととなる。授業における普遍化された教授知識，方法の開発は現実的ではない。自立活動の指導においては，子どもの多様性を前提にすることから，個別化された指導目標・内容の設定と授業における教授知識，方法の最適化を図ること[1]が重要となる。

［　2節　意思決定論的アプローチによる自立活動の授業研究　］

1．わが国における授業研究の動向

（1）わが国の授業研究への注目

　2011（平成23）年に，日本教育方法学会（National Association for the Study of Educational Methods）は，"Lesson Study in Japan" を刊行した。すでに2009（平成21）年9月に刊行した『日本の授業研究 上巻 授業研究の歴史と教師教育』『日本の授業研究 下巻 授業研究の方法と形態』の英訳版である。この書籍の冒頭 Introduction で米国ミルズ大学のルイス氏（Catherine C. Lewis）は，日本における100年に及ぶ授業研究の歴史やその成果がこれまで他国の教育者や研究者にほとんど活用されることがなかったとし，それゆえ

英語版での刊行は世界の研究者等にとって新たな価値ある資源となるとした（National Association for the Study of Educational Methods, 2011）。

（2）わが国における授業研究の取り組み

1970 年代のアメリカ合衆国では，行動主義的アプローチに基づく授業におけるコミュニケーション分析が提起された。Flanders（1970）の FIAS；Flanders Interaction Analysis System や，Hough and Duncan（1970）の OSIA；Observational System for Instructional Analysis である。これらは，授業過程における教師行動（教授行動）と児童生徒行動（学習行動）を観察可能な行動として取り上げ，授業成果との関係を定量的に明らかにするものである（吉崎，2012）。わが国においてもいち早く導入された（例えば，小金井，1977）。量的分析ゆえの分かりやすさもあって広く普及することとなった。その一方，児童生徒の学習状況は，観察可能な行動をもって代表できるのか，教師の経験・能力といった教師の変数や子どもの経験・能力等の変数を捨象して「授業」の分析といえるのかなどの指摘もある。

一方，アメリカ合衆国における認知科学の発展に基づく認知主義的アプローチによる授業研究が提唱された。教室行動の背後にある授業過程での教師と児童生徒の思考や感情などの内面過程に着目するもので，行動主義的アプローチでは迫れなかった課題への接近を可能とするとともに，教師の成長の機序を解明する成果が期待される。教師の意思決定研究（例えば，吉崎，1988），教師の実践的知識研究（例えば，秋田，1991），授業リフレクション研究（例えば，澤本，1998）はこの系譜に連なるものであろう。

（3）障害児教育分野における授業研究の取り組み

障害児教育分野では，授業研究にカテゴライズできる研究はきわめて少ない。わが国で最も歴史のある学術団体である一般社団法人日本特殊教育学会の機関誌「特殊教育学研究」を検索してもきわめて少ない（例えば，中山，1986）。ほかに成書として太田（2007），湯浅（2009），安藤（2009）などをあげることができる。

わが国の授業研究の歴史は，100 年にも及ぶとされる。自立活動についてもその起源を養護・訓練の誕生にまで遡ると半世紀になる。この間の成果は，わが国の学術研究及び地域の教育への還元が期待されているところであり，その先への発信についてはほとんど関心が払われなかった。しかし，世界的な Lesson Study の普及によりわが国の授業研究への関心は高まっている。イン

クルーシブ教育システムの構築，推進が課題となる今日，障害児教育分野における授業研究の知見の蓄積と成果の発信が求められている。

2．障害児教育分野における意思決定研究の着想と展開

　本書では，著者が認知主義的アプローチに位置づく意思決定研究による授業研究に取り組んできたことから，以下に具体的に紹介する。

（1）なぜ，意思決定研究なのか？

1）意思決定研究の導入の背景

　著者は，教職の専門職化にあっては，役割論・実践論の立場に依拠し，「教師は教職にある限り，学校組織等における自らの役割を自覚し，教育実践を通じて理想とする教師像を希求する存在である」（⇒10章1節2．を参照）とした。また，理想の教師像を希求する意志（will）こそ教師の成長（professional development）の源である（⇒本章1節1．）と述べた。

　教師は，子どもと向きあう授業の中で，あるいは授業後において自らの教授行動を振り返る。指導案で想定した子どもの姿と学習場面での姿と異なるときに，教師は瞬間瞬間で情報を収集，分析し，指導案にはない対応をすることがある。実践の場における想定外の出来事への対処方略となる実践の知といえるもので，行為の中の省察（reflection in action）といわれる（Schön, 1987）。授業の場における学習者のゆれ，戸惑いなどに柔軟に対応することから，教師は省察的実践家と呼ばれる。一方，経験を積むことによる状況の把握やその対応において柔軟さが失われ定型化，固定化されることへの懸念も指摘された。このことへは，行為に基づく省察（reflection on action）として提起されている。柔軟に対処方略を更新し，より客観的で，開示的な実践家となることを目指すものである。

　このように授業における教師の内的過程に着目し，教師間で共有できる柔軟な教授行動の機序を明らかにする上で，意思決定研究は有効であるとの考えである。

2）意思決定研究の概要

　すでに述べたように，20世紀後半のアメリカ合衆国において認知科学の発展を受けて提起された研究の一つが意思決定研究である。

　図 11 － 2 に Peterson and Clark (1978) の意思決定モデルを示した。図に沿って順に説明する。

①　教師は，授業の計画を作成の上，授業に臨むことになる。「教師の教授行動」である。

②　教授行動をとりながら，教師は子どもの表情などを手掛かり（Cue）に学習状況を観察する。

③　表情などを手掛かりに子どもの学習状況を観察して，計画の変更をすべきかどうかの判断をする。『決定ポイント 1』である。

④　想定内で変更を要しないとの判断「Yes」であれば，計画に沿って教授行動を続ける。

⑤　想定を超えて計画を変更する必要があるとの判断「No」であれば，とるべき代替策があるかの判断になる。『決定ポイント 2』である。

⑥　とるべき代替策がない場合，教授行動を継続することになる。

⑦　とるべき代替策がある場合，実際に代替策をとるかどうかの判断になる。『決定ポイント 3』である。ここで代替策をとらないと判断した場合は，⑥の教授行動を継続することになる。

⑧　代替策をとると判断した場合は，新たな教授行動をとり，②により表情などを手掛かりに学習状況を観察する。

　意思決定研究では，授業の計画段階と実施段階とのずれに着目し，何を手掛かりにずれと判断をしたのか，ずれに対してどのような対処をしようとして，実際に代替策をとったのかどうかなど内的過程を取り上げる。

３）授業研究の手順

　準備と手順は，次のとおりである。

①　準備物：授業計画案（略案でよい）の提出，ビデオカメラ[2]（可能であれば 2 台）

②　準備作業：授業終了後に，授業者に授業を振り返ってもらうために，授業略案のどの段階で授業計画とのずれを感じたのか「決定ポイント 1」を確認してもらう。

③　授業リフレクション

　　授業者に授業における「決定ポイント 1」をあげてもらい，授業映像においてポイントを同定する。図 11 － 2 の流れに沿って，何を手掛かりに

ずれを感じたのか，変更すべき代替策はあったのか，代替策の使用，不
使用の判断は何か，など一連の決定ポイントについて語ってもらう。こ
の過程は授業者の内的過程であるので，声に出して語ってもらい（think
aloud），その特徴を析出するのである。

④　授業改善のカンファランス

　　関係者が集まり，③の授業リフレクションで得られた資料を基に，どの
ように授業改善を行うのかについて討議，確認を行う。確認された内容を
反映した授業計画に基づき授業を実施する。

⑤　授業改善の評価

　　改善すべきポイントが解消されたのか，その成果と課題を整理する。

（2）意思決定研究の展開

　ここでは，特別支援学校教師を対象とした自立活動の授業における意思決定
研究を二つ紹介する。一つは，ティーム・ティーチングにおける教師の意思決
定（内海・平山・安藤，2018）を，もう一つは個別指導における若手教師の意思決
定（北川・内海・安藤，2020）を取り上げるものである。

1）ティーム・ティーチングにおける意思決定研究

①　ティーム・ティーチング導入の意義と課題

　　特別支援学校における自立活動の授業で，児童生徒の障害の重度化，重複
化，あるいは多様化の中で，学習グループの編成や指導の形態などが弾力化
されている。ティーム・ティーチングの導入もそのような文脈に位置付けら
れ，一般的な形態として広がっている。

　　ティーム・ティーチングとは，複数の教師が協力して，同じ子どもグ
ループの授業全体，又はその主要部について責任をもつものであるとされ
る（Shaplin and Olds, 1966）。本来，障害児教育の分野では，一人一人の子ども
の実態に応じてきめ細かな指導を行うことが前提とされ，基本的には個別指
導が主となるべきである。しかし，個別指導では取り上げにくく，むしろ複
数の子どもを対象とすることによる学習の効果が期待できる目標については，
弾力的にティーム・ティーチング（team teaching）を導入してきた経緯がある。

　　ティーム・ティーチングの導入，実施に当たり，授業の過程である計画，
実施，評価・改善の各段階において，複数の教師で役割をどのように分けあい，
誰が，何を基準に，どのような手続きで意思決定を行うのかを明確にしなけ

ればならない。複数教師が関与する個別の指導計画作成が授業のデザイン段階での集団的意思決定であるとみなすと，ティーム・ティーチングは授業の実施段階での集団的意思決定事態とみなせるのである。ともすると，集団事態は個人の役割と責任があいまいになりやすく，メイン・ティーチャー（main teacher）となる教師の意思決定に一切を委ね，サブ・ティーチャー（sub teacher）はその役割の自覚を放棄し，傍観者になるリスクがある。ただ乗り（free riding）と指摘されることもある。

② 　内海ら（2018）の研究の概要

　ティーム・ティーチングによる授業場面の意思決定過程を分析し，その結果を授業改善に活かすことを目的とした研究である。2回の授業分析を行った。第1回では授業の計画と実施とのずれに対する各授業者の意思決定過程を明らかにし，授業者間の意思決定の特徴を析出した。第2回は分析結果から確認された課題に基づき，授業者の効果的な意思決定となるよう授業を再デザインし，授業の実施と分析を行った。その結果，各授業者の意思決定が共有されないまま授業が展開されたことを踏まえ，授業の間に各授業者の意思決定を共有するために，授業者間で意図的に声に出す（speak aloud）改善案が提案された。第2回の授業では，各授業者の声に出すことが子ども一人一人の学習状況の確認とそれに基づくメイン・ティーチャーによる授業の展開に有効であった。

2）自立活動の個別指導場面における教師の意思決定研究

① 　若手教師の個別指導における困難さ

　今日，若手教師が大量に採用され，教師の年齢構成に占める若手教師の割合はきわめて高い状況にある。若手教師の自立活動の指導に関わる専門性をいかに育成するかは喫緊の課題である。特に，自立活動の時間における指導では，基本的に個別指導が行われることとなり，十分な教授知識や経験がない中で，多様なニーズを有す子どもと向きあうこととなる。

　個別の指導計画は複数の教師が関与する集団的意思決定を前提としつつも，授業実施においては，原則，教師個々の専門性に委ねられる。授業は教師が子どもに向きあい，決して逃れられない孤独な場である。

② 　北川ら（2020）の研究の概要

　特別支援学校（肢体不自由）における身体の動きに関わる自立活動の個別

指導に着目し，自立活動の指導に活用されている動作法の習熟度が，若手教師の意思決定に及ぼす影響を明らかにする研究である。若手教師6名を習熟度別に2グループに分け，授業の計画段階と実施段階とのずれとその対応に関する語りを得た。語りの分析から，動作法の習熟度によって，意思決定ポイントでの代替策に差があり，その差が学習者の身体の動きの状態にあわせた柔軟な指導を行うための意思決定に影響を及ぼすことが示唆された。

　図11－2を参照されたい。自立活動の指導に関わる教授知識やスキルの有無は，③決定ポイント1の計画と実施のずれ認識においては決定的な差とはならない。しかし，授業の変更を行うかどうかの⑤決定ポイント2では，代替策があるかどうかが意思決定を大きく左右することになる。若手教師はとるべき代替策がないため，授業の変更の必要を認識しつつも，授業を継続せざるを得ないことが示唆された。特定の指導における若手教師の内的過程は，不安や確信のなさに支配されるとすれば，これを現実として受け止め，学校や校外にこれを解消する研究の機会を見出すことが重要である。不安は成長の糧になるであろう。

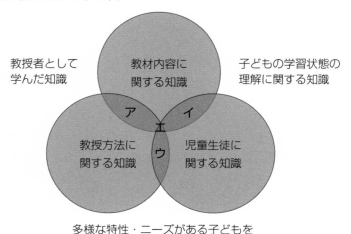

吉崎（1988）をもとに作成

図11－1　授業に関する教師の知識領域

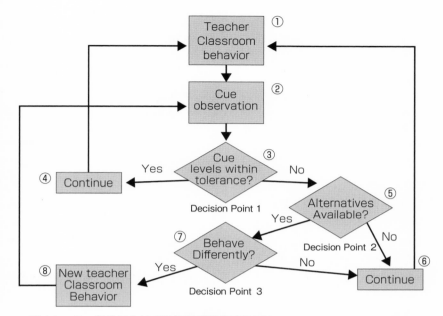

図 11 - 2　授業における教師の意思決定モデル　（Peterson and Clark,1978 を改変）

<注>

1）この考え方は，適性処遇交互作用（aptitude treatment interaction; ATI）として広く知
られている。適性（aptitude）は学習者の個人差を，処遇（treatment）は学習・指導の
方法をさすもので，両者がマッチしてはじめて学習の最大限の効果が期待できるという
ものである。図 11 - 1 のうち，教授方法の知識と児童生徒に関する知識の複層部（ウ）
が該当する。

2）情報は，授業の評価を行う上で不可欠である。現場では「記録」と呼ばれるものである。
記録をどう取るかは教員養成段階でも，現職研修においても教えてくれない。数字によ
る客観的な記録にするのか，文章記述による主観的な記録にするのか，評価すべき対象・
内容により適宜選択決定しなければならない。そのような中で，再現性に困難さを指摘
できる授業の記録としてビデオによる映像記録は有効である。映像として記録すること
で授業中に見落としていた細かな子どもの表情などを拾うことができるからである。そ
のためにカメラは複数台用意し，カメラ A は前方から固定して全体を，カメラ B はカメ
ラ A で拾えない個々の子どもの様子をフリーに撮るとよい。授業における学習状況の再
現に有効である。

　普段の記述記録を検証するツールにもなり得る。自立活動の一つの授業を取り上げビデオ映像に残し，指導後に時系列で記述記録と映像で確認できる残しておくべき記録とを比較すると，記述記録に記載漏れがあることに気づかされる。なぜか，記述記録は，記憶に依存しているからである。朝から午後まで授業に臨む教師が一人一人の子どもの学習状況を正確に記憶し，記述することは不可能である。こまめに記録を書く時間もない。映像記録を活用することは，自らの記述記録の弱さと限界を知る上で有効であり，記述記録の工夫を促すことになる。時間を要することなので，学期に一回でも可能なところで実施すればよい。

（文献）

秋田喜代美（1991）「教師の授業に関する実践的知識の成長―熟練教師と初任者教師の比較検討―」，発達心理学研究，2（2），88-98.

秋田喜代美（1996）「教える経験に伴う授業イメージの変容―比喩生成課題による検討」，教育心理学研究，44（2），176-186.

安藤隆男（2009）「授業研究法」前川久男・園山繁樹（編著）『障害科学の展開 第6巻 障害科学の研究法』明石書店

Flanders, N.A.（1970）Analyzing teaching behavior. Addison-Wesley, Boston, Massachusetts.

Hough, J.B. & Duncan, J.K.（1970）Teaching: Description and analysis. Addison-Wesley, Reading, Boston, Massachusetts.

北川貴章・内海友加利・安藤隆男（2020）「自立活動の個別指導場面における若手教師の意思決定プロセスの分析」，障害科学研究，44，149-159.

小金井正巳（1977）「教師教育と教育工学　その1―教師の諸能力改善に関する研究開発―」，日本教育工学雑誌　2（4），161-170.

中山文雄（1986）「精神薄弱児教育における授業分析の研究」，特殊教育学研究，23（4），16-27.

National Association for the Study of Educational Methods（2011）″Lesson Study in Japan″ KEISUISHA.

太田正巳（2007）『特別支援教育の授業研究法 ロマン・プロセス法詳説』　黎明書房

Peterson,P.L., & Clark,C.M.（1978）Teachers' reports of their cognitive processes during teaching. *American Educational Research Journal*, 15, 555-565.

澤本和子（1998）「中堅・ベテラン教員を対象とする教師の成長研究―4つの授業リフレクション研究事例の考察―」，教育実践学研究，山梨大学教育学部附属教育実践研究指導センター研究紀要，4巻，61-70.

Schön, D. A.（1987）Educating the Reflective Practitioner Jossey Bass.

ShaplinT. & Olds, F.（1966）Team Teaching. Harper & Row, New York.

Shulman, L. S.（1987）Knowledge and teaching：Foundations of the new reform, *Harvard Educational Review*, 57（1）, 1－23.

内海友加利・平山彩乃・安藤隆男（2018）「肢体不自由特別支援学校のティーム・ティーチングにおける教師の意思決定過程の分析と授業改善」，特殊教育学研究, 56（4）, 231-240.

吉崎静夫(1988)「授業研究と教師教育(1)—教師の知識研究を媒介として—」, 教育方法学研究, 13, 11-17.

吉崎静夫(2012)「教育工学としての授業研究」　水越敏行・吉崎静夫・木原俊行・田口真奈編『授業研究と教育工学』ミネルヴァ書房

湯浅恭正（2009）「特別支援教育と授業研究」日本教育方法学会（編）『日本の授業研究 下巻 授業研究の方法と形態』学文社

12章 新たな時代に期待される自立活動の指導

[1節 特別支援学校の「教室」から「地域」への成果の発信]

1. 特別支援教育の質の保証

　自立活動の指導の充実は，特別支援教育の質の保証，ひいてはインクルーシブ教育の進展のエンジンとなる。特別支援学校の「教室」は，自立活動の指導をデザイン，実施，評価・改善する場であり，10章で概説したように関係教師の協働，連携の下でその専門性が蓄積されるとの前提に立つものである。すべての教師の教室での自立活動の指導の成果は，地域の特別支援教育の質保証につながることを意味する。

（1）小学校等における特別支援教育の対象の量的拡大

　2017（平成29）年に告示された小学校，中学校の学習指導要領総則では，障害のある児童生徒に対して自立活動の指導を積極的に導入すること，あわせて個別の指導計画の作成，活用することを明記した（⇒4章1節）。インクルーシブ教育の思潮の流布により，小・中学校等における特別支援教育の対象が量的拡大する中で，その教育の質をいかに確保するかが喫緊の課題であるとの認識に立つものといえる。このことは教科教育のパラダイムに依存しがちな小・中学校等の教師に，自立活動の指導，すなわち，子ども一人一人の障害の状態等に応じた指導（child centered）の具現を求めるものである。

（2）特別支援学校の役割と発信すべきコンテンツ

　特別支援学校は，通常の学級，通級による指導，特別支援学級と並んで連続

性のある「多様な学びの場」に位置付けられた。わが国におけるインクルーシブ教育システムを語る上で最も象徴的な制度である。

　特別支援学校は，盲学校，聾学校の設置に始まり，これまで長きにわたって整備が行われてきた。2019（令和元）年度では，1,146 校を数える[1]（文部科学省，2020）。人口約 10 万 8 千人当たりで一校設置されたことになる。量的整備がなされた特別支援学校は，地域における特別支援教育のセンター的機能を担う重要な資源となったのである。

　発信すべきコンテンツの一つとして，自立活動の指導に関わる内容をあげる。2017（平成 29）年に告示された小学校学習指導要領等において，自立活動の積極的な導入と個別の指導計画作成を明記したことから，養護・訓練の誕生以降，これまで培ってきた専門性に基づく指導の成果は，わが国のインクルーシブ教育システム推進の一翼を担う資源，コンテンツといえよう。

（3）課題は何か？

1）自立活動の指導に関わる専門性の確保

　自立活動は，特別支援教育における教育課程編成上，また担当教師に求められる専門性の中核に位置付けられるといっても過言ではない。しかし，現行の教育職員免許法等においてその履修に関する明確な規定はない。そのため，養成課程で特別支援学校教諭免許状を取得し教員採用試験をパスしたとしても，自立活動の指導に関わる専門性は，残念ながら多くは期待できない（例えば，安藤，2015）。自立活動の指導に関わる専門性を育成する現職研修のさらなる充実（例えば，内海・安藤，2021）を図るとともに，教育職員免許法等における自立活動の修得に関わる規定の整備が望まれる。

2）連続性のある「多様な学びの場」の偏り

　多様な学びの場として，通常の学級，通級による指導，特別支援学級，特別支援学校があることは繰り返し触れた。これらは地域におけるニーズとの関連から整備が進められてきた歴史がある。知的障害では特別支援学校，特別支援学級において量的に圧倒的な多数を占める。その一方で，肢体不自由では特別支援学級や通級による指導は圧倒的に少なく，地域的にも偏在する。視覚障害，聴覚障害に至っては特別支援学校を含めて圧倒的に少ない。そのため，障害種によっては，個々のニーズに応じた適切な場へのアクセスが制約される可能性がある。どのような地域，どのような場で学んでいようとも自立活動の指導へ

のアクセスを保障することが重要である。

2．「教室」を基盤にした自立活動の指導の充実と関係教師との協働

　ここではまず，特別支援学校における自立活動の指導の成果を小学校等の支援につなげるために，次のことを確認しておきたい。

（1）「教室」を基盤にした自立活動の指導の成果と発信

　2005（平成 17）年 12 月の中央教育審議会初等中等教育分科会特別支援教育特別委員会「特別支援教育を推進するための制度の在り方について（答申）」において，地域の特別支援教育のセンター的機能については，次の 6 つの機能をあげた。

　①　小・中学校等の教員への支援機能

　②　特別支援教育等に関する相談・情報提供機能

　③　障害のある幼児児童生徒への指導・支援機能

　④　福祉，医療，労働などの関係機関等との連携・調整機能

　⑤　小・中学校等の教員に対する研究協力昨日

　⑥　障害のある幼児児童生徒への施設整備等の提供機能

　特別支援教育に制度転換された今日，特別支援学校のセンター的機能はどのような現状にあるのであろう。「平成 27 年度特別支援学校のセンター的機能の取組に関する状況調査」（文部科学省，2017）によれば，公立の特別支援学校 947 校に対する小学校等の教員からの相談内容としては，「指導・支援に係る相談・助言」が 903 件（95.4％）で最も多く，「障害の状況等に係る実態把握・評価等」が 826 件（87.2％），「就学や転学等に係る相談・助言」が 794 件（83.8％）と続いた。自立活動の指導に係る内容としては，「個別の指導計画の作成に係る相談・助言」があげられ，545 件（57.6％）であった。自立活動や個別の指導計画の導入が小学校学習指導要領等において明記された 2017（平成 29）年 3 月以前であるものの，自立活動の指導に関連する相談内容が少なからず寄せられる現状を指摘できる。今後は，「障害の状況等に係る実態把握」を含めて，自立活動の指導や個別の指導計画作成に関わる相談の需要が高まる可能性がある。特別支援学校は，潜在化するこれらニーズを先取りする「積極的センター的機能」を展開する体制を構築することが重要となろう。

　特別支援学校には，地域の特別支援教育のセンター的機能を果たす支援相談等の部門が設置される。配置された教師は要請に応じて小学校等への巡回相談を行うことをもって役割の遂行とみなされる。限られた人的資源を学校組織内の分掌等に配置し，分業による目的の達成という点では合理的であり，また効率的である。

　しかし，自立活動の指導は，基本的に「教室」を場として，教室に関与する関係教師の協働により成立する営為である。教室を基盤とした関係教師の協働による自立活動の指導の展開と，支援相談の担当教師との連携なくして成果の創出と発信はない。支援相談の担当教師個人の力量・努力に大きく依存するだけでは，自立活動の指導の成果は確保できないからである。「教室」を基盤とした関係教師の協働に基づく成果の創出と連携による発信が求められるのである。

（２）小学校等における自立活動の指導に係る教師の協働のメンバー

　小学校等における自立活動の指導に関わる組織体制はどのように仮定するかということである。

　個別の指導計画を作成するに当たり，自立活動の指導に関わる教師をもって構成することである。通級指導教室の担当教師あるいは特別支援学級の担任教師は自立活動の時間の指導を，通常の学級担任は時間の指導との関連を踏まえた自立活動の指導をそれぞれ役割として担うことを根拠とする。自立活動の校内指導体制や個別の指導計画の様式の作成，改訂の中心的な役割を担う特別支援教育コーディネーターもメンバーとして外せない。

３．小学校等における個別の指導計画作成の協働モデルの構想

　ここでは８章及び９章の理論的枠組みと方法に基づき，小学校等における個別の指導計画の作成モデルを構想する。

（１）作成の背景と目的

　小学校等においては，各種の統計（例えば，文部科学省（2020））から個別の指導計画の作成率は90％台後半の高い水準に達している（図6−2）。しかし，必要な子どもすべてに対する作成の完了を表すものではなく，関係教師一人一人の次元では，依然，自立活動の本質の理解や，これに基づく個別の指導計画の

作成・活用における課題を指摘できる。

　そこで，小学校等の教師をして自立活動の本質的理解に導く学習機能を埋め込んだ個別の指導計画システムを構想，提起する。

（2）組織体制

　個別の指導計画作成には，自立活動の指導に関わる教師が関与することを前提とした。さらに，次の手順を理解して個別の指導計画システムを運営，実施するファシリテーターを置く。ファシリテーターは参加教師をもって充てることとする。

（3）作成の手順と役割

　図12－1は，個別の指導計画システムの構成と各段階のコンセプトである。各段階においては，必要な手続きを確保しつつも，最小限の時間的コストであることに留意した。

1）個別の指導計画システム

①　実態把握における情報収集（ケース会に向けて個人作業）

　実態把握では，誰が，どのような観点から，どのように情報を収集するのかが重要である。子どもの情報を分有する特別支援学級担任・通級指導教室担当と通常の学級担任が情報提供者となる。保護者の参加は，手続きに熟知していれば検討可能であろう。以下のケース会開催前に，特別支援教育コーディネーターが中心となり，マネジメントしておく。特別支援教育コーディネーターは自立活動の指導を全校的な立場から把握する役割にあるとの前提に立つものである。このことは，ファシリテーターの役割を担うものである。

　情報は特別支援学校学習指導要領等に明示された6つの区分を観点として，各区分から一つを収集する。カード（付箋紙）一枚につき，一つの情報を具体的，客観的に記述する。所定の観点からそれぞれが分有する子ども情報を収集することで，障害種のバイアス（安藤，1996）を回避するためである。このことは，自立活動の指導における指導目標及び指導内容の設定に当たって，すべての区分から必要な項目を選び，関連づけるという自立活動の本質に触れる機会とするものである。各区分からの情報を一つに制限することは，収束の時間の効率化を意図した。量的制限により，カードへの記載を客観的，具体的にする作業に時間を確保できる。

②　実態把握における情報収束と実態把握図作成（ケース会）

　情報は収集することが目的ではなく，教育的な診断に供することが重要である。収集した情報は次のルール，すなわち，（ⅰ）各観点内での情報間の関連，（ⅱ）各観点間での情報の関連，を踏まえて収束する。情報収束に当たり，特定の障害へのバイアスを排除するためである。収束技法は，川喜田のKJ法を参考として，観点内，観点間の関連を踏まえた「実態把握図」（⇒9章の図9－3を参照）を作成する。

③　課題の抽出（ケース会）

　2017（平成29）年4月告示の特別支援学校学習指導要領等では，作成過程を明確にするために，新たに「指導すべき課題」を明記した。ここでは「課題」概念を「指導上の外せないポイント」と定義して，作成した実態把握図から教師間の協議により課題を抽出する。指導期間は1年を想定する。

　①から③については，職務多忙化が指摘される教育現場であることから，1時間を目安にケース会を開催する。さらにケース会は，予めファシリテーターの役割を担う教師を選び，ケース会の効率的な運営に当たる。

④　指導目標及び指導内容の設定

　通級教室担当教師あるいは特別支援学校担任教師は，抽出した課題から時間の指導の目標及び内容を設定する。通常の学級担任教師には，教室で教科指導を行う上で，時間の指導との関連からどのような配慮をし，自立活動の指導として取り上げてもらうのかを予めを伝えておく（⇒3章の図3－1を参照）。

2）試行的授業による即時的フィードバック

　設定した指導目標・指導は，試行的な授業を通じて検証，修正されることを前提とする。時間の指導と教科等の指導のそれぞれから新たに得られた情報は，作成システムの各段階にフィードバックされ，実態把握，課題の設定，目標・内容の検証，修正に供される。

　自立活動の指導やこれを具現する個別の指導計画作成の実効性を高めるために，コーディネーター，特別支援学級担任・通級指導教室担当の教師，通常の学級教師が当事者意識をもって関与し，協働して子どもの主体的な学習を実現することは，自立活動の特性を踏まえた教授学習活動の本質に迫るものである。情報収集においては制限的ではあるが，観点間，観点内の情報の関連から子どもの実態に迫ることや，試行的な授業を通して新たに得られた情報を加えた実態の捉え直しや課題，目標・内容の修正を行う方略は，不確実性の高い中での

課題解決において意思決定の確度を上げることに寄与するものである。

3）授業システムへの接続

　検証，修正された実態把握や課題から新たに目標・内容の設定が行われる。授業システムへの接続である。授業システムでは，1年を想定して再設定された自立活動の時間における指導と各教科等との指導との関連を踏まえて，年間指導計画や単元指導計画の作成されることとなる。学期等の区切りを利用して，得られた情報に基づき適宜個別の指導計画の修正を行う。

（4）期待される成果と想定される課題

1）期待される成果

　小・中学校等の教師，とりわけ通常の学級担任教師にとって自立活動の指導は分かりにくく，また職務多忙化の状況下において，自立活動に係る職務優先度は高いとはいえない。個別の指導計画作成に当たり，①各教科等の指導を行う教師だからこそ担う役割があることの理解し，②ファシリテーターの下で関係教師と協働し，各段階に埋め込まれた学習の機能に作業を通じて触れることで，自立活動の本質を理解し，児童生徒の実態に即した主体的な学習を実現することが期待できる。

　特別支援学校教師がセンター的機能として小学校の通常学級に在籍する脳性まひ児に対して，学級担任との協働に基づく個別の指導計画の作成を行い，その効果と課題について検証した池田・安藤（2017）によれば，作成に慣れない通常学級担任にとって課題関連図等の視覚化が実態や課題の把握に有効であり，負担感の低減にもつながったとされる。この場合，自立活動の指導において高い専門性を有す特別支援学校教師がファシリテーターの役割を果たしていたことを付記する。

2）想定される課題

　新規の課題へ取り組むに当たり，教師はどの程度の負担があるのかを基準に課題を把握し，対処すると考えられる。本システムでは，個別の指導計画を1時間のケース会の開催をもって作成することを仮定している。時間設定の妥当性と，負担感に影響を及ぼす個人的及び社会的要因の検討を行う必要があろう。とくに，後者の視点からはファシリテーターの役割の明確化やその育成をあげることができる。

　連続性のある多様な学びの場の一角に位置付けられた特別支援学校に着目す

ると，今後，このことに関わる資源としてどのように機能すべきかの検討が必要であろう。

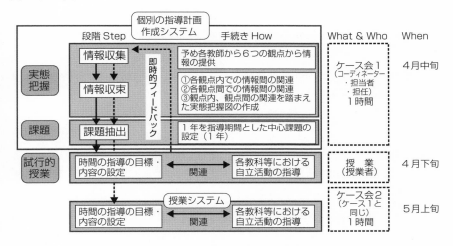

図12－1　小学校等における個別の指導計画システム構想

［　2節　「教室」から「世界」へ成果の発信　］

1．新たな時代における自立活動を展望する

　自立活動は，わが国の特別支援教育における教育課程編成上の独自な領域であり，その指導にあっては教師の専門性を強く求める特徴を有す。

　そこで，自立活動に相当する領域を設ける国があるのかを世界に目を向けたところ，韓国に類似する領域があった。「治療教育」の存在である。

（1）韓国の「治療教育」が問いかけることとは

　韓国では，各障害領域において特殊教育の教育課程として独自に設けた活動を，1998年に特殊教育諸学校共通に「治療教育」とした。肢体不自由教育領域を例にあげると，1983年以降に「再活訓練」活動の名称の下，PT等が指導を担当していたものを，1993年からは治療教育教員免許の制度化により「治

療教育教師」が担当するようになった。

　2007 年には特殊教育振興法（1977 年制定）が廃止され，新たに障害者等に対する特殊教育法が制定された。この法律により，「治療教育」は「治療支援」と改められた。肢体不自由教育領域において治療教育教師が担当していた治療教育は，「治療支援」に名称変更し，PT 等が担当することとなったのである。あわせて治療教育教員免許制度も廃止された。改正の背景には，治療教育の意義及びその必要性を認めつつも，治療教育を担う教師の役割や専門性に対する懐疑的な見方があったとされる（日本特殊教育学会，2012）。

　障害領域別に実施されていた特別の訓練等の指導を，養護・訓練として名称を統一し，その指導を教師が担うとしたわが国の養護・訓練の誕生過程と酷似する。しかし，肢体不自由教育領域において教育的な営為として教師が関与することへの判断は，両国で大きく分かれることとなった。わが国では自立活動が成立した今日においてもその指導は教師が担うとされ，その成果と発信が求められるようになったことはすでに述べたとおりである。

　そのような中でわが国では，自立活動の専門性向上の一環で外部専門家等の導入が行われるようになった。活用の成果が報告される一方で，自立活動の指導という教育的な営為に対する医療の専門家の関与が果たして教師の専門性の向上にどう寄与するのか，自立活動の指導に求められる専門性とは何か，その専門性はどのように養成され，育成されるべきかなど，教師教育の観点から検証されなければならない課題となっている。政策的に異なった判断となった両国だが，教育現場においては，いまなお，これら課題を内包する点では共通しているといえよう。

（2）新たな時代における日本型教育実践モデルとしての自立活動の展望

　SDGs の用語をよく耳にする。持続可能な開発目標と訳される，Sustainable Development Goals の略語である。2015 年 9 月の国連サミットで採択された「持続可能な開発のための 2030 アジェンダ」に記載され，2030 年までに持続可能でよりよい世界を目指す国際目標である。全世界的な理解と展開すべき普遍的な課題として，わが国においても様々な分野において積極的な取り組みが行われ，その成果が蓄積されている。SDGs は 17 の目標・169 のターゲットがあるが，その中に目標 4 として教育があることは意外と知られていない [2]。「誰一人取り残さない（leave no one behind）」の基本理念を踏まえると，わが国が培ってき

た特別支援教育，とりわけ自立活動の指導における教授知識や技能等の専門性を検証し，世界，とりわけアジア諸国の教育と積極的に交流，発信すべきと考える。

　では，新たな時代において自立活動はどのような概念の下で検証すべきであろうか。その一つに，国際教育協力における日本型教育実践モデル（Japanese Education Model, 以下 JE モデル）をあげる。

　田中（2008）は，わが国の教育も国際的な評価の眼差しに触れることによって反省的な観点から質的向上を図っていく段階に入っているとした。JE モデルの意義である異文化の目を通したわが国の教育実践の質的な吟味を前提に，アジアでの応用可能性について提起した。わが国の授業研究 Lesson Study への世界の期待（⇒11章2節）があるように，JE モデルの可能性を探求するものである。近年では，JICA による国際協力の手法である技術協力が日本型教育実践移転の成果と課題として報告されたところである（小野，2019）。

　ここでは，特別支援教育分野における授業研究（⇒11章）に加え，JE モデルの概念的枠組みから自立活動の指導に係る論考の緒に就くことの意義を述べるにとどめる。

2．ベトナム社会主義共和国における障害児教育とインクルーシブ教育の葛藤

　障害児教育における JE モデルはどう構築されるべきであろうか。

　著者らがベトナム社会主義共和国（以下，ベトナムとする）のホーチミン市で，当地の関係者・機関と共同授業研究を試行した際に得た情報をもとに，ベトナムの障害児教育及びインクルーシブ教育に関わる現状の一端を紹介する。わが国の障害児教育分野における途上国支援のさらなる進展を期待するものである。このことは，わが国の特別支援教育の教室における教育的な営為の普遍性を確認することであり，現在，私たちが直面する諸課題を振り返り，整理する機会となる。「教室」での自立活動の指導の知見・成果は，インクルーシブ教育システム下においては「地域」に発信されるとともに，その先の「世界」への発信の可能性を射程するものである。

（1）ベトナム・ホーチミン市における障害児教育の現状

　ベトナムは，南シナ海に南北に長い海岸線を有する国土で，面積は日本のおよそ90％近くで，人口は一億人近くに達する。全人口に占める若い世代の割

合は高く，近年，急速な経済発展を遂げる活気のある国である。

　ここでは，ベトナム国内にあって障害がある子どもの教育の関連資源が比較的整備されているベトナム・ホーチミン市における障害児教育とインクルーシブ教育の取り組みの現状を，いくつかの機関に着目して紹介する。

１）ホーチミン市グエン・ディン・チュー盲学校

　①　学校の概要（2014 年 2 月現在）

　　フランスによる植民地支配下の 1926 年に設置されたベトナム最古の盲学校である。現在は，ホーチミン市が管理している。教職員は，管理職 3 名，教員 45 名，事務職員 18 名である。幼稚部から高等部まで 21 学級設置され，271 名の幼児児童生徒が在籍している。寄宿舎が設置され，約 70 名が寄宿舎生活を送っている。

　　近年，視覚障害以外の障害，例えば，肢体不自由等を併せ有する重複障害児が増えつつある。これまでの盲教育で培った専門性だけでは適切な指導ができにくくなっている。

　②　インクルーシブ教育の取り組み

　　インクルーシブ教育の取り組みは，ベトナムにおいても重要課題となっている。盲学校では在籍児童生徒のうち，小学生 21 名，中・高生 36 名が午前を中心に地域の小学校等の通常の学級で学んでいる。小学校等で学ぶかどうかは，盲学校の判断による。写真 12 - 1 は，盲学校から地域の学校に通学する生徒である。

　　盲学校の校長の案内で，視覚障害児が学ぶ近隣の小学校を訪ねた。教室では，視覚障害の状態に応じて一人一人への配慮がなされており，特別なニーズがある児童については校内に設けられた別教室において個別指導が行われていた。盲学校で研修を積んだ小学校教師が特別の指導に当たっていた。地域の小学校等に対する支援活動を積極的に行うほか，必要に応じて盲学校の設備・機器を活用した点字教科書印刷等を行っている。

　　これらは，わが国における自校方式の通級による指導及び地域の特別支援教育のセンター的機能に相当する制度である。ホーチミン市の街中にある盲学校が地域の小学校等との連携，調整の上で独自に立ち上げたものである。

写真 12 − 1

2）Center for Supporting and Developing Inclusive Education for People with Disabilities H.C.M.C（以下，インクルーシブ教育センターとする）

① 　インクルーシブ教育センターの概要

　1989 年 4 月，ホーチミン市人民委員会により設置された。2007 年に政府・教育訓練省の決定により，インクルーシブ教育センターに改編された。管理は，ホーチミン市教育・訓練局である。スタッフは，管理者 3 名，教師 20 名，事務員 8 名で構成される。

② 　インクルーシブ教育の取り組み

　インクルーシブ教育センターの任務は，障害のある子どもの早期発見・診断，個々のニーズに応じた指導・支援計画の作成と指導法の開発，教育・心理・職業訓練・健康に関する相談，障害に応じた施設・設備，教材・教具の提供，保護者への支援などである。インクルーシブ教育センターに通う子どもは 138 名である。内訳は知的障害 98 名，聴覚障害 14 名，自閉症 21 名，重複障害 5 名である。年齢別では，3 歳未満 14 名，3 歳以上 6 歳未満 90 名，6 歳以上 34 名である（2015 年 5 月時点）。

　写真 12 − 2 はインクルーシブ教育センターに来談した就学前の脳性まひ幼児である。立位姿勢，歩行での動きの困難さについて，日本の特別支援学校教師が分析したポイントを，センター教師（右下）が必死に確認しようとのぞき込んでいた。

　今後を展望してセンター長は，新たな役割を担って間もないことから，経

験を重ねる中でブラッシュアップしてベトナムにおける先進モデルになること, ティーム・アプローチ等を導入した重複障害児の教育の基礎知見を積み上げることを目指したい希望を語った。

写真 12 − 2

3）ホーチミン市師範大学（教育大学）Ho Chi Minh City University of Education

① 大学の概要

　ベトナムにおける障害児教育の教員養成を担う大学の一つで, 南部の中核大学である。北部にはハノイ師範大学がある。南ベトナム政府時代の 1957 年創設の国立大学で, ベトナム戦争終結後の 1976 年に新たに設立された。学部（faculty）は 23 あり, 特殊教育学部はその一つである。教員養成（pre-service training）, 現職教育（in-service training）を行うほか, 最近では学生の効果的な学習, コミュニケーションを図るために, オンラインによる E-learning システムを導入している。

② 障害児教育の教員養成

　近年, 障害児教育関連の法律が整備される中で, ベトナムでは 2015 年までにすべての障害児に対してインクルーシブ教育を提供するとした。ホーチミン市師範大学では, インクルーシブ教育を重視した教員養成カリキュラムを編成している（安藤・丹野・黒羽・尾坐原・任・Hoang Thi Nga, 2015）。

　教員養成に関する課題については, 次のとおりである。第一は, 教員養成の対象が視覚障害, 聴覚障害, 知的障害の教育となっていることである。これ以外の障害, 例えば肢体不自由は, 学校の設置及び教員養成を想定してい

ない。したがって，肢体不自由教育関連の科目は限定的であり，教育現場において研修などの要請が高まりつつある重複障害については未整備である。

　第二は，ベトナムでは障害児学校の教師になるためには，障害児教育の教員免許を取得しなければならず，小学校等の教員免許に関しては取得を求めていない。視覚障害や聴覚障害の学校では単一障害を前提とした教科教育が実施されているにも関わらず，教科教育の専門性の基礎を担保する免許制度となっていない。

（2）ベトナム・ホーチミン市における障害児教育の抱える課題と葛藤

　歴史的に長きにわたり戦時下にあったベトナムでは，障害がある子どもの教育に対して有効な政策立案や十分な財政的措置が講じられてこなかった。その結果として，障害のある子どものための学校の整備は行われることなく今日に至っている。わが国の特別支援学校の整備の歴史とは大きく異なるところである。障害児学校はその数の少なさゆえにインクルーシブ教育の資源になりえず，新たにインクルーシブ教育センターを設置し，その推進のエンジンとなることを期待している。

　今回紹介した盲学校，インクルーシブ教育センター及び教員養成大学は，すべてホーチミン市街地に位置し，障害児教育の資源としてネットワーク化しやすい環境下にある。現に盲学校が地域の小学校等との連携の中で独自にインクルーシブ教育システムを構築し，児童生徒はもとより教師間の研修交流を積極的に行っていたことは感銘深い。ベトナムにおける障害児学校のセンター的機能に基づくインクルーシブ教育の推進モデルになり得るものである。全国的には，障害児学校をはじめインクルーシブ教育センターの設置は進んでおらず，今後，インクルーシブ教育を推進するために，障害児学校やインクルーシブ教育センターにどのような役割を付与し整備するのか関心をもって見守りたい。最後に，ホーチミン市における障害児教育が抱える課題を整理する。

1）重複障害児の教育の充実

　グエン・ディン・チュー盲学校では，肢体不自由等を併せ有する視覚障害の児童生徒が増えつつある。肢体不自由は障害児学校の対象とはならないことから，視覚障害があることを根拠に盲学校に就学していたものである。インクルーシブ教育センターにおいても重複障害児の相談，支援のニーズは高い。わが国においてかつて特殊教育制度の整備過程で直面した課題である。わが国では養

護学校の設置により受け皿を整備し（⇒１章参照），教育課程において養護・訓練を誕生させて編成上の弾力化を図った（⇒２章参照）。ホーチミン市にみる限り，重複障害児の教育の制度設計は教員養成カリキュラムを含めて喫緊の課題といえよう。

２）多様な背景を有する教師間の協働性の涵養

盲学校では，多様な課程で養成された教師が混在する。小学部は主に師範大学で障害児教育を専門に養成された教師で，中学部，高等部は教科教育を専門に養成された教師でそれぞれ構成される。養成段階では，小学部教師は教科教育について，中・高等部教師は障害児教育について専門的に学修する機会は限定されていたことが推察できる。

基本的に教授組織としては，学部が独立して機能することから，各学部間の接続，移行，換言すれば指導の一貫性，継続性は組織内教師の協働に依存することになる。特に，重複障害教育においては，多様な背景を有する教師の協働の下で，根拠に基づく手続きにより個のニーズに評価し，実践につなぐことが重要となる。教師の個業モデルに基づく指導の計画・実施から，複数の教師が協働する個別の指導計画システムをどう構築し，授業においてどうティーム・ティーチングの組織化，マネジメントを具体化するかの課題である。

（3）特別支援学校の「教室」からどのようなメッセージを送ることができるか

歴史も制度も異なるベトナム・ホーチミン市の障害児教育の現状を垣間見たが，私たちは自立活動の指導の成果として彼らにどのようなメッセージを届けることができるであろうか。教室から地域へ，そしてその先への思考である。先の盲学校は建て替えられ，将来的にはインクルーシブ教育センターへと組織替えが構想されていることを耳にした。ホーチミン市での関係者・機関の連携によるインクルーシブ教育モデルは，単純にベトナム国のモデルになり得るかは疑問である。しかし，インクルーシブ教育の制度に障害児学校をどう位置付けるかという発想は，わが国のように一定の量的整備をもって可能となるもので，特定の障害児学校が地域を基盤としてユニークなインクルーシブ教育システムを構築した実績があったにせよ，国の政策次元の判断には届かない可能性がある。将来的には，わが国においても現行制度化の成果，実績を踏まえたインクルーシブ教育システムの再構築が議論されるとすれば，ホーチミン市にお

ける見聞は示唆的であると感じたのは私だけであろうか。

　自立活動に関する日本型教育実践モデルの構築と交流は，新たな時代におけるアジア諸国の障害児教育の礎を築くことに貢献するものであり，何よりもわが国の特別支援教育，自立活動の指導のさらなる発展に資するものといえる。

＜注＞

１）国立特別支援教育総合研究所（2015）によれば，アメリカ合衆国やイギリスでは特別な学校に在籍する児童生徒の割合は，通常の学級の割合に比べて極端に低い。ドイツはこれとは逆で，特別な学校の割合が高い。2013（平成 25）年度の統計を用いたわが国では，特別な学級が突出して多く，通級による指導と特別支援学校はほぼ同程度の割合であった。全学齢児童生徒のうち，特別支援学校在籍者は 0.65% であった。2019（令和元）年度の統計では，特別支援学校在籍者の割合は，義務教育段階で 0.77％に増加した。一方，特別支援学級と通級による指導の対象が急増していることから，特別支援学校の在籍者の割合は相対的に低くなっている。

２）目標 4 として「すべての人々への包摂的かつ公正な質の高い教育を提供し，生涯学習の機会を促進する Ensure inclusive and equitable quality education and promote lifelong learning opportunities for all」が掲げられている。障害がある者やその関連課題についても規定されている。詳しくは資料 4 を参照。

（文献）

安藤隆男（2015）「第 5 章自立活動の指導における教師の成長を支える研修　第 1 節自立活動の専門性の確保において現職研修が必要な背景」，『新重複障害教育実践ハンドブック』，社会福祉法人全国心身障害児福祉財団

安藤隆男・丹野傑史・黒羽マイ・尾坐原美佳・任龍在・Hoang Thi Nga（2015）「ホーチミン市師範大学特殊教育学部における特殊教育教員養成の現状」，障害科学研究，39，101–111.

池田彩乃・安藤隆男（2017）「特別支援学校との協働に基づいた小学校通常学級に在籍する脳性まひ児に対する個別の指導計画の作成—センター的機能を活用して—」，障害科学研究，41，209–219.

国立特別支援教育総合研究所（2015）「諸外国における障害のある子どもの教育」，国立特別支援教育総合研究所ジャーナル，第 4 号，61–77.

文部科学省（2017）「平成 27 年度特別支援学校のセンター的機能の取組に関する状況調査について」　文部科学省，2017 年 3 月 7 日，https://www.mext.go.jp/a_menu/shoyou/

tokubetu/material/1383107.htm,（2021 年 4 月 1 日閲覧）

文部科学省（2020）「平成 30 年度特別支援教育に関する調査等の結果について」https://
www.mext.go.jp/content/20200212-mxt_tokubetu02-000004792_2.pdf

文部科学省（2020）「特別支援教育資料（令和元年度)」

日本特殊教育学会（2012）「第 50 回大会学会企画シンポジウム 10「自立活動研究の到達点と
展望〜日本特殊教育学会の研究論文の分析を通して〜」

小野由美子（2019）「国際教育協力における日本型教育実践移転の成果と課題―授業研究を
事例に―」，教育学研究，86（4），79–91.

田中統治（2008）「国際教育協力における日本型教育実践の応用可能性　日本型教育実践は
アジアで共有できるか？」，比較教育学研究，36，147–154.

内海友加利・安藤隆男（2021）「肢体不自由特別支援学校における教師の協働に基づく校内
研修プログラムの実施と有効性―自立活動の指導における個別の指導計画作成に焦点をあて
て―」，特別教育学研究，59（3），（掲載予定）

〈 資 料 編 〉

1－1 日本国憲法（昭和二十二年五月三日施行）
（教育を受ける権利，教育の義務）

第二十六条 すべて国民は，法律の定めるところにより，その能力に応じて，ひとしく教育を受ける権利を有する。

2 すべて国民は，法律の定めるところにより，その保護する子女に普通教育を受けさせる義務を負ふ。義務教育は，これを無償とする。

1－2 教育基本法（平成十八年十二月二十二日法律第百二十号）

我々日本国民は，たゆまぬ努力によって築いてきた民主的で文化的な国家を更に発展させるとともに，世界の平和と人類の福祉の向上に貢献することを願うものである。

我々は，この理想を実現するため，個人の尊厳を重んじ，真理と正義を希求し，公共の精神を尊び，豊かな人間性と創造性を備えた人間の育成を期するとともに，伝統を継承し，新しい文化の創造を目指す教育を推進する。

ここに，我々は，日本国憲法の精神にのっとり，我が国の未来を切り拓ひらく教育の基本を確立し，その振興を図るため，この法律を制定する。

（教育の機会均等）

第四条 すべて国民は，ひとしく，その能力に応じた教育を受ける機会を与えられなければならず，人種，信条，性別，社会的身分，経済的地位又は門地によって，教育上差別されない。

2 国及び地方公共団体は，障害のある者が，その障害の状態に応じ，十分な教育を受けられるよう，教育上必要な支援を講じなければならない。

3 国及び地方公共団体は，能力があるにもかかわらず，経済的理由によって修学が困難な者に対して，奨学の措置を講じなければならない。

1－3 学校教育法（昭和二十二年法律第二十六号）（令和元年法律第四十四号による改正）

第七十二条 特別支援学校は，視覚障害者，聴覚障害者，知的障害者，肢体不自由者又は病弱者（身体虚弱者を含む。以下同じ。）に対して，幼稚園，小学校，中学校又は高等学校に準ずる教育を施すとともに，障害による学習上又は生活上の困難を克服し自立を図るために必要な知識技能を授けることを目的とする。

第七十四条 特別支援学校においては，第七十二条に規定する目的を実現するための教育を行うほか，幼稚園，小学校，中学校，義務教育学校，高等学校又は中等教育学校の要請に応じて，第八十一条第一項に規定する幼児，児童又は生徒の教育に関し必要な助言又は援助を行うよう努めるものとする。

第八十条 都道府県は，その区域内にある学齢児童及び学齢生徒のうち，視覚障害者，聴覚障害者，知的障害者，肢体不自由者又は病弱者で，その障害が第七十五条の政令で定める程度のものを就学させるに必要な特別支援学校を設置しなければならない。

第八十一条 幼稚園，小学校，中学校，義務教育学校，高等学校及び中等教育学校においては，次項各号のいずれかに該当する幼児，児童及び生徒その他教育上特別の支援を必要とする幼児，児童及び生徒に対し，文部科学大臣の定めるところにより，障害による学習上又は生活上の困難を克服するための教育を行うものとする。

2 小学校，中学校，義務教育学校，高等学校及び中等教育学校には，次の各号のいずれかに該当する児童及び生徒のために，特別支援学級を置くことができる。

一 知的障害者

二　肢体不自由者

三　身体虚弱者

四　弱視者

五　難聴者

六　その他障害のある者で，特別支援学級において教育を行うことが適当なもの

3　前項に規定する学校においては，疾病により療養中の児童及び生徒に対して，特別支援学級を設け，又は教員を派遣して，教育を行うことができる。

1－4　学校教育法施行令（昭和二十八年政令第三百四十号）令和元年政令第百二十八号による改正

第二章　視覚障害者等の障害の程度

第二十二条の三　法第七十五条の政令で定める視覚障害者，聴覚障害者，知的障害者，肢体不自由者又は病弱者の障害の程度は，次の表に掲げるとおりとする。

区分	障害の程度
視覚障害者	両眼の視力がおおむね〇・三未満のもの又は視力以外の視機能障害が高度のもののうち，拡大鏡等の使用によつても通常の文字，図形等の視覚による認識が不可能又は著しく困難な程度のもの
聴覚障害者	両耳の聴力レベルがおおむね六〇デシベル以上のもののうち，補聴器等の使用によつても通常の話声を解することが不可能又は著しく困難な程度のもの
知的障害者	一　知的発達の遅滞があり，他人との意思疎通が困難で日常生活を営むのに頻繁に援助を必要とする程度のもの 二　知的発達の遅滞の程度が前号に掲げる程度に達しないもののうち，社会生活への適応が著しく困難なもの
肢体不自由者	一　肢体不自由の状態が補装具の使用によつても歩行，筆記等日常生活における基本的な動作が不可能又は困難な程度のもの 二　肢体不自由の状態が前号に掲げる程度に達しないもののうち，常時の医学的観察指導を必要とする程度のもの
病弱者	一　慢性の呼吸器疾患，腎臓疾患及び神経疾患，悪性新生物その他の疾患の状態が継続して医療又は生活規制を必要とする程度のもの 二　身体虚弱の状態が継続して生活規制を必要とする程度のもの

備考

一　視力の測定は，万国式試視力表によるものとし，屈折異常があるものについては，矯正視力によつて測定する。

二　聴力の測定は，日本産業規格によるオージオメータによる。

1－5　学校教育法施行規則（昭和二十二年文部省令第十一号）令和三年文部科学省令第九号による改正

第八章　特別支援教育

第百二十六条　特別支援学校の小学部の教育課程は，国語，社会，算数，理科，生活，音楽，図画工作，家庭，体育及び外国語の各教科，特別の教科である道徳，外国語活動，総合的な学習の時間，特別活動並びに自立活動によつて編成するものとする。

2　前項の規定にかかわらず，知的障害者である児童を教育する場合は，生活，国語，算数，音楽，図画工作及び体育の各教科，特別の教科である道徳，特別活動並びに自立活動によつて教育課程を編成するものとする。ただし，必要がある場合には，外国語活動を加えて教育課程を編成することができる。

第百二十七条　特別支援学校の中学部の教育課程

は，国語，社会，数学，理科，音楽，美術，保健体育，技術・家庭及び外国語の各教科，特別の教科である道徳，総合的な学習の時間，特別活動並びに自立活動によつて編成するものとする。

2 前項の規定にかかわらず，知的障害者である生徒を教育する場合は，国語，社会，数学，理科，音楽，美術，保健体育及び職業・家庭の各教科，特別の教科である道徳，総合的な学習の時間，特別活動並びに自立活動によつて教育課程を編成するものとする。ただし，必要がある場合には，外国語科を加えて教育課程を編成することができる。

第百二十八条 特別支援学校の高等部の教育課程は，別表第三及び別表第五に定める各教科に属する科目，総合的な学習の時間，特別活動並びに自立活動によつて編成するものとする。

2 前項の規定にかかわらず，知的障害者である生徒を教育する場合は，国語，社会，数学，理科，音楽，美術，保健体育，職業，家庭，外国語，情報，家政，農業，工業，流通・サービス及び福祉の各教科，第百二十九条に規定する特別支援学校高等部学習指導要領で定めるこれら以外の教科及び道徳，総合的な学習の時間，特別活動並びに自立活動によつて教育課程を編成するものとする。

第百二十九条 特別支援学校の幼稚部の教育課程その他の保育内容並びに小学部，中学部及び高等部の教育課程については，この章に定めるもののほか，教育課程その他の保育内容又は教育課程の基準として文部科学大臣が別に公示する特別支援学校幼稚部教育要領，特別支援学校小学部・中学部学習指導要領及び特別支援学校高等部学習指導要領によるものとする。

第百三十条 特別支援学校の小学部，中学部又は高等部においては，特に必要がある場合は，第百二十六条から第百二十八条までに規定する各教科（次項において「各教科」という。）又は別表第三及び別表第五に定める各教科に属する科目の全部又は一部について，合わせて授業を行うことができる。

2 特別支援学校の小学部，中学部又は高等部においては，知的障害者である児童若しくは生徒又は複数の種類の障害を併せ有する児童若しくは生徒を教育する場合において特に必要があるときは，各教科，特別の教科である道徳（特別支援学校の高等部にあつては，前条に規定する特別支援学校高等部学習指導要領で定める道徳），外国語活動，特別活動及び自立活動の全部又は一部について，合わせて授業を行うことができる。

第百三十八条 小学校，中学校若しくは義務教育学校又は中等教育学校の前期課程における特別支援学級に係る教育課程については，特に必要がある場合は，第五十条第一項（第七十九条の六第一項において準用する場合を含む。），第五十一条，第五十二条（第七十九条の六第一項において準用する場合を含む。），第五十二条の三，第七十二条（第七十九条の六第二項及び第百八条第一項において準用する場合を含む。），第七十三条，第七十四条（第七十九条の六第二項及び第百八条第一項において準用する場合を含む。），第七十四条の三，第七十六条，第七十九条の五（第七十九条の十二において準用する場合を含む。）及び第百七条（第百十七条において準用する場合を含む。）の規定にかかわらず，特別の教育課程によることができる。

第百三十九条 前条の規定により特別の教育課程による特別支援学級においては，文部科学大臣の検定を経た教科用図書を使用することが適当でない場合には，当該特別支援学級を置く学校の設置者の定めるところにより，他の適切な教科用図書を使用することができる。

2 第五十六条の五の規定は，学校教育法附則第九条第二項において準用する同法第三十四条第二項又は第三項の規定により前項の他の適切な教科用図書に代えて使用する教材について準用する。

第百四十条 小学校，中学校，義務教育学校，高等学校又は中等教育学校において，次の各号の

いずれかに該当する児童又は生徒（特別支援学級の児童及び生徒を除く。）のうち当該障害に応じた特別の指導を行う必要があるものを教育する場合には，文部科学大臣が別に定めるところにより，第五十条第一項（第七十九条の六第一項において準用する場合を含む。），第五十一条，第五十二条（第七十九条の六第一項において準用する場合を含む。），第五十二条の三，第七十二条（第七十九条の六第二項及び第百八条第一項において準用する場合を含む。），第七十三条，第七十四条（第七十九条の六第二項及び第百八条第一項において準用する場合を含む。），第七十四条の三，第七十六条，第七十九条の五（第七十九条の十二において準用する場合を含む。），第八十三条及び第八十四条（第百八条第二項において準用する場合を含む。）並びに第百七条（第百十七条において準用する場合を含む。）の規定にかかわらず，特別の教育課程によることができる。

一　言語障害者

二　自閉症者

三　情緒障害者

四　弱視者

五　難聴者

六　学習障害者

七　注意欠陥多動性障害者

八　その他障害のある者で，この条の規定により特別の教育課程による教育を行うことが適当なもの

第百四十一条　前条の規定により特別の教育課程による場合においては，校長は，児童又は生徒が，当該小学校，中学校，義務教育学校，高等学校又は中等教育学校の設置者の定めるところにより他の小学校，中学校，義務教育学校，高等学校，中等教育学校又は特別支援学校の小学部，中学部若しくは高等部において受けた授業を，当該小学校，中学校，義務教育学校，高等学校又は中等教育学校において受けた当該特別の教育課程に係る授業とみなすことができる。

1－6　障害者基本法（昭和四十五年法律第八十四号）平成二十五年法律第六十五号による改正

（教育）

第十六条　国及び地方公共団体は，障害者が，その年齢及び能力に応じ，かつ，その特性を踏まえた十分な教育が受けられるようにするため，可能な限り障害者である児童及び生徒が障害でない児童及び生徒と共に教育を受けられるよう配慮しつつ，教育の内容及び方法の改善及び充実を図る等必要な施策を講じなければならない。

2　国及び地方公共団体は，前項の目的を達成するため，障害者である児童及び生徒並びにその保護者に対し十分な情報の提供を行うとともに，可能な限りその意向を尊重しなければならない。

3　国及び地方公共団体は，障害者である児童及び生徒と障害者でない児童及び生徒との交流及び共同学習を積極的に進めることによつて，その相互理解を促進しなければならない。

4　国及び地方公共団体は，障害者の教育に関し，調査及び研究並びに人材の確保及び資質の向上，適切な教材等の提供，学校施設の整備その他の環境の整備を促進しなければならない。

【資料2】　学習指導要領（抜粋）

2－1－①　盲学校小学部・中学部学習指導要領（昭和46年3月告示）

第1章　総則

第1　教育目標

小学部および中学部における教育については，学校教育法第71条に定める目的を実現するために，児童および生徒の心身の障害の状態および能力・適性等をじゅうぶん考慮して，次に掲げる目標の達成に努めなければならない。

1　小学部においては，学校教育法第18条各号に掲げる教育目標。

2　中学部においては，学校教育法第36条各

号に掲げる教育目標。

3　小学部および中学部を通じ，視覚障害に基づく種々の困難を克服するために必要な知識，技能，態度および習慣を養うこと。

第2　教育課程一般

5　視覚障害（著者注：聾学校学習指導要領では「聴覚障害」，肢体不自由養護学校学習指導要領では「肢体不自由」，病弱養護学校学習指導要領では「病弱」を使用）以外に他の心身の障害をあわせ有する児童または生徒（以下「重複障害者」という。）については，次に示すところによることができる。

（1）　各教科の目標および内容に関する事項の一部を，あわせ有する障害の種類に対応する聾（ろう）学校小学部・中学部学習指導要領，養護学校（精神薄弱教育）小学部・中学部学習指導要領，養護学校（肢（し）体不自由教育）小学部・中学部学習指導要領または養護学校（病弱教育）小学部・中学部学習指導要領に示す各教科の目標および内容に関する事項の一部によって代えること。

（2）　重複障害者のうち，学習が著しく困難な児童または生徒については，各教科，道徳および特別活動の目標および内容に関する事項の一部を欠き，養護・訓練を主として指導を行なうこと。

6　学校においては，小学部または中学部の各教科（中学部においては，学校教育法施行規則第73条の8に定めるその他特に必要な教科を含む。以下この章において同じ。），道徳，特別活動および養護・訓練について，相互の関連を図り，全体として調和のとれた具体的な指導計画を作成し，発展的，系統的な指導を行なうものとする。

なお，指導計画の作成に当たっては，この章ならびに第2章以下に示す小学部または中学部の各教科，道徳，特別活動および養護・訓練の指導計画の作成に関する事項にじゅうぶん留意するものとする。

7　授業時数については，次に示すところによるものとする。

（2）　小学部または中学部の各学年の養護・訓練に充てる授業時数は，年間105を標準とするが，児童または生徒の心身の障害の状態に応じて適切に定めること。

第4　養護・訓練

心身の障害に基づく種々の困難を克服させ，社会によりよく適応していく資質を養うため，養護・訓練に関する指導は，養護・訓練の時間はもちろん，学校の教育活動全体を通じて適切に行なうものとする。

特に，養護・訓練の時間における指導は，各教科，道徳および特別活動と密接な関連を保ち，個々の児童または生徒の心身の障害の状態や発達段階に即して行なうよう配慮しなければならない。

第5章　養護・訓練

第1　目標

児童または生徒の心身の障害の状態を改善し，または克服するために必要な知識，技能，態度および習慣を養い，もって心身の調和的発達の基盤をつちかう。

第2　内容

A　心身の適応

1　健康状態の回復および改善に関すること。

2　心身の障害や環境に基づく心理的不適応の改善に関すること。

3　障害を克服する意欲の向上に関すること。

B　感覚機能の向上

1　感覚機能の改善および向上に関すること。

2　感覚の補助的手段の活用に関すること。

3　認知能力の向上に関すること。

C　運動機能の向上

1　肢（し）体の基本動作の習得および改善に関すること。

2　生活の基本動作の習得および改善に関

すること。

　3　作業の基本動作の習得および改善に関
　　すること。

　D　意思の伝達

　1　言語の受容技能の習得および改善に関
　　すること。

　2　言語の形成能力の向上に関すること。

　3　言語の表出技能の習得および改善に関
　　すること。

第3　指導計画の作成と内容の取り扱い

　1　指導計画の作成に当たっては，次の事項
　　について配慮するものとする。

　（1）　個々の児童または生徒の心身の障害の
　　　状態，発達段階および経験の程度に応じ
　　　て，それぞれに必要とする第2の内容の
　　　具体的な事項を選定し，個別にその指導
　　　の方法を適切に定めるようにすること。

　（2）　各教科，道徳および特別活動における
　　　指導と密接な関連を保つようにし，組織
　　　的，計画的に指導できるようにすること。

　（3）　児童または生徒の心身の障害の状態に
　　　より，特に必要がある場合には，専門の
　　　医師およびその他の専門家と密接な連絡
　　　をとり，適切な指導ができるようにする
　　　こと。

　2　第2の内容の取り扱いに当たっては，た
　　とえば次のような項目を取り上げるように
　　する。

　（1）　内容のAについては，

　　ア　自己の障害の理解。

　　イ　障害克服の態度と習慣の形成。

　　　なお，内容のAの指導に当たっては，で
　　きるだけ実際活動を通じて指導を行なうよ
　　うにすること。また，特に，上記イの指導
　　に当たっては，自己の可能性を見いだすよ
　　うな配慮をすること。

　（2）　内容のBについては，

　　ア　感覚補助具の活用。

　　イ　物の材質，形状，状態の判別。

　　ウ　音の変化の認知。

　　エ　量の感覚的把握（はあく）。

　　オ　事象の時間的順序づけ。

　　カ　空間表象の構成と空間認知。

　　　なお，内容のBの指導に当たっては，児
　　童または生徒が主体的態度で総合的に判断
　　できる習慣が養われるように努めること。

　　　また，内容のCにおいて取り扱う項目の
　　うち，「協応動作の向上」と一体化した指
　　導を行なうようにすること。

　（3）　内容のCについては，

　　ア　協応動作の向上。

　　イ　姿勢の矯正（きょうせい）。

　　ウ　歩行能力の向上。

　　エ　基本的生活行動様式の習得および向上。

　　オ　作業における巧緻（こうち）性と敏捷
　　　（びんしょう）性。

　　　なお，内容のCの指導に当たり，特に上
　　記イ，ウ，エおよびオの項目については，
　　児童または生徒が行動の目的および手順を
　　明確に意識し，つねに感覚的制御ができる
　　ようにすること。

　（4）　内容のDについては，

　　ア　発声，発音の調整と場に応じた表現法
　　　の改善。

　　イ　点字や普通の文字学習の基礎能力の向
　　　上。

　　ウ　ことばと事物や状態との対応。

　　エ　タイプライティング技能の習得。

　　　なお，内容のDの指導に当たっては，い
　　ろいろな場に応じて，適切な意思の交流が
　　できるよう基礎技能の習熟を図ること。

　3　内容の指導に当たっては，自然な形に設
　　定された状況の中で，意欲的な活動を促す
　　ようにすること。この場合，指導が無意味
　　な機械的反復に陥らないよう，特に配慮す
　　ることが必要である。

　4　内容の指導に当たっては，つねにその効
　　果を確かめながら，発達の状態に即して，
　　内容を相互に関連づけ，段階的に行なうよ
　　うにすることが必要である。

5 養護・訓練の時間の指導は，専門的な知識，技能を有する教師が中心となって担当し，全教師の協力のもとに，効果的な指導を行なうようにすることが必要である。

2－1－② 聾学校小学部・中学部学習指導要領（昭和46年3月告示）
第5章「養護・訓練」 第3「指導計画の作成と内容の取り扱い」

2 第2に示す内容については，おおむね次に示す事項により指導計画を作成するものとする。

（1） 内容のBおよびDについては，

ア 言語発達の基礎となる認知能力の育成。

（ア） 対人関係をもち，意思の疎通の態度ができること。

（イ） 身のまわりの事物やことがらについて関心をもつこと。

（ウ） 事物を比較したり，見分けたり，分類したり，順序づけたりすること。

（エ） 事物やことがらを記憶すること。

（オ） 身のまわりの事物やことがらについて，その性質，目的，因果関係などに気づくこと。

（カ） 注意を継続的に集中すること。

イ 聴覚を利用する能力および態度の養成。

（ア） 音，音声に注意すること。

（イ） いろいろな音，音声を知り，聴（き）き分けること。

（ウ） 補聴器を有効に使うこと。

ウ 読話する能力や態度の養成。

（ア） 話し手の表情や口形に注意すること。

（イ） 読話できる基礎的なことばをふやすこと。

（ウ） 話の場面や話の前後関係などを手がかりとして読話すること。

エ 正しく発音する能力および態度の養成。

（ア） 息を効果的に使用すること。

（イ） 自然で安定した声を出すこと。

（ウ） 国語の音をひととおり正しく発音すること。

（エ） 語句や文を話すこと。

オ 言語の形成

（ア） ことばの意味や使い方に関心をもつこと。

（イ） 身近な経験や日常生活に必要な事物やことがらに関することばを理解すること。

（ウ） 国語の基本となる語法の基礎を知ること。

（2） 内容のAについては，

ア 聴覚の障害およびこれに基づく意思疎通の困難などによる心理的不適応，情緒的不安定等を防ぎまたは改善すること。

イ 自己の障害を認識し，障害を克服しようとする積極的な意欲をつちかうこと。

（3） 内容のCについては，

平衡機能の障害などに基づく平衡運動の不全または聴覚障害による身体諸機能の協応動作の遅滞などを改善すること。

3 上記2に示す（1）のイの事項の指導に当たっては，聴力の変動に常に注意をはらうとともに，現に耳科疾患を有し，または聴力が低下するおそれのある児童または生徒の補聴器の使用のしかたについては，専門の医師の指示によることが必要である。

4 上記2の（1）に示すア，イ，ウ，エおよびオの各事項については，それぞれ適切な学習活動を組織し，相互の調和を図りながら指導するとともに，国語科の指導と密接に関連させて取り扱うようにすることが必要である。なお，必要に応じて，ア，イ，ウ，エおよびオの各事項を総合的に取り扱ったり，それぞれを別個に取り扱ったりして，指導の効果を高めるようにすることがたいせつである。

5 内容の指導に当たっては，児童または生徒の心身の発達の状態に留意して学習に対する自発性や意欲を育てるように留意することが必要である。

6　内容の指導に当たっては，個々の児童または生徒の心身の障害の状態および能力・適性等に応じた具体的な目標を明確にし，児童または生徒の意欲的な活動を促すようにすることが必要である。

7　養護・訓練の時間の指導は，専門的な知識，技能を有する教師が中心となって担当し，全教師の協力のもとに，効果的な指導を行なうようにすることが必要である。

２－１－③　養護学校（肢体不自由教育）小学部・中学部学習指導要領（昭和46年３月告示）
第５章「養護・訓練」　第３「指導計画の作成と内容の取り扱い」

2　第２の内容に示す事項の取り扱いに当たっては，下記（1）から（2）までに示す内容のまとまりに組織して指導計画を作成し，指導を行なうことが望ましい。

（1）　内容のCの1および2を中心として，次の内容のまとまり（以下，これを「機能訓練」という。）に組織し，計画すること。

　　ア　肢（し）体の基本動作の習得および基礎的身体機能の改善

　　イ　起立・歩行動作の習得および改善

　　ウ　変形の予防および矯（きょう）正

（2）　内容のCの2および3を中心として，次の内容のまとまり（以下，これを「職能訓練」という。）に組織し，計画すること。

　　ア　肢（し）体の応用動作の習得および改善

　　イ　日常生活動作の習得および改善

　　ウ　作業動作の習得および改善ならびに作業能力の向上

（3）　内容のDを中心として，次の内容のまとまり（以下，これを「言語訓練」という。）に組織し，計画すること。

　　ア　言語発達遅滞の改善

　　イ　呼吸調節・発声能力の改善および向上

　　ウ　発語器官の機能および構音障害の改善

3　上記2に示す機能訓練，職能訓練および言語訓練の指導計画の作成に当たっては，特に次の事項について配慮するものとする。

（1）　機能訓練，職能訓練および言語訓練の相互の密接な関連を図ること。

（2）　機能訓練，職能訓練および言語訓練については，児童または生徒の心身の障害の状態や発達段階に応じて，第2の内容に示すAおよびBのそれぞれから必要とする具体的な事項を加えること。

4　指導に当たっては，個々の児童または生徒の能力・適性等に応じた具体的な目標を明確にし，児童または生徒の意欲的な活動を促すようにすることが必要である。

5　内容を取り扱うに当たっては，特に次の事項について配慮することが必要である。

（1）　自己の心身の障害を正しく理解させ，自覚させること。

（2）　自己の心身の障害の状態を改善するために必要な機能訓練等の意義を理解させ，その方法を理解，習得させること。

（3）　自主的，積極的に機能訓練等を行なう態度および習慣を養うこと。

6　養護・訓練の時間の指導は，専門的な知識・技能を有する教師が行なうことを原則とし，学校においては，全教師の協力のもとに養護・訓練に関する指導体制を整え，効果的な指導を行なうようにすることが必要である。

２－１－④　養護学校（病弱教育）小学部・中学部学習指導要領（昭和46年３月告示）
第５章「養護・訓練」　第３「指導計画の作成と内容の取り扱い」

2　第2の内容に示す事項の取り扱いに当たっては，下記（1）および（2）に示す内容ならびに肢（し）体に機能の障害を有する児童または生徒に対しては（3）に示す内容のまとまりに組織して指導計画を作

成し指導を行なうことが望ましい。

（1）　内容のAの1を中心として，次の内容のまとまり（以下これを「養護」という。）を組織し，計画すること。

ア　自己の病弱・身体虚弱の状態の理解

イ　健康状態の回復，改善を図るために必要な生活様式の理解

ウ　健康状態の回復，改善を図るために必要な諸活動

（2）　内容のAの2および3を中心として，次の内容のまとまり（以下これを「心理適応」という。）を組織し，計画すること。

ア　病弱・身体虚弱および環境からくる情緒不安の除去

イ　健康状態の回復，改善の意欲を高め，障害を克服しようとする習慣，態度の育成

（3）　内容のCの1，2および3を中心として，次の内容のまとまり（以下これを「肢（し）体機能の訓練」という。）を組織し計画すること。

ア　肢（し）体諸機能の改善

イ　残存機能の維持向上

ウ　代償機能の開発

エ　生活の基本動作の確立

オ　作業の基本動作の確立

3　上記2に示す養護，心理適応および肢（し）体機能の訓練の指導計画の作成に当たっては，特に，次の事項について配慮するものとする。

（1）　必要に応じて，養護，心理適応および肢（し）体機能の訓練との密接な関連を図ること。

（2）　養護，心理適応および肢（し）体機能の訓練には，児童または生徒の心身の障害の状態および能力・適性等に応じて，第2の内容に示すBおよびDのそれぞれから必要とする具体的事項を加えること。

4　指導に当たっては，個々の児童または生徒の心身の障害の状態および能力・適性等

に応じた具体的な目標を明確にし，児童または生徒の意欲的な活動を促すようにすることが必要である。

5　養護・訓練の時間の指導は，専門的な知識，技能を有する教師が中心となって担当し，全教師の協力のもとに，効果的な指導を行なうようにすることが必要である。

2－2　養護学校（精神薄弱教育）小学部・中学部学習指導要領（昭和46年3月告示）

第1章　総則

第1　教育目標

　小学部および中学部における教育については，学校教育法第71条に定める目的を実現するために，児童および生徒の精神発育の遅滞や社会適応の困難性をもつことなどを考慮して，次に掲げる目標の達成に努めなければならない。この場合において，それぞれの教育目標をじゅうぶん達成するための基盤となる基本的能力の伸長を図らなければならない。

1　小学部においては，次に掲げる教育目標

（1）　健康で明るい生活をするために必要な心身諸機能の調和的発達を図ること。

（2）　日常生活に必要な基礎的な生活習慣を身につけ，進んで仕事をしようとする態度を養うこと。

（3）　家庭生活や，学級，学校，地域社会における集団生活に参加する能力や態度を養うこと。

（4）　身近な社会や自然についての関心や初歩的な知識をもたせ，社会生活に必要な技能を養うこと。

（5）　日常生活に必要な国語や数量についての基礎的な知識をもたせ，それらを使用したり，処理したりする能力を養うこと。

2　中学部においては，次に掲げる教育目標

（1）　小学部における教育目標をなおじゅうぶんに達成すること。

（2）　日常の経済生活についての関心を深め，将来の職業生活や家庭生活に必要な基礎

的な知識と技能を身につけるとともに勤
労を重んずる態度を養うこと。

第2　教育課程一般

7　授業時数については，次に示すところによ
るものとする。

（2）　小学部または中学部の各学年の養護・
訓練に充てる授業時数は，児童または生
徒の心身の障害の状態に応じて適切に定
めること。

第4　養護・訓練

心身の障害に基づく種々の困難を克服させ，
社会によりよく適応していく資質を養うため，
養護・訓練に関する指導は，養護・訓練の時間
はもちろん，学校の教育活動全体を通じて適切
に行なうものとする。

特に，養護・訓練の時間における指導は，各
教科，道徳および特別活動と密接な関連を保ち，
個々の児童または生徒の心身の障害の状態や発
達段階に即して行なうよう配慮しなければなら
ない。

第5章　養護・訓練

第1　目標　　（盲学校小学部・中学部学習指
導要領と同じであるため省略）

第2　内容　　（同上）

第3　指導計画の作成と内容の取り扱い

1　指導計画の作成に当たっては，個々の児童
または生徒の心身の障害の状態，発達段階お
よび経験の程度に応じて，それぞれに必要と
する第2の内容の具体的な事項を選定し，個
別にその指導の方法を適切に定めるようにす
ることがたいせつである。

2　指導計画の作成に当たっては，各教科，道
徳および特別活動における指導と密接な関連
を保つようにし，組織的，計画的に指導が行
なわれるようにすることが必要である。

3　内容の指導に当たっては，合わせもつ他の
障害にとらわれて，かたよったものとならな
いよう児童または生徒の全人的な発達を図る
ことがたいせつである。

4　養護・訓練の時間の指導は，専門的な知識，

技能を有する教師が中心となって担当し，全
教師の協力のもとに，効果的な指導を行なう
ようにすることが必要である。

2－3　盲学校，聾学校及び養護学校小学部・中
学部学習指導要領（昭和54年7月告示）

第1章　総則

第1　教育目標

小学部及び中学部における教育については，
学校教育法第71条に定める目的を実現するた
めに，児童及び生徒の心身の障害の状態及び能
力・適性等を十分考慮して，次に掲げる目標の
達成に努めなければならない。

1　小学部においては，学校教育法第18条各
号に掲げる教育目標

2　中学部においては，学校教育法第36条各
号に掲げる教育目標

3　小学部及び中学部を通じ，児童及び生徒の
心身の障害に基づく種々の困難を克服するた
めに必要な知識，技能，態度及び習慣を養う
こと。

第2　教育課程一般

4　養護・訓練に関する指導は，心身の障害に
基づく種々の困難を克服させ，社会によりよ
く適応していく資質を養うため，学校の教育
活動全体を通して適切に行うものとする。特
に，養護・訓練の時間における指導は，各教科，
道徳及び特別活動と密接な関連を保ち，個々
の児童又は生徒の心身の障害の状態や発達段
階に即して行うよう配慮しなければならない。

10　授業時数については，次のとおり取り扱う
ものとする。

（2）　盲学校，聾（ろう）学校及び肢（し）
体不自由者又は病弱者を教育する養護
学校における小学部又は中学部の各学
年の養護・訓練に充てる授業時数は，
年間105を標準とするが，児童又は生
徒の心身の障害の状態に応じて適切に
定めること。

また，精神薄弱者を教育する養護学校

における小学部又は中学部の各学年の養護訓練に充てる授業時数は，児童又は生徒の心身の障害の状態に応じて適切に定めること。

第5章　養護・訓練
第1　目標
児童又は生徒の心身の障害の状態を改善し，又は克服するために必要な知識，技能，態度及び習慣を養い，もって心身の調和的発達の基盤を培う。

第2　内容
A　心身の適応
1　健康状態の回復及び改善に関すること。
2　心身の障害や環境に基づく心理的不適応の改善に関すること。
3　障害を克服する意欲の向上に関すること。
B　感覚機能の向上
1　感覚機能の改善及び向上に関すること。
2　感覚の補助的手段の活用に関すること。
3　認知能力の向上に関すること。
C　運動機能の向上
1　肢（し）体の基本動作の習得及び改善に関すること。
2　生活の基本動作の習得及び改善に関すること。
3　作業の基本動作の習得及び改善に関すること。
D　意思の伝達
1　言語の受容技能の習得及び改善に関すること。
2　言語の形成能力の向上に関すること。
3　言語の表出技能の習得及び改善に関すること。

第3　指導計画の作成と内容の取扱い
1　計画の作成に当たっては，個々の児童又は生徒の心身の障害の状態，発達段階及び経験の程度に応じて，それぞれに必要とする第2の内容を相互に関連づけて具体的な事項を選定し，個別にその指導の方法を適切に定めるものとする。

2　指導計画の作成に当たっては，各教科，道徳及び特別活動における指導と密接な関連を保つようにし，組織的，計画的に指導が行われるようにするものとする。
3　内容の指導に当たっては，個々の児童又は生徒の心身の障害の状態及び能力・適性等に応じた具体的な目標を明確にし，児童又は生徒の意欲的な活動を促すようにするものとする。
4　養護・訓練の時間の指導は，専門的な知識や技能を有する教師が中心となって担当し，全教師の協力のもとに，効果的な指導を行うようにするものとする。
5　児童又は生徒の心身の障害の状態により，必要に応じて，専門の医師及びその他の専門家の指導・助言を求め，適切な指導ができるようにするものとする。

2－4　盲学校，聾学校及び養護学校小学部・中学部学習指導要領（平成元年10月告示）
第1章　総則
第1節　教育目標
小学部及び中学部における教育については，学校教育法第71条に定める目的を実現するために，児童及び生徒の心身の障害の状態及び特性等を十分考慮して，次に掲げる目標の達成に努めなければならない。
1　小学部においては，学校教育法第18条各号に掲げる教育目標
2　中学部においては，学校教育法第36条各号に掲げる教育目標
3　小学部及び中学部を通じ，児童及び生徒の心身の障害に基づく種々の困難を克服するために必要な知識，技能，態度及び習慣を養うこと。

第2節　教育課程の編成
第1　一般方針
1　各学校においては，法令及びこの章以下に示すところに従い，児童又は生徒の人間として調和のとれた育成を目指し，その心身の障

害の状態及び発達段階や特性等並びに地域や学校の実態を十分考慮して，適切な教育課程を編成するものとする。学校の教育活動を進めるに当たっては，自ら学ぶ意欲と社会の変化に主体的に対応できる能力の育成を図るとともに，基礎的・基本的な内容の指導を徹底し，個性を生かす教育の充実に努めなければならない。

4　学校における養護・訓練に関する指導は，心身の障害に基づく種々の困難を克服させ，社会によりよく適応していく資質を養うため，学校の教育活動全体を通じて適切に行うものとする。特に，養護・訓練の時間における指導は，各教科，道徳及び特別活動と密接な関連を保ち，個々の児童又は生徒の心身の障害の状態や発達段階に即して行うよう配慮しなければならない。

第5　授業時数等の取扱い

授業時数については，次のとおり取り扱うものとする。

（2）　盲学校，聾（ろう）学校及び肢体不自由者又は病弱者を教育する養護学校における小学部又は中学部の各学年の養護・訓練に充てる授業時数は，年間105単位時間を標準とするが，児童又は生徒の心身の障害の状態に応じて適切に定めること。また，精神薄弱者を教育する養護学校における小学部又は中学部の各学年の養護・訓練に充てる授業時数は，児童又は生徒の心身の障害の状態に応じて適切に定めること。

第5章　養護・訓練

第1　目標

児童又は生徒の心身の障害の状態を改善し，又は克服するために必要な知識，技能，態度及び習慣を養い，もって心身の調和的発達の基盤を培う。

第2　内容

1　身体の健康

（1）　生活のリズムや生活習慣の形成に関す

ること。

（2）　疾病の状態の理解と生活管理に関すること。

（3）　損傷の理解と養護に関すること。

2　心理的適応

（1）　対人関係の形成に関すること。

（2）　心身の障害や環境に基づく心理的不適応の改善に関すること。

（3）　障害を克服する意欲の向上に関すること。

3　環境の認知

（1）　感覚の活用に関すること。

（2）　感覚の補助及び代行手段の活用に関すること。

（3）　認知の枠組となる概念の形成に関すること。

4　運動・動作

（1）　姿勢と運動・動作の基本の習得及び改善に関すること。

（2）　姿勢保持と運動・動作の補助的手段の活用に関すること。

（3）　日常生活の基本動作の習得及び改善に関すること。

（4）　移動能力の向上に関すること。

（5）　作業の巧緻（ち）性及び遂行能力の向上に関すること。

5　意思の伝達

（1）　意思の相互伝達の基礎的能力の習得に関すること。

（2）　言語の受容・表出能力の向上に関すること。

（3）　言語の形成能力の向上に関すること。

（4）　意思の相互伝達の補助的手段の活用に関すること。

第3　指導計画の作成と内容の取扱い

1　指導計画の作成に当たっては，個々の児童又は生徒の心身の障害の状態，発達段階，経験の程度等に応じた指導の目標を明確にし，第2の内容の中からそれぞれに必要とする項目を選定し，それらを相互に関連づけて具体

的な指導事項を設定するものとする。その際，特に次の事項に配慮する必要がある。

（1）個々の児童又は生徒について，長期的な観点から指導の目標を設定し，それを達成するために必要な指導事項を段階的に取り上げること。

（2）児童又は生徒が興味をもって主体的に取り組み，成就感を味わうことができるような指導事項を取り上げること。

（3）児童又は生徒が，具体的な活動を通して，障害を克服しようとする意欲を喚起することができるような指導事項を重点的に取り上げること。

（4）個々の児童又は生徒の発達の進んでいる側面を更に促進させることによって，遅れている側面を補うことができるような指導事項も取り上げること。

（5）重複障害者のうち，養護・訓練を主として指導を行うものについては，全人的な発達を促すために必要な基本的な指導事項を個々の児童又は生徒の実態に応じて設定し，系統的な指導が展開できるようにすること。

2　指導計画の作成に当たっては，各教科，道徳及び特別活動における指導と密接な関連を保つようにし，組織的，計画的に指導が行われるようにするものとする。

3　内容の指導に当たっては，個々の児童又は生徒の実態に応じた具体的な方法を創意工夫し，児童又は生徒の意欲的な活動を促すようにするものとする。

4　養護・訓練の時間における指導は，専門的な知識や技能を有する教師を中心として，全教師の協力のもとに効果的に行われるようにするものとする。

5　児童又は生徒の心身の障害の状態により，必要に応じて，専門の医師及びその他の専門家の指導・助言を求めるなどして，適切な指導ができるようにするものとする。

2－5　盲学校，聾学校及び養護学校小学部・中学部学習指導要領（平成11年3月告示）

第1章　総則

第1節　教育目標

小学部及び中学部における教育については，学校教育法第71条に定める目的を実現するために，児童及び生徒の障害の状態及び特性等を十分考慮して，次に掲げる目標の達成に努めなければならない。

1　小学部においては，学校教育法第18条各号に掲げる教育目標

2　中学部においては，学校教育法第36条各号に掲げる教育目標

3　小学部及び中学部を通じ，児童及び生徒の障害に基づく種々の困難を改善・克服するために必要な知識，技能，態度及び習慣を養うこと。

第2節　教育課程の編成

第1　一般方針

4　学校における自立活動の指導は，障害に基づく種々の困難を改善・克服し，自立し社会参加する資質を養うため，学校の教育活動全体を通じて適切に行うものとする。特に，自立活動の時間における指導は，各教科，道徳，特別活動及び総合的な学習の時間と密接な関連を保ち，個々の児童又は生徒の障害の状態や発達段階等を的確に把握して，適切な指導計画の下に行うよう配慮しなければならない。

第6　授業時数等の取扱い

2　小学部又は中学部の各学年の自立活動の時間に充てる授業時数は，児童又は生徒の障害の状態に応じて，適切に定めるものとする。

第7　指導計画の作成等に当たって配慮すべき事項

1　各学校においては，次の事項に配慮しながら，学校の創意工夫を生かし，全体として，調和のとれた具体的な指導計画を作成するものとする。

（5）重複障害者の指導に当たっては，個々の児童又は生徒の実態を的確に把握し，

個別の指導計画を作成すること。
2　以上のほか，次の事項に配慮するものとする。
（12）　地域の実態や家庭の要請等により，障害のある児童若しくは生徒又はその保護者に対して教育相談を行うなど，各学校の教師の専門性や施設・設備を生かした地域における特殊教育に関する相談のセンターとしての役割を果たすよう努めること。

第5章　自立活動
第1　目標
　個々の児童又は生徒が自立を目指し，障害に基づく種々の困難を主体的に改善・克服するために必要な知識，技能，態度及び習慣を養い，もって心身の調和的発達の基盤を培う。
第2　内容
1　健康の保持
（1）　生活のリズムや生活習慣の形成に関すること。
（2）　病気の状態の理解と生活管理に関すること。
（3）　損傷の状態の理解と養護に関すること。
（4）　健康状態の維持・改善に関すること。
2　心理的な安定
（1）　情緒の安定に関すること。
（2）　対人関係の形成の基礎に関すること。
（3）　状況の変化への適切な対応に関すること。
（4）　障害に基づく種々の困難を改善・克服する意欲の向上に関すること。
3　環境の把握
（1）　保有する感覚の活用に関すること。
（2）　感覚の補助及び代行手段の活用に関すること。
（3）　感覚を総合的に活用した周囲の状況の把握に関すること。
（4）　認知や行動の手掛かりとなる概念の形成に関すること。
4　身体の動き

（1）　姿勢と運動・動作の基本的技能に関すること。
（2）　姿勢保持と運動・動作の補助的手段の活用に関すること。
（3）　日常生活に必要な基本動作に関すること。
（4）　身体の移動能力に関すること。
（5）　作業の円滑な遂行に関すること。
5　コミュニケーション
（1）　コミュニケーションの基礎的能力に関すること。
（2）　言語の受容と表出に関すること。
（3）　言語の形成と活用に関すること。
（4）　コミュニケーション手段の選択と活用に関すること。
（5）　状況に応じたコミュニケーションに関すること。

第3　指導計画の作成と内容の取扱い
1　自立活動の指導に当たっては，個々の児童又は生徒の障害の状態や発達段階等の的確な把握に基づき，指導の目標及び指導内容を明確にし，個別の指導計画を作成するものとする。その際，第2に示す内容の中からそれぞれに必要とする項目を選定し，それらを相互に関連付け，特に次の事項に配慮して，具体的に指導内容を設定するものとする。
（1）　個々の児童又は生徒について，長期及び短期的な観点から指導の目標を設定し，それらを達成するために必要な指導内容を段階的に取り上げること。
（2）　児童又は生徒が興味をもって主体的に取り組み，成就感を味わうことができるような指導内容を取り上げること。
（3）　児童又は生徒が，障害に基づく種々の困難を改善・克服しようとする意欲を高めることができるような指導内容を重点的に取り上げること。
（4）　個々の児童又は生徒の発達の進んでいる側面を更に伸ばすことによって，遅れている側面を補うことができるような指

導内容も取り上げること。

2 指導計画の作成に当たっては，各教科，道徳，特別活動及び総合的な学習の時間の指導と密接な関連を保つようにし，組織的，計画的に指導が行われるようにするものとする。

3 個々の児童又は生徒の実態に応じた具体的な指導方法を創意工夫し，意欲的な活動を促すようにするものとする。

4 重複障害者のうち自立活動を主として指導を行うものについては，全人的な発達を促すために必要な基本的な指導内容を，個々の児童又は生徒の実態に応じて設定し，系統的な指導が展開できるようにするものとする。

5 自立活動の時間における指導は，専門的な知識や技能を有する教師を中心として，全教師の協力の下に効果的に行われるようにするものとする。

6 児童又は生徒の障害の状態により，必要に応じて，専門の医師及びその他の専門家の指導・助言を求めるなどして，適切な指導ができるようにするものとする。

2－6 特別支援学校小学部・中学部学習指導要領（平成21年3月告示）

第1章 総 則

第1節 教育目標

小学部及び中学部における教育については，学校教育法第72条に定める目的を実現するために，児童及び生徒の障害の状態及び特性等を十分考慮して，次に掲げる目標の達成に努めなければならない。

1．小学部においては，学校教育法第30条第1項に規定する小学校教育の目標

2．中学部においては，学校教育法第46条に規定する中学校教育の目標

3．小学部及び中学部を通じ，児童及び生徒の障害による学習上又は生活上の困難を改善・克服し自立を図るために必要な知識，技能，態度及び習慣を養うこと。

第2節 教育課程の編成

第1 一般方針

4．学校における自立活動の指導は，障害による学習上又は生活上の困難を改善・克服し，自立し社会参加する資質を養うため，学校の教育活動全体を通じて適切に行うものとする。特に，自立活動の時間における指導は，各教科，道徳，外国語活動，総合的な学習の時間及び特別活動と密接な関連を保ち，個々の児童又は生徒の障害の状態や発達の段階等を的確に把握して，適切な指導計画の下に行うよう配慮しなければならない。

第7章 自立活動

第1 目標

個々の児童又は生徒が自立を目指し，障害による学習上又は生活上の困難を主体的に改善・克服するために必要な知識，技能，態度及び習慣を養い，もって心身の調和的発達の基盤を培う。

第2 内容

健康の保持

(1) 生活のリズムや生活習慣の形成に関すること。

(2) 病気の状態の理解と生活管理に関すること。

(3) 身体各部の状態の理解と養護に関すること。

(4) 健康状態の維持・改善に関すること。

心理的な安定

(1) 情緒の安定に関すること。

(2) 状況の理解と変化への対応に関すること。

(3) 障害による学習上又は生活上の困難を改善・克服する意欲に関すること。

人間関係の形成

(1) 他者とのかかわりの基礎に関すること。

(2) 他者の意図や感情の理解に関すること。

(3) 自己の理解と行動の調整に関すること。

(4) 集団への参加の基礎に関すること。

環境の把握

(1) 保有する感覚の活用に関すること。

(2) 感覚や認知の特性への対応に関すること。

(3) 感覚の補助及び代行手段の活用に関すること。

(4) 感覚を総合的に活用した周囲の状況の把握に関すること。

(5) 認知や行動の手掛かりとなる概念の形成に関すること。

身体の動き

(1) 姿勢と運動・動作の基本的技能に関すること。

(2) 姿勢保持と運動・動作の補助的手段の活用に関すること。

(3) 日常生活に必要な基本動作に関すること。

(4) 身体の移動能力に関すること。

(5) 作業に必要な動作と円滑な遂行に関すること。

コミュニケーション

(1) コミュニケーションの基礎的能力に関すること。

(2) 言語の受容と表出に関すること。

(3) 言語の形成と活用に関すること。

(4) コミュニケーション手段の選択と活用に関すること。

(5) 状況に応じたコミュニケーションに関すること。

第3 指導計画の作成と内容の取扱い

自立活動の指導に当たっては，個々の児童又は生徒の障害の状態や発達の段階等の的確な把握に基づき，指導の目標及び指導内容を明確にし，個別の指導計画を作成するものとする。その際，第2に示す内容の中からそれぞれに必要とする項目を選定し，それらを相互に関連付け，具体的に指導内容を設定するものとする。

個別の指導計画の作成に当たっては，次の事項に配慮するものとする。

(1) 個々の児童又は生徒について，障害の状態，発達や経験の程度，興味・関心，生活や学習環境などの実態を的確に把握すること。

(2) 実態把握に基づき，長期的及び短期的な

観点から指導の目標を設定し，それらを達成するために必要な指導内容を段階的に取り上げること。

(3) 具体的に指導内容を設定する際には，以下の点を考慮すること。

ア 児童又は生徒が興味をもって主体的に取り組み，成就感を味わうとともに自己を肯定的にとらえることができるような指導内容を取り上げること。

イ 児童又は生徒が，障害による学習上又は生活上の困難を改善・克服しようとする意欲を高めることができるような指導内容を重点的に取り上げること。

ウ 個々の児童又は生徒の発達の進んでいる側面を更に伸ばすことによって，遅れている側面を補うことができるような指導内容も取り上げること。

エ 個々の児童又は生徒が，活動しやすいように自ら環境を整えたり，必要に応じて周囲の人に支援を求めたりすることができるような指導内容も計画的に取り上げること。

(4) 児童又は生徒の学習の状況や結果を適切に評価し，個別の指導計画や具体的な指導の改善に生かすよう努めること。

指導計画の作成に当たっては，各教科，道徳，外国語活動，総合的な学習の時間及び特別活動の指導と密接な関連を保つようにし，計画的，組織的に指導が行われるようにするものとする。

個々の児童又は生徒の実態に応じた具体的な指導方法を創意工夫し，意欲的な活動を促すようにするものとする。

重複障害者のうち自立活動を主として指導を行うものについては，全人的な発達を促すために必要な基本的な指導内容を，個々の児童又は生徒の実態に応じて設定し，系統的な指導が展開できるようにするものとする。

自立活動の時間における指導は，専門的

な知識や技能を有する教師を中心として，全教師の協力の下に効果的に行われるようにするものとする。

児童又は生徒の障害の状態により，必要に応じて，専門の医師及びその他の専門家の指導・助言を求めるなどして，適切な指導ができるようにするものとする。

2－7　特別支援学校小学部・中学部学習指導要領（平成 29 年 4 月告示）

第1章　総則

第1節　教育目標

小学部及び中学部における教育については，学校教育法第 72 条に定める目的を実現するために，児童及び生徒の障害の状態や特性及び心身の発達の段階等を十分考慮して，次に掲げる目標の達成に努めなければならない。

1　小学部においては，学校教育法第 30 条第 1 項に規定する小学校教育の目標
2　中学部においては，学校教育法第 46 条に規定する中学校教育の目標
3　小学部及び中学部を通じ，児童及び生徒の障害による学習上又は生活上の困難を改善・克服し自立を図るために必要な知識，技能，態度及び習慣を養うこと。

第2節　小・中学部における教育の基本と教育課程の役割

1　各学校においては，教育基本法及び学校教育法その他の法令並びにこの章以下に示すところに従い，児童又は生徒の人間として調和のとれた育成を目指し，児童又は生徒の障害の状態や特性及び心身の発達の段階等並びに学校や地域の実態を十分考慮して，適切な教育課程を編成するものとし，これらに掲げる目標を達成するよう教育を行うものとする。
2　学校の教育活動を進めるに当たっては，各学校において，第 4 節の 1 に示す主体的・対話的で深い学びの実現に向けた授業改善を通して，創意工夫を生かした特色ある教育活動を展開する中で，次の（1）から（4）までに掲げる事項の実現を図り，児童又は生徒に生きる力を育むことを目指すものとする。

（4）学校における自立活動の指導は，障害による学習上又は生活上の困難を改善・克服し，自立し社会参加する資質を養うため，自立活動の時間はもとより，学校の教育活動全体を通じて適切に行うものとする。特に，自立活動の時間における指導は，各教科，道徳科，外国語活動，総合的な学習の時間及び特別活動と密接な関連を保ち，個々の児童又は生徒の障害の状態や特性及び心身の発達の段階等を的確に把握して，適切な指導計画の下に行うよう配慮すること。

第7章　自立活動

第1　目　標

個々の児童又は生徒が自立を目指し，障害による学習上又は生活上の困難を主体的に改善・克服するために必要な知識，技能，態度及び習慣を養い，もって心身の調和的発達の基盤を培う。

第2　内　容

1　健康の保持
（1）生活のリズムや生活習慣の形成に関すること。
（2）病気の状態の理解と生活管理に関すること。
（3）身体各部の状態の理解と養護に関すること。
（4）障害の特性の理解と生活環境の調整に関すること。
（5）健康状態の維持・改善に関すること。
2　心理的な安定
（1）情緒の安定に関すること。
（2）状況の理解と変化への対応に関すること。
（3）障害による学習上又は生活上の困難を改善・克服する意欲に関すること。
3　人間関係の形成
（1）他者とのかかわりの基礎に関すること。

（2）　他者の意図や感情の理解に関すること。

（3）　自己の理解と行動の調整に関すること。

（4）　集団への参加の基礎に関すること。

4　環境の把握

（1）　保有する感覚の活用に関すること。

（2）　感覚や認知の特性についての理解と対応に関すること。

（3）　感覚の補助及び代行手段の活用に関すること。

（4）　感覚を総合的に活用した周囲の状況についての把握と状況に応じた行動に関すること。

（5）　認知や行動の手掛かりとなる概念の形成に関すること。

5　身体の動き

（1）　姿勢と運動・動作の基本的技能に関すること。

（2）　姿勢保持と運動・動作の補助的手段の活用に関すること。

（3）　日常生活に必要な基本動作に関すること。

（4）　身体の移動能力に関すること。

（5）　作業に必要な動作と円滑な遂行に関すること。

6　コミュニケーション

（1）　コミュニケーションの基礎的能力に関すること。

（2）　言語の受容と表出に関すること。

（3）　言語の形成と活用に関すること。

（4）　コミュニケーション手段の選択と活用に関すること。

（5）　状況に応じたコミュニケーションに関すること。

第3　個別の指導計画の作成と内容の取扱い

1　自立活動の指導に当たっては，個々の児童又は生徒の障害の状態や特性及び心身の発達の段階等の的確な把握に基づき，指導すべき課題を明確にすることによって，指導目標及び指導内容を設定し，個別の指導計画を作成するものとする。その際，第2に示す内容の中からそれぞれに必要とする項目を選定し，それらを相互に関連付け，具体的に指導内容を設定するものとする。

2　個別の指導計画の作成に当たっては，次の事項に配慮するものとする。

（1）　個々の児童又は生徒について，障害の状態，発達や経験の程度，興味・関心，生活や学習環境などの実態を的確に把握すること。

（2）　児童又は生徒の実態把握に基づいて得られた指導すべき課題相互の関連を検討すること。その際，これまでの学習状況や将来の可能性を見通しながら，長期的及び短期的な観点から指導目標を設定し，それらを達成するために必要な指導内容を段階的に取り上げること。

（3）　具体的な指導内容を設定する際には，以下の点を考慮すること。

ア　児童又は生徒が，興味をもって主体的に取り組み，成就感を味わうとともに自己を肯定的に捉えることができるような指導内容を取り上げること。

イ　児童又は生徒が，障害による学習上又は生活上の困難を改善・克服しようとする意欲を高めることができるような指導内容を重点的に取り上げること。

ウ　個々の児童又は生徒が，発達の遅れている側面を補うために，発達の進んでいる側面を更に伸ばすような指導内容を取り上げること。

エ　個々の児童又は生徒が，活動しやすいように自ら環境を整えたり，必要に応じて周囲の人に支援を求めたりすることができるような指導内容を計画的に取り上げること。

オ　個々の児童又は生徒に対し，自己選択・自己決定する機会を設けることによって，思考・判断・表現する力を高めることができるような指導内容を取り上げること。

カ　個々の児童又は生徒が，自立活動にお

ける学習の意味を将来の自立や社会参加に必要な資質・能力との関係において理解し，取り組めるような指導内容を取り上げること。

（4）　児童又は生徒の学習状況や結果を適切に評価し，個別の指導計画や具体的な指導の改善に生かすよう努めること。

（5）　各教科，道徳科，外国語活動，総合的な学習の時間及び特別活動の指導と密接な関連を保つようにし，計画的，組織的に指導が行われるようにするものとする。

3　個々の児童又は生徒の実態に応じた具体的な指導方法を創意工夫し，意欲的な活動を促すようにするものとする。

4　重複障害者のうち自立活動を主として指導を行うものについては，全人的な発達を促すために必要な基本的な指導内容を，個々の児童又は生徒の実態に応じて設定し，系統的な指導が展開できるようにするものとする。その際，個々の児童又は生徒の人間として調和のとれた育成を目指すように努めるものとする。

5　自立活動の指導は，専門的な知識や技能を有する教師を中心として，全教師の協力の下に効果的に行われるようにするものとする。

6　児童又は生徒の障害の状態等により，必要に応じて，専門の医師及びその他の専門家の指導・助言を求めるなどして，適切な指導ができるようにするものとする。

7　自立活動の指導の成果が進学先等でも生かされるように，個別の教育支援計画等を活用して関係機関等との連携を図るものとする。

2-8　小学校学習指導要領（平成29年3月告示）

第1章　総則

第4　児童の発達の支援

2　特別な配慮を必要とする児童への指導

（1）　障害のある児童などへの指導

ア　障害のある児童などについては，特別

支援学校等の助言又は援助を活用しつつ，個々の児童の障害の状態等に応じた指導内容や指導方法の工夫を組織的かつ計画的に行うものとする。

イ　特別支援学級において実施する特別の教育課程については，次のとおり編成するものとする。

（ア）障害による学習上又は生活上の困難を克服し自立を図るため，特別支援学校小学部・中学部学習指導要領第7章に示す自立活動を取り入れること。

（イ）児童の障害の程度や学級の実態等を考慮の上，各教科の目標や内容を下学年の教科の目標や内容に替えたり，各教科を，知的障害者である児童に対する教育を行う特別支援学校の各教科に替えたりするなどして，実態に応じた教育課程を編成すること。

ウ　障害のある児童に対して，通級による指導を行い，特別の教育課程を編成する場合には，特別支援学校小学部・中学部学習指導要領第7章に示す自立活動の内容を参考とし，具体的な目標や内容を定め，指導を行うものとする。その際，効果的な指導が行われるよう，各教科等と通級による指導との関連を図るなど，教師間の連携に努めるものとする。

エ　障害のある児童などについては，家庭，地域及び医療や福祉，保健，労働等の業務を行う関係機関との連携を図り，長期的な視点で児童への教育的支援を行うために，個別の教育支援計画を作成し活用することに努めるとともに，各教科等の指導に当たって，個々の児童の実態を的確に把握し，個別の指導計画を作成し活用することに努めるものとする。特に，特別支援学級に在籍する児童や通級による指導を受ける児童については，個々の

児童の実態を的確に把握し，個別の教育
支援計画や個別の指導計画を作成し，効
果的に活用するものとする。
（2）　海外から帰国した児童などの学校生活
への適応や，日本語の習得に困難のある
児童に対する日本語指導
ア　海外から帰国した児童などについては，
学校生活への適応を図るとともに，外国
における生活経験を生かすなどの適切な
指導を行うものとする。
イ　日本語の習得に困難のある児童につい
ては，個々の児童の実態に応じた指導内
容や指導方法の工夫を組織的かつ計画的
に行うものとする。特に，通級による日
本語指導については，教師間の連携に努
め，指導についての計画を個別に作成す
ることなどにより，効果的な指導に努め
るものとする。
（3）　不登校児童への配慮
ア　不登校児童については，保護者や関係
機関と連携を図り，心理や福祉の専門家
の助言又は援助を得ながら，社会的自立
を目指す観点から，個々の児童の実態に
応じた情報の提供その他の必要な支援を
行うものとする。
イ　相当の期間小学校を欠席し引き続き欠
席すると認められる児童を対象として，
文部科学大臣が認める特別の教育課程を
編成する場合には，児童の実態に配慮し
た教育課程を編成するとともに，個別学
習やグループ別学習など指導方法や指導
体制の工夫改善に努めるものとする。

【資料3】 障害者の権利に関する条約（抜粋）
(Convention on the Rights of Persons with Disabilities)
(2006（平成18）年12月13日国連総会採択；わが
国2007（平成19）年9月署名，2014（平成26）
年1月批准)

第一条　目的
この条約は，全ての障害者によるあらゆる人権

及び基本的自由の完全かつ平等な享有を促進し，
保護し，及び確保すること並びに障害者の固有の
尊厳の尊重を促進することを目的とする。
障害者には，長期的な身体的，精神的，知的又
は感覚的な機能障害であって，様々な障壁との相
互作用により他の者との平等を基礎として社会に
完全かつ効果的に参加することを妨げ得るものを
有する者を含む。

第二条　定義
この条約の適用上，
「障害に基づく差別」とは，障害に基づくあら
ゆる区別，排除又は制限であって，政治的，経済
的，社会的，文化的，市民的その他のあらゆる分
野において，他の者との平等を基礎として全ての
人権及び基本的自由を認識し，享有し，又は行使
することを害し，又は妨げる目的又は効果を有す
るものをいう。障害に基づく差別には，あらゆる
形態の差別（合理的配慮の否定を含む。）を含む。
「合理的配慮」とは，障害者が他の者との平等
を基礎として全ての人権及び基本的自由を享有し，
又は行使することを確保するための必要かつ適当
な変更及び調整であって，特定の場合において必
要とされるものであり，かつ，均衡を失した又は
過度の負担を課さないものをいう。

第二十四条　教育
1　締約国は，教育についての障害者の権利を認
める。締約国は，この権利を差別なしに，かつ，
機会の均等を基礎として実現するため，障害者
を包容するあらゆる段階の教育制度及び生涯学
習を確保する。当該教育制度及び生涯学習は，
次のことを目的とする。
（a）　人間の潜在能力並びに尊厳及び自己の価
値についての意識を十分に発達させ，並び
に人権，基本的自由及び人間の多様性の尊
重を強化すること。
（b）　障害者が，その人格，才能及び創造力並
びに精神的及び身体的な能力をその可能な
最大限度まで発達させること。
（c）　障害者が自由な社会に効果的に参加する
ことを可能とすること。

2 締約国は，1の権利の実現に当たり，次のことを確保する。

 (a) 障害者が障害に基づいて一般的な教育制度から排除されないこと及び障害のある児童が障害に基づいて無償のかつ義務的な初等教育から又は中等教育から排除されないこと。

 (b) 障害者が，他の者との平等を基礎として，自己の生活する地域社会において，障害者を包容し，質が高く，かつ，無償の初等教育を享受することができること及び中等教育を享受することができること。

 (c) 個人に必要とされる合理的配慮が提供されること。

 (d) 障害者が，その効果的な教育を容易にするために必要な支援を一般的な教育制度の下で受けること。

 (e) 学問的及び社会的な発達を最大にする環境において，完全な包容という目標に合致する効果的で個別化された支援措置がとられること。

3 締約国は，障害者が教育に完全かつ平等に参加し，及び地域社会の構成員として完全かつ平等に参加することを容易にするため，障害者が生活する上での技能及び社会的な発達のための技能を習得することを可能とする。このため，締約国は，次のことを含む適当な措置をとる。

 (a) 点字，代替的な文字，意思疎通の補助的及び代替的な形態，手段及び様式並びに定位及び移動のための技能の習得並びに障害者相互による支援及び助言を容易にすること。

 (b) 手話の習得及び聾社会の言語的な同一性の促進を容易にすること。

 (c) 盲人，聾者又は盲聾者（特に盲人，聾者又は盲聾者である児童）の教育が，その個人にとって最も適当な言語並びに意思疎通の形態及び手段で，かつ，学問的及び社会的な発達を最大にする環境において行われることを確保すること。

4 締約国は，1の権利の実現の確保を助長することを目的として，手話又は点字について能力を有する教員（障害のある教員を含む。）を雇用し，並びに教育に従事する専門家及び職員（教育のいずれの段階において従事するかを問わない。）に対する研修を行うための適当な措置をとる。この研修には，障害についての意識の向上を組み入れ，また，適当な意思疎通の補助的及び代替的な形態，手段及び様式の使用並びに障害者を支援するための教育技法及び教材の使用を組み入れるものとする。

5 締約国は，障害者が，差別なしに，かつ，他の者との平等を基礎として，一般的な高等教育，職業訓練，成人教育及び生涯学習を享受することができることを確保する。このため，締約国は，合理的配慮が障害者に提供されることを確保する。

【資料4】 我々の世界を変革する：持続可能な開発のための 2030 アジェンダ（抜粋）
(Transforming our world: the 2030 Agenda for Sustainable Development)
（2015 年 9 月 25 日第 70 回国連総会で採択）

前文

 このアジェンダは，人間，地球及び繁栄のための行動計画である。これはまた，より大きな自由における普遍的な平和の強化を追求ものでもある。我々は，極端な貧困を含む，あらゆる形態と側面の貧困を撲滅することが最大の地球規模の課題であり，持続可能な開発のための不可欠な必要条件であると認識する。

 すべての国及びすべてのステークホルダーは，協同的なパートナーシップの下，この計画を実行する。我々は，人類を貧困の恐怖及び欠乏の専制から解き放ち，地球を癒やし安全にすることを決意している。我々は，世界を持続的かつ強靱（レジリエント）な道筋に移行させるために緊急に必要な，大胆かつ変革的な手段をとることに決意している。我々はこの共同の旅路に乗り出すにあたり，誰一人取り残さないことを誓う。

今日我々が発表する 17 の持続可能な開発のための目標（SDGs）と，169 のターゲットは，この新しく普遍的なアジェンダの規模と野心を示している。これらの目標とターゲットは，ミレニアム開発目標（MDGs）を基にして，ミレニアム開発目標が達成できなかったものを全うすることを目指すものである。これらは，すべての人々の人権を実現し，ジェンダー平等とすべての女性と女児のエンパワーメントを達成することを目指す。これらの目標及びターゲットは，統合され不可分のものであり，持続可能な開発の三側面，すなわち経済，社会及び環境の三側面を調和させるものである。

これらの目標及びターゲットは，人類及び地球にとり極めて重要な分野で，向こう 15 年間にわたり，行動を促進するものになろう。

持続可能な開発目標

目標 1. あらゆる場所のあらゆる形態の貧困を終わらせる

目標 2. 飢餓を終わらせ，食料安全保障及び栄養改善を実現し，持続可能な農業を促進する

目標 3. あらゆる年齢のすべての人々の健康的な生活を確保し，福祉を促進する

目標 4. すべての人々への包摂的かつ公正な質の高い教育を提供し，生涯学習の機会を促進する

4.1 2030 年までに，すべての子どもが男女の区別なく，適切かつ効果的な学習成果をもたらす，無償かつ公正で質の高い初等教育及び中等教育を修了できるようにする。

4.2 2030 年までに，すべての子どもが男女の区別なく，質の高い乳幼児の発達支援，ケア及び就学前教育にアクセスすることにより，初等教育を受ける準備が整うようにする。

4.3 2030 年までに，すべての人々が男女の区別なく，手頃な価格で質の高い技術教育，職業教育及び大学を含む高等教育へ

の平等なアクセスを得られるようにする。

4.4 2030 年までに，技術的・職業的スキルなど，雇用，働きがいのある人間らしい仕事 及び起業に必要な技能を備えた若者と成人の割合を大幅に増加させる。

4.5 2030 年までに，教育におけるジェンダー格差を無くし，障害者，先住民及び脆弱な立場にある子どもなど，脆弱層があらゆるレベルの教育や職業訓練に平等にアクセスできるようにする。

4.6 2030 年までに，すべての若者及び大多数（男女ともに）の成人が，読み書き能力及び基本的計算能力を身に付けられるようにする。

4.7 2030 年までに，持続可能な開発のための教育及び持続可能なライフスタイル，人権，男女の平等，平和及び非暴力的文化の推進，グローバル・シチズンシップ，文化多様性と文化の持続可能な開発への貢献の理解の教育を通して，全ての学習者が，持続可能な開発を促進するために必要な知識及び技能を習得できるようにする。

4.a 子ども，障害及びジェンダーに配慮した教育施設を構築・改良し，すべての人々に安全で非暴力的，包摂的，効果的な学習環境を提供できるようにする。

4.b 2020 年までに，開発途上国，特に後発開発途上国及び小島嶼開発途上国，ならびにアフリカ諸国を対象とした，職業訓練，情報通信技術（ICT），技術・工学・科学プログラムなど，先進国及びその他の開発途上国における高等教育の奨学金の件数を全世界 18 で大幅に増加させる。

4.c 2030 年までに，開発途上国，特に後発開発途上国及び小島嶼開発途上国における教員養成のための国際協力などを通じて，資格を持つ教員の数を大幅に増加させる。

目標 5. ジェンダー平等を達成し，すべての女性及び女児の能力強化を行う

目標 6. すべての人々の水と衛生の利用可能性と
　　　持続可能な管理を確保する
目標 7. すべての人々の，安価かつ信頼できる持
　　　続可能な近代的エネルギーへのアクセス
　　　を確保する
目標 8. 包摂的かつ持続可能な経済成長及びすべ
　　　ての人々の完全かつ生産的な雇用と働き
　　　がいのある人間らしい雇用（ディーセン
　　　ト・ワーク）を促進する
目標 9. 強靱（レジリエント）なインフラ構築，
　　　包摂的かつ持続可能な産業化の促進及びイ
　　　ノベーションの推進を図る
目標 10. 各国内及び各国間の不平等を是正する
目標 11. 包摂的で安全かつ強靱（レジリエント）
　　　で持続可能な都市及び人間居住を実現する
目標 12. 持続可能な生産消費形態を確保する
目標 13. 気候変動及びその影響を軽減するための
　　　緊急対策を講じる
目標 14. 持続可能な開発のために海洋・海洋資源
　　　を保全し，持続可能な形で利用する
目標 15. 陸域生態系の保護，回復，持続可能な利
　　　用の推進，持続可能な森林の経営，砂漠
　　　化への対処，ならびに土地の劣化の阻止・
　　　回復及び生物多様性の損失を阻止する
目標 16. 持続可能な開発のための平和で包摂的な
　　　社会を促進し，すべての人々に司法への
　　　アクセスを提供し，あらゆるレベルにお
　　　いて効果的で説明責任のある包摂的な制
　　　度を構築する
目標 17. 持続可能な開発のための実施手段を強化
　　　し，グローバル・パートナーシップを活
　　　性化する

索　引

【あ】

IRE ……… 142
IEP ……… 77
ILO・ユネスコ「教員の地位に
　関する勧告」……… 131
アイテムベクトル ……… 68

【い】

生きる力 ……… 34
意見表明 ……… 105
意志（will）……… 142
意思決定 ……… 104
意思決定研究 ……… 146
意思決定論 ……… 101
意思の伝達 ……… 38
一条校 ……… 14
一般社団法人日本特殊教育学会
　……… 145
医療的ケア ……… 134
医療的ケア実施体制整備
　……… 134
インクルーシブ教育システ
　ム（inclusive education
　system）……… 52, 168
インクルーシブ教育センター
　……… 165, 167
Individualized Education
　Program ……… 77
Individual Education Plan
　……… 77
impairment（機能障害）
　……… 25
Impairment ……… 38

【う】

運営協議会 ……… 134
運動・動作 ……… 38
運動・動作，意思の伝達
　……… 68

【え】

FIAS;Flanders Interaction
　Analysis System
　……… 145

【お】

OSIA; Observational
　System for Instructional
　Analysis ……… 145

【か】

解 ……… 100, 101
解の導出 ……… 92, 94, 102
外部専門家 ……… 137
外部専門家等の導入 ……… 162
各観点間（内）での情報（間）
　の関連 ……… 159
学習機能を埋め込んだ個別の指
　導計画システム ……… 158
学習指導要領の形式 ……… 67
確信がない ……… 91
課題 ……… 109
課題関連図 ……… 109, 110
学級王国的性格 ……… 132
学校教育改善モデル ……… 136
学校教育法施行規則第140条
　……… 54
学校教育法第74条 ……… 56
学校教育法第71条 ……… 22
学校教育法第81条 ……… 53
学校教育法中養護学校における
　就学義務及び養護学校の設置
　義務に関する部分の施行期日
　を定める政令 ……… 6, 8
学校組織の特性 ……… 92
活動 ……… 37
活動過程における省察
　（reflection-in-action）
　……… 79

川喜田二郎 ……… 108
川本宇之介 ……… 2
環境の認知 ……… 38, 68
環境の把握 ……… 38
韓国 ……… 161

【き】

記憶 ……… 152
記述記録 ……… 152
記述的意思決定理論 ……… 104
基礎課題 ……… 109, 110
基礎定数 ……… 59
基礎定数化 ……… 55
基礎的環境整備 ……… 59
機能訓練 ……… 19, 27
機能固定 ……… 107
規範的意思決定理論 ……… 104
義務教育諸学校等の体制の充実
　及び運営の改善を図るための
　公立義務教育諸学校の学級編
　制及び教職員定数の標準に関
　する法律等の一部を改正する
　法律 ……… 59
逆向き設計
　（backward design）
　……… 70, 110
教育課程の基準 ……… 18, 34,
　43, 44
教育上特別な取扱を要する児童
　生徒の判別基準について
　……… 7, 11, 15
教育制度一般
　（general education
　system）……… 52
教員勤務実態調査 ……… 98
教員養成
　（pre-service training）
　……… 79, 166
教科カリキュラム ……… 46

教材内容に関する知識
　（Techer knowledge for
　subject matter）……… 143
教師間の連携 ……… 133
教師教育
　（teacher education）
　…… 79, 138
教師個人モデル ……… 134
教師集団の自己教育力の向上
　……… 101
教室言語 ……… 142
教室における同僚性の拡大
　……… 133, 134
「教室」を基盤とした関係教師
　の協働 ……… 157
「教室」を基盤にした自立活動
　の指導 ……… 156
教師の熟達化 ……… 141
教師の職能成長 ……… 101
教師の成長
　（professional development）
　…… 142, 145, 146
教授方法に関する知識
　（Teacher knowledge for
　pedagogy）……… 143
教育職員免許法 ……… 15, 79
教職専門職化 ……… 137
教職の専門性
　（professionalism of
　teachers）……… 130
共生社会の形成に向けたインク
　ルーシブ教育システム構築の
　ための特別支援教育の推進
　（報告）……… 51
強制連想法 ……… 107
協働の同僚性 ……… 132, 133
協働モデル ……… 136, 137
共有情報 ……… 107
記録 ……… 151

【く】

グエン・ディン・チュー盲学校
　……… 164
具体的な事項 ……… 75
具体的な指導事項 ……… 75

区分（category）……… 28, 38,
　51, 74, 81, 108

【け】

計画(plan)－実施(do)－評価・
　改善（check/action）
　……… 64
計画と実施とのずれ ……… 150
経験カリキュラム ……… 46
形成的評価
　（formative evaluation）
　……… 102
KJ法 ……… 108, 127, 159
結果責任 ……… 43
結果としての知識・技能の獲得
　……… 131
結果モデル ……… 100, 102
決定ポイント1 ……… 147, 150
決定ポイント3 ……… 147
決定ポイント2 ……… 147, 150
健康の保持 ……… 38
言語聴覚士
　（ST: Speech Therapist）
　……… 135
言語によるコミュニケーション
　（Verbal Communication）
　……… 143
研修の実施 ……… 49
現職教育（in-service training）
　……… 166
現職研修（in-service training）
　…… 79, 138, 155
行為に基づく省察（reflection
　on action）……… 146
行為の中の省察
　（reflection in action）
　……… 146

【こ】

高等学校における通級による指
　導の制度化及び充実方策につ
　いて ……… 59
行動主義的アプローチ
　……… 145
校内委員会の設置 ……… 49

項目（item）……… 31, 51, 74,
　75, 81
公立私立盲学校及聾啞学校規程
　……… 19
公立養護学校整備特別措置法
　……… 7, 10
合理的配慮
　（reasonable accommodation）
　……… 52, 59
声にだす（speak aloud）
　……… 149
国際障害分類 ICIDH ……… 25,
　38
国民学校令 ……… 19
国民学校令施行規則 ……… 3
国民学校令施行規則第53条ノ
　規定ニ依ル学級又ハ学校ノ編
　制ニ関スル規程 ……… 3
個人主義
　（individualism）……… 132,
　138
子どもの主体的な学習活動
　……… 36, 37
子どもを中心に据える（child
　centered）……… 65
個別指導 ……… 148, 149
個別にその指導の方法 ……… 75
個別の教育支援計画 ……… 56,
　133
個別の指導計画 ……… 36, 42,
　56, 57, 64, 74
個別の指導計画システム
　……… 102, 168
個別の指導計画の再定義
　……… 101
個別の指導計画の作成 ……… 49
個別の指導計画の様式
　……… 157
コミュニケーション ……… 38
コミュニケーション手段の多次
　元化 ……… 143

【さ】

再活訓練 ……… 161

作業療法士
（OT: Occupational Therapist）……… 135
策定された同僚性（contrived collegiality）……… 132
Sustainable Development Goals 162
サブ・ティーチャー（sub teacher）……… 149

【し】

時間的展望 ……… 66
事項 ……… 31
試行的授業 ……… 103
試行的授業による即時的フィードバック ……… 159
自己表現生成過程 ……… 142
私事化（privatization）……… 138
持続可能な開発のための2030アジェンダ ……… 162
持続可能な開発目標 ……… 162
肢体不自由 ……… 15
実践的知識研究 ……… 145
実践に適用（theory to practice）……… 79
実践の省察を通して実践を科学する（theory though practice）……… 79
実態把握 ……… 106
実態把握図 ……… 159
指導上の外せないポイント ……… 159
指導すべき課題 ……… 58, 109, 159
児童生徒に関する知識（Teacher knowledge for students）……… 143
指導内容（contents of teaching）……… 81
指導の継続性や一貫性 ……… 78, 92
指導の継続性や一貫性の確保 ……… 65

JICA ……… 163
社会技術研究論文集 ……… 111
社会的（な）手抜き（social loafing）……… 96, 105
社会的な損失 ……… 96
就学前及び卒業後の関係者との連携 ……… 133
就学猶予・免除者 ……… 9
収束技法 ……… 108, 110, 159
収束思考 ……… 110
集団極化（Group Polarization）……… 96, 105
集団サイズ（group size）……… 96, 105
集団的意思決定 ……… 149
集団的意思決定モデル ……… 104
重度・重複障害児 ……… 83
重複障害児 ……… 164
重複障害児の教育 ……… 166, 168
重複障害者等に関する教育課程の取扱い ……… 24
自由連想法 ……… 107
授業イメージ ……… 141
授業観の転回 ……… 142
授業研究（Lesson Study）……… 144, 163
授業システム ……… 102
授業デザインの機能 ……… 101
授業の一単位時間 ……… 63
授業の過程 ……… 64
授業の計画段階と実施段階とのずれ ……… 150
授業のデザイン機能 ……… 78, 92, 106
授業リフレクション ……… 147
授業リフレクション研究 ……… 145
順位グラフ ……… 68
順位グラフ表現法 ……… 72
巡回相談員の活用 ……… 49
準ずる教育 ……… 18

障害者の権利に関する条約（Convention on the Rights of Persons with Disabilities）……… 52
障害に基づく種々の困難 ……… 37, 40
障害の状態 ……… 24
小学校ニ類スル各種学校 ……… 14
省察的実践家 ……… 146
小集団（small group）……… 95
情報 ……… 103
情報の収集 ……… 106, 110
情報の収束 ……… 106, 110
職務周辺性 ……… 101
職務多忙化 ……… 97
職務中心性 ……… 105
職務の周辺性・中心性 ……… 97
自立 ……… 36
自立活動 ……… 35, 56
自立活動の校内指導体制 ……… 157
自立活動の時間に充てる授業時数 ……… 44
自立活動の時間における指導 ……… 39, 58, 149
自立活動の時間における指導と各教科等との指導との関連 ……… 160
自立活動の指導 ……… 39, 58, 74
自立活動の指導における協働の同僚性 ……… 138
自立活動の専門性向上 ……… 162
自立活動の専門性に基づく授業研究 ……… 120
自立活動の内容 ……… 38, 51
自立活動の本質 ……… 68
自立活動の目標 ……… 37, 51
自立活動の目標と内容 ……… 57
自律性（autonomy）……… 130
心身の障害の状態 ……… 75

心身の調和的発達の基盤
　……… 24
心身の調和的な発達の基盤を培
　う ……… 26
身体の動き ……… 38, 150
身体の健康 ……… 38, 68
身体不自由 ……… 15
診断的評価
　（diagnostic evaluation）
　…… 64, 103, 106
信頼性 ……… 106
心理的適応 ……… 38, 68
心理的な安定 ……… 38

【す】

スタンダード（standard）
　……… 70

【せ】

正確性 ……… 106
生活科の新設 ……… 29, 41
成長（professional
　development）……… 138
世界保健機関 WHO ……… 25
積極的センター的機能
　……… 156
説明責任（accountability）
　……… 44, 78, 85, 91, 101,
　105
全障害児教育法（Education
　for All Handicapped
　Children Act: P.L.94-142）
　……… 77
専門職 ……… 130
専門職化
　（professionalization）
　……… 131
専門職性（professionalism）
　の高度化 ……… 131
専門職としての理想型を希求す
　るプロセス ……… 131
専門職の特性 ……… 138
専門性（professionality）の
　高度化 ……… 131

【そ】

総括的評価
　（summative evaluation）
　……… 103
相互不干渉の規範 ……… 133
創造性の開発技法 ……… 108
疎結合性 ……… 105
疎結合的組織
　（loosely coupled system）
　……… 92
疎結合組織 ……… 132
その他の不具者 ……… 15

【た】

体育・機能訓練 ……… 19
代替策 ……… 147, 148
タイム・プレッシャー（time
　pressure）……… 97, 98
高木憲次 ……… 15
ただ乗り（free riding）
　……… 149
多忙化 ……… 101
多忙感 ……… 97
多忙感・負担感 ……… 101
誰一人取り残さない
　（leave no one behind）
　……… 162

【ち】

地域の特別支援教育のセンター
　的機能 ……… 156, 164
知的障害養護学校における自立
　活動の特色 ……… 41
チャーター・スクール（charter
　school）……… 46
中学校の就学義務並びに盲学校
　及び聾学校の就学義務及び設
　置義務に関する政令 ……… 4
中心課題 ……… 109, 110
聴能訓練 ……… 27
治療教育 ……… 161
治療教育教員免許制度
　……… 162
治療教育教師 ……… 161

治療支援 ……… 162

【つ】

通級指導教室 ……… 54
通級による指導 ……… 48, 54,
　164
つながらない ……… 91

【て】

ティーム・アプローチ（team
　approach）……… 134
ティーム・ティーチング（Team
　Teaching）……… 83, 134,
　137, 148, 168
disability（能力障害）
　……… 25, 38
手掛かり（Cue）
　……… 147
適性処遇交互作用（aptitude
　treatment interaction;
　ATI）……… 151
適切性 ……… 107
デザイン─実施─評価・改善
　……… 64
手続的正義 ……… 101, 109
手続と能率の葛藤 ……… 101

【と】

東京市立光明学校 ……… 14
動作法 ……… 150
当事者情報
　（man on the spot）
　……… 106
同調圧力（peer pressure）
　……… 95, 105
同僚性（collegiality）
　……… 138
特殊学級 ……… 3
特殊教室 ……… 7
「特殊教育の充実振興について」
　答申 ……… 8
特殊教育の充実振興について
　……… 10
特性論（trait approach）
　……… 130

特別支援学級 ……… *48, 53*
特別支援学校 ……… *48*
特別支援学校教諭一種免許状
　……… *48*
特別支援学校のセンター的機能
　……… *56*
特別支援教育 ……… *47*
特別支援教育コーディネーター
　……… *133, 157, 158*
特別支援教育コーディネーター
　の指名 ……… *49*
特別支援教育の在り方に関する
　特別委員会 ……… *51*
特別支援教育の質保証
　……… *154*
特別支援教育のセンター的機能
　……… *48, 155*
特別支援教育を推進するための
　制度の在り方について（答申）
　……… *47*
特別指導 ……… *27*
特別の教育課程 ……… *56, 58*
特別の訓練等の指導 ……… *18,
　19, 21, 26, 27, 29, 162*
特別の指導 ……… *54*
特別の指導の場 ……… *54*
トップダウン型思考 ……… *65,
　71*

【な】

内容 ……… *31, 51, 69*
内容スタンダード ……… *70*
ナショナルカリキュラム
　……… *43*

【に】

日本型教育実践モデル
　（Japanese Education
　Model）（JE モデル）
　……… *163, 169*
人間関係の形成 ……… *51*
認知主義的アプローチによる授
　業研究 ……… *145*

【は】

ハイブリッド方式 ……… *110*
柱 ……… *75*
発散技法 ……… *107, 110*
発散思考 ……… *107, 110*
発展課題 ……… *109, 110*
パフォーマンス・スタンダード
　……… *70*
パラメディカルな専門家
　……… *138*
handicap（社会的不利）
　……… *25*
PT ……… *161*
PT，OT，ST 等の外部専門家
　を活用した指導方法などの改
　善に関する実践研究事業
　……… *135*

【ひ】

ビデオによる映像記録
　……… *151*
ヒューリスティック
　（heuristic）……… *108, 110*
比喩生成課題
　（メタファー（metaphor））
　……… *140*

【ふ】

ファシリテーター ……… *158,
　159, 160*
フィードバック ……… *103*
不確実性（uncertainty）
　……… *94, 102, 105*
複合領域の知識 ……… *143*
プライバタイゼーション
　（privatization）……… *132*
古川太四郎 ……… *18*
プロセス・モデル ……… *101*
プロセス論
　（process approach）
　……… *131*
フロント・エンド・モデル
　……… *45*
分有情報 ……… *107*

【へ】

米国教育使節団報告書 ……… *2*
ベトナム社会主義共和国
　……… *163*
ホーチミン市 ……… *163*
ホーチミン市師範大学（教育大
　学）……… *166*

【ほ】

保健体育・機能訓練 ……… *19*
歩行訓練 ……… *27*
保護者や関係専門家との連携
　……… *133*
保守主義 ……… *133*
ボトムアップ型思考 ……… *65,
　78*

【む】

無境界性（borderlessness）
　……… *97, 98*
無償で，適切な公教育 Free
　Appropriate Public
　Education ……… *77*

【め】

メイン・ティーチャー（main
　teacher）……… *149*
メンタリング（mentoring）
　……… *79, 138*

【も】

盲学校及聾唖学校令 ……… *15,
　18*
盲学校学習指導要領高等部編
　……… *14*
盲学校学習指導要領小学部編
　……… *14*
盲学校学習指導要領中学部編
　……… *14*
盲学校小学部・中学部学習指導
　要領一般編 ……… *12*
門司市立白野江養護学校
　……… *14*

最も制約の少ない環境
　（Least Restrictive
　Environment） ……… 77
問題関連図 ……… 110

【や】

役割論・実践論 ……… 131, 137

【ゆ】

唯一の絶対解 ……… 93, 95, 102

【よ】

養護 ……… 27
養護・訓練 ………… 18, 21, 24,
　27, 28
養護・訓練に充てる授業時数
　……… 29, 44
養護・訓練に関する指導
　……… 30
養護・訓練の時間における指導
　……… 30
養護・訓練の内容 ……… 26
養護・訓練の目標 ……… 24
養護学校 ……… 3
養護学校（肢体不自由教育）小
　学部・中学部学習指導要領
　……… 22
養護学校（精神薄弱教育）小学
　部・中学部学習指導要領
　……… 23
養護学校小学部学習指導要領肢
　体不自由教育編 ……… 13, 19
養護学校小学部・中学部学習指
　導要領精神薄弱教育編
　……… 14
養護学校小学部学習指導要領病
　弱教育編 ……… 14
養護学校整備7年計画 ……… 8,
　10
養護学校中学部学習指導要領肢
　体不自由教育編 ……… 14
養護学校中学部学習指導要領病
　弱教育編 ……… 14

【り】

理学療法士
　（PT; Physical Therapist）
　……… 135
リカレント・モデル ……… 45
リスク偏向（risky sift）
　……… 96
料理のレシピ ……… 80

【る】

類比発想法 ……… 107
ルール作り ……… 105

【れ】

連合国軍総司令部（GHQ）
　……… 2
連続性のある「多様な学びの場」
　……… 52, 59, 154
連続性のある「多様な学びの場」
　の偏り ……… 155

【ろ】

聾学校学習指導要領高等部編
　……… 14
聾学校学習指導要領小学部編
　……… 14
聾学校学習指導要領中学部編
　……… 14
ろう学校小学部・中学部学習指
　導要領一般編 ……… 12
六領域案 ……… 32

あとがきに代えて

　2020（令和2）年3月，筑波大学を定年退職した。退職を機に，これまでの自立活動に係るささやかな研究知見をもとに，本書を上梓するものである。改めて本書を手にし，万感交到るである。企画書の提出から，この間，教育出版の阪口建吾氏，武井学氏には私の我儘を受け止め丁寧に対応をいただいた。改めて心よりお礼を申し上げる。

　著者紹介ではこれまでの業績等をあげることはしない。その代わりというのも妙だが，あとがきに代えて，自立活動研究に誘われた経緯を述懐することとした。私的な足跡を記す抵抗感はある。しかし，そのときどきの一歩が本書の内容の着想に至ったことを示すことで，読者各位の新たな一歩を踏み出す契機になればとのおもいが勝った。

　顧みれば，半世紀近く前の高校3年次に，偶然，長谷川きよし氏の盲学校在学時のドキュメンタリー映像を目にした。特殊教育学との出会いであった。わが国で唯一特殊教育学科を設置する東京教育大学教育学部を志望した。当時，学生時代の学びを将来の職業とつなげるような発想はまったくなく，いわんや使命感があったわけでもない。在学した高校（茨城県立水戸第一高等学校）にはこのような戯言が許容される雰囲気があった。そういう時代でもあった。

　いわゆる大学紛争の余波が残る東京教育大学に入学した。特殊教育学との出会いを一旦棚に上げ，学内外での活動に限られた時間を惜しみなく費やした。特殊教育学の始動は卒業研究まで先送りしたので，専門の成績は惨憺たるものであった。卒業研究では統合教育 integration を論考する基礎データ収集のため，首都圏の小学校6校をフィールドに参与した。教室で得られたデータに基づいて課題に迫る原点を刻んだ。卒業研究に取り組む過程で，態度 attitude 研究に関心をもち，大学院進学を希望した。指導教員であった石部元雄教授が筑波大学に在職されたので筑波大学大学院を進学先とした。修士論文では小学生の障害児への態度構造を探索した。質問紙調査を手法に収集したデータの入力，分析は当時導入されて間もない大型コンピューターを使った。尺度開発から手掛けたので膨大な作業となった。量的研究の手法に触れる機会となった。

進路に悩み，決定を先送りしてきたが，期せずして教職に就くこととなった。1981（昭和56）年4月，筑波大学附属桐が丘養護学校に奉職した。

施設に入所する子どもの担任となった。多様な障害の状態にある子ども一人一人の教育的ニーズに応じた教科指導及び養護・訓練の時間の指導は困難をきわめた。教員組織や教育の場の特性にも戸惑いを覚えた。眼前の事象の解釈はある程度可能であったが，教師としての一歩が出ない。歯がゆさが教師の自覚を芽生えさせ，在職中に大きく三つの課題に向き合うこととなった。

第一は，脳性まひ児の養護・訓練の指導を担う教師としての実践的な知識，スキルの絶対的な不足である。心理リハビリテイションの創始者の一人である筑波大学大野清志教授の教えを乞うた。毎週月曜日の夕方に東京キャンパスで開催される研究室臨床で，脳性まひ児の身体の動きを解析し，最適な手立てを講ずる技法を学んだ。大野教授のカンファランスは刺激的であった。勤務校での週末の訓練会にも参加した。6，7年の時間を要したが，子どもの身体に触れなくても子どもの動きを読み取れるようになった。それまで見ようとせず，そして意図しても見えなかった「景色」を見ることで，実践研究者であることを自覚した。

第二は，複数教師が関与する個別の指導計画システムの構築に関わる研究である。勤務校は肢体不自由教育分野でわが国唯一の附属学校である。一人一人の教師の専門的な力量は高く，個性的である。しかし，授業の過程に対する教授組織の説明において，絶対的な脆弱性があった。このことが協働の同僚性に基づく個別の指導計画システムの構想に至り，集団的意思決定としての実践研究の端緒となった。

第三は，卒業論文，修士論文の先にある統合教育 integration に関わる実証的研究である。養護学校の現場ではあったが，幸い大学では着想しえない統合教育に係る研究課題があった。One shot ではとれないデータを，時間をかけて収集する地道な作業となった。週末には当時目黒にあった都立大学に勤務する友人を訪ね，共同研究に取り組んだ。その成果はいくつかの学術誌に投稿した。学生時代に投稿した論文とともに，博士論文としてまとめ，筑波大学に提出し受理された。卒業研究から15年を要した。

筑波大学学校教育部講師を経て，1993（平成5）年8月，上越教育大学大学

院に肢体不自由教育学の担当者として着任した。大学教員としてのさしたる実績もなく，所縁のない地での生活には不安はあったが，いずれも杞憂であった。何よりも教員養成及び現職教育をミッションとする大学への着任は幸いであった。「養護学校教師としては10人の子どもを幸せにできる。教員養成大学で10人の教師を育てれば，100人の子どもの幸せにつながる」と転換できたからである。

　年々研究室活動は充実し，学生は多忙を極めた。月曜日午後は地域の肢体不自由児や重度重複障害児に対する臨床活動を，各自の研究課題については修士論文の検討会を，そして肢体不自由教育の今日的課題についてはプロジェクト研究（共同研究）をそれぞれ取り組んだ。得られた成果は日本特殊教育学会で発表した。全国各地を学生と回ったことは実に楽しいときであった。

　筑波大学への異動は，青天の霹靂であった。上越教育大学では，教員養成及び現職教育の使命を自覚し，仕事への確信を得ていたからである。特殊教育学に関わる博士課程を置く筑波大学での使命は，肢体不自由教育学の研究者養成にあると自分を納得させた。東京教育大学最後の卒業生としてのおもいもあった。40歳代後半の決断であった。

　つくばキャンパスの安藤研究室には，学士課程から修士課程，博士課程までの学生に加え，毎年現職教員研究生を受け入れた。主査として博士学位論文の提出・受理に至ったのは5名であった。すべて教員養成大学に職を得た。本書の随所に彼らの力作の一部を引用した。修士（前期）課程の修了生等については，ほとんどが教職に就いた。研究生は現場に戻り，校長，教頭，指導主事などリーダーとして第一線で活躍している。

　筑波大学での研究活動を特徴づける一つに，国際教育協力がある。東京キャンパスの特別支援教育研究センターでは，文部科学省委託事業を得てマレーシアに，科学研究費補助金の交付によりベトナムにそれぞれ複数年出向き，研究交流を行った。わが国の障害児教育，自立活動の指導が培ってきた専門性を検証する機会となった。日本特殊教育学会では，韓国，台湾の学会関係者との交流を行った。

　これまで上越教育大学，筑波大学の研究室では，百名を超える大学院生・学生，研究生を全国に送り出した。彼らはわが国の自立活動の指導を実践科学へと昇華させる「同志」となっている。修了生と主宰してきた「つくば自立活動

研究会」は，着実に修了生に継承されている。今後，わが国の自立活動研究の牽引することを期待している。

　最後に，1999（平成11）年告示の学習指導要領から三度にわたり，中央教育審議会専門委員等として改訂の議論に関わった。まさに，自立活動の成立から新たな時代における自立活動の創成について考究する契機となった。これがご縁で全国の教育委員会，教育センター，特別支援学校の先生方と接する機会をいただいた。とりわけ千葉県教育委員会，富山県教育委員会，茨城県教育委員会との取り組みは，あすの自立活動を見据えた安藤研究室の学術研究を大いに勇気づけることとなった。関係の方々には，改めて本書の上梓をご報告し，深謝するものである。

2021（令和3）年7月吉日

安藤　隆男

■著者紹介

安藤　隆男
1954年4月　水戸市生まれ
筑波大学 名誉教授
独立行政法人国立特別支援教育総合研究所 参与
放送大学客員教授「特別支援教育基礎論」担当
（2021年7月現在）

新たな時代における自立活動の創成と展開
—個別の指導計画システムの構築を通して—

2021年10月4日　第1刷発行

著　者　　安　藤　隆　男

発行者　　伊　東　千　尋

発行所　　教　育　出　版　株　式　会　社

〒135-0063　東京都江東区有明 3-4-10　TFT ビル西館
電話　03-5579-6725　振替　00190-1-107340

© T.Ando 2021　　　　　　　　　印刷・製本　モリモト印刷
Printed in Japan

落丁・乱丁本はお取替いたします

ISBN978-4-316-80481-1　C3037